ASEANの流通と貿易
－AEC発足後のGMS産業地図と企業戦略－

編 著
石原 伸志・魚住 和宏・大泉 啓一郎

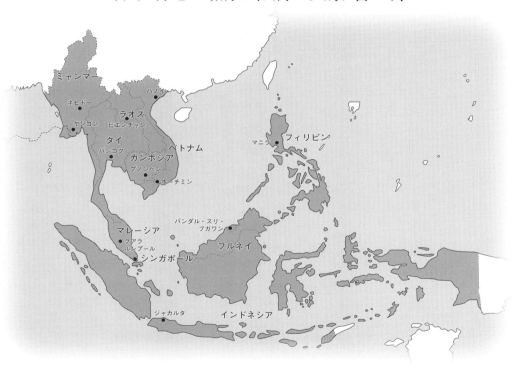

成山堂書店

本書の内容の一部あるいは全部を無断で電子化を含む複写複製（コピー）及び他書への転載は，法律で認められた場合を除いて著作権者及び出版社の権利の侵害となります。成山堂書店は著作権者から上記に係る権利の管理について委託を受けていますので，その場合はあらかじめ成山堂書店（03-3357-5861）に許諾を求めてください。なお，代行業者等の第三者による電子データ化及び電子書籍化は，いかなる場合も認められません。

はじめに

　ASEAN（東南アジア諸国連合）の中で、本著のテーマであるGMS（Greater Mekong Sub-region）経済圏（新興国）とは、タイ、ラオス、ミャンマー、カンボジア、ベトナムに中国雲南省と広西チワン族自治区を加えたメコン川流域に位置する国・地域のことを指します。

　2015年12月31日にASEAN経済共同体（AEC：ASEAN Economic Community）が発足したことに加えて、東西経済回廊や南部経済回廊が整備されたこともあり、新たな生産拠点としてGMS新興国が注目されています。

　GMS新興国が注目されている理由は、①中国における生産拠点の一極集中へのリスク回避、②AECの発足、③ASEANと日本・中国・インドなどとのEPAの発効、④GMS各国の安価な労働力、⑤潜在的市場としての期待、⑥ADB（アジア開発銀行）やODA（先進国の開発援助）による社会インフラの整備などです。

　なかでも、1992年にADB（アジア開発銀行）がイニシアティブをとって策定したGMS計画に基づく農業、エネルギー、環境、人材育成、投資、通信、観光、貿易、交通の9分野への開発援助、ODAや隣接国の経済協力による橋梁建設、道路インフラの整備、CBTA（Cross Boarder Transport Facilitation Agreement：越境交通協定）による通関などの越境交通手続きの簡素化を背景に、東西経済回廊や南部経済回廊の使い勝手が大幅に改善したことが重要です。実際、GMS域内の陸上輸送による物流の円滑化、リードタイムの短縮などが図られるようになったのです。

　さらに、近年中国沿海部の人件費の高騰と人手不足、尖閣諸島の国有化に伴う頻発する反日暴動や工場ストライキなどもあり、中国への一極集中による生産リスクを回避し、生産コスト削減を図るために、繊維製品や日用雑貨、プリンターや携帯電話のような労働集約型の産業の生産拠点としてCLMV（カンボジア、ラオス、ミャンマー、ベトナム）やバングラデシュが改めて見直されるようになったこともあります。このような現象はチャイナプラスワンまたはポストチャイナと呼ばれます。

ところで、ASEAN は、陸の ASEAN と称するタイ、ラオス、ミャンマー、カンボジア、ベトナムと、海の ASEAN と称するシンガポール、マレーシア、インドネシア、フィリピン、ブルネイの10か国によって構成されています。また、ASEAN は、シンガポール、タイ、マレーシア、インドネシア、フィリピン、ブルネイの先発ASEAN と、カンボジア、ベトナム、ラオス、ミャンマーの後発ASEAN とに区分されることがあります。

　さて、ASEAN は 1967 年にシンガポール、マレーシア、インドネシア、フィリピン、タイの5か国によって結成されましたが、その起源はベトナム戦争による共産化を恐れたフィリピン、インドネシア、マラヤ連邦によって策定された 1961 年のマフィリンド構想を基盤としています。

　その後、1975 年のベトナム戦争の終結、1985 年のプラザ合意による急激な円高に伴う日系企業の生産拠点の移転、タイ、マレーシア、インドネシアなどの投資奨励策などを背景に先発ASEAN 諸国が高度経済成長を実現すると、ASEAN は政治的色彩よりも経済的色彩を濃くするようになりました。特にその転換点となったのは 1995 年にベトナムが ASEAN に正式加盟したことで、ASEAN の発足当時の課題であった反共産主義的同盟の意味がなくなり、東南アジアの地域共同体について、経済連携の強化が意識されるようになったことです。

　ASEAN の特徴は、政治、経済、民族、宗教などが多様であることだけでなく、図表1からも明らかなように、一人当たり GDP をみても、シンガポールのように5万ドルを超えるような国から、カンボジアのように 1,156 ドルと所得の格差が大きいことにあります。

　ところで、近年 ASEAN の中で、GMS 新興国が注目されている理由はすでに述べましたが、AEC の発足や域内経済格差（人件費格差）を利用して、最近はタイプラスワンと呼ばれるタイと近隣諸国の間で新たなサプライチェーンが形成される動きが出てきました。

　国際物流がグローバル・ロジスティクスからグローバル・サプライチェーンと進化する一方、これらのシステムやグローバル・マーケティング戦略の構築に際しては、国・地域によって規則や商慣習などの条件が異なるために、産業別、国別、企業別、地域別に考えていく必要があります。人件費格差や産業集積の現状を考えるとアジア域内での国際分業はさらに深化することは間違いありません。円安が進んでも、一部の特殊製品を除いて、工業製品の生産拠点が日本国内に回帰してくると考えるのは現実的ではありません。

はじめに

表1 ASEAN加盟国の加盟年月日、人口、経済規模、最低賃金（一般工員）の比較

	加盟年月日	人口 (100万人)	経済規模 (10億ドル)	一人当たり GDP （ドル）	最低賃金（ドル）
ASEAN全体		624.0	2,143.3	3,435	2016年1月
先発ASEAN		457.9	1,854.2	4,050	
シンガポール	1967年8月8日	5.5	292.7	52,888	1,608
ブルネイ	1984年1月8日	0.4	11.8	28,264	NIL
マレーシア	1967年8月8日	31.0	296.2	9,557	317（クアラルンプール）
タイ	1967年8月8日	68.8	395.3	5,742	348（バンコク）
インドネシア	1967年8月8日	255.5	859.0	3,362	257（ジャカルタ）
フィリピン	1984年1月8日	102.2	292.0	2,858	317（マニラ）
後発ASEAN		166.1	289.1	1,741	
ベトナム	1995年7月28日	91.7	191.5	2,088	181（ハノイ）
ラオス	1997年7月23日	7.0	12.5	1,779	179（ビエンチャン）
ミャンマー	1997年7月23日	51.8	67.0	1,292	127（ヤンゴン）
カンボジア	1999年4月30日	15.5	18.2	1,168	162（プノンペン）
日　　本		126.9	4,123.3	32,486	2,356（東京）

（注）データは2015年値
（資料）IMF, World Economic Outlook, April 2016
　　　　最低賃金は、ジェトロセンサー2016年5月号より引用

　むしろ、ASEAN域内にすでに保有する生産拠点を日本国内の生産工場の一部とみなし、日本を含むグローバル・ロジスティクスやグローバル・サプライチェーンの中に再編、一体化させて考えていく必要があります。

　本書は、現在注目を集めているGMS新興国の経済概況、ロジスティクス、輸出入通関、自動車、家電、繊維、食品、小売、経済回廊、工業団地など多岐の分野について、それぞれ第一線で活躍している専門家が一同に会した誌上シンポジウムの形で構成しました。

　内容は、業界の歴史、裏話、現状と今後の方向性を著す実務書を目指しています。

　社会人、研究者、学生などの皆様方の参考になれば幸いです。

　なお、データや情報は特に記載のない場合、2016年3月末時点のものです。

2016年、11月吉日

執筆者一同

目　　次

はじめに ……………………………………………………………… iii
略語一覧 ……………………………………………………………… xi

第1章　ASEAN経済の現状とビジネスチャンス ……………… 1
1.1　現状 ― 購買力ベースでは日本を超える ………………… 1
1.2　経済共同体 ― 事実上の経済統合が進む地域 …………… 5
1.3　生産体制 ― 新興国・途上国向けの生産拠点へ ………… 9
1.4　購買力 ― 新興市場をどう開拓するか …………………… 15
1.5　今後の課題 …………………………………………………… 17

第2章　ASEANにおけるロジスティクス発展の経緯と現状 … 20
2.1　ASEANへの生産拠点移転の経緯 ………………………… 20
2.2　域内の物流形態 ……………………………………………… 23
2.3　ASEANにおける物流上の課題 …………………………… 32
2.4　LPIにみる物流のレベル比較 ……………………………… 37
2.5　日本政府によるASEAN支援 ……………………………… 37
2.6　ロジスティクス・サービスの展望 ………………………… 40

第3章　家電産業をとりまく環境 ………………………………… 42
3.1　家電産業におけるものづくりのパラダイムシフト ……… 43
3.2　世界のダイナミズムの変化とASEAN …………………… 47
3.3　サプライチェーン戦略とマーケティング戦略 …………… 50
3.4　ASEANにおける家電業界の将来 ………………………… 58

第4章　ASEANの自動車産業の現状と今後の方向性 ………… 64
4.1　ASEANの国別自動車市場 ………………………………… 64
4.2　インドの自動車市場 ………………………………………… 79
4.3　自動車産業におけるインドとASEANの関係 …………… 84
4.4　自動車業界の今後の展望 …………………………………… 87

第5章　ASEAN の繊維産業の現状と課題 ……………………… *90*
 5.1 繊維産業の現状 ……………………………………………… *90*
 5.2 日本の繊維製品の輸入概況 ………………………………… *94*
 5.3 繊維製品の生産管理 ………………………………………… *96*
 5.4 主要国における繊維製品の生産概況 ……………………… *98*
 5.5 主要国における繊維産業の将来性 ……………………… *106*

第6章　ASEAN の加工食品市場 ……………………………… *111*
 6.1 加工食品市場をとりまく環境 …………………………… *112*
 6.2 加工食品市場の状況 ……………………………………… *120*
 6.3 ロジスティクス上の課題 ………………………………… *124*

第7章　ASEAN の小売業 ……………………………………… *136*
 7.1 小売業の概況 ……………………………………………… *136*
 7.2 小売業に対する規制 ……………………………………… *139*
 7.3 小売業の将来 ……………………………………………… *145*

第8章　ASEAN の工業団地 …………………………………… *150*
 8.1 工業団地を取り巻く環境 ………………………………… *150*
 8.2 主要国の工業団地の概況 ………………………………… *152*
 8.3 主要国における主な工業団地 …………………………… *158*
 8.4 AEC 発足による主力 4 か国への影響 …………………… *166*
 8.4 CLM 諸国への影響 ……………………………………… *169*

第9章　陸の ASEAN をつなぐ経済回廊 ……………………… *175*
 9.1 ASEAN 経済回廊の概況 ………………………………… *175*
 9.2 タイを中心とした3つの経済回廊の現状 ……………… *178*
 9.3 クロスボーダー輸送における課題と将来展望 ………… *192*

第10章　GMS 主要国の輸出入通関手続 ……………………… *199*
 10.1 通関とは何か ……………………………………………… *199*
 10.2 主要国の通関手続 ………………………………………… *200*

10.3　AEC と TPP ……………………………………………………………… *220*

巻末資料
　　繊維産業におけるチャイナプラスワン候補国と
　　中国の概要、生産背景比較 ……………………………………………… *225*
索　　引 ………………………………………………………………………… *235*
執筆者一覧 ……………………………………………………………………… *239*

略　語　一　覧

チャオプラヤー川（バンコク）

ASEAN	Association of South-East Asian Nations	東南アジア諸国連合
ACFTA	ASEAN and China Free Trade Agreement	中国ASEAN自由貿易協定
ADB	Asian Development Bank	アジア開発銀行
AEC	ASEAN Economic Community	アセアン経済共同体
AIFTA	ASEAN and India Free Trade Agreement	インドASEAN自由貿易協定
AJCEP	ASEAN-JAPAN Comprehensive Economic Partnership	日本ASEAN包括的経済連携
CB	Cross Border	越境
CBTA	Cross Border Transport Agreement	越境交通協定
CLMV	Cambodia, Laos, Myanmar, Vietnam	カンボジア・ラオス・ミャンマー・ベトナム
CVS	Convenience Store	コンビニエンスストア
EPA	Economic Partnership Agreement	経済連携協定
FTA	Free Trade Agreement	自由貿易協定
GDP	Gross Domestic Product	国内総生産
GL	Global Logistics	グローバル・ロジスティクス
GMS計画	Greater Mekong Sub-region Economic Cooperation Program	メコン川流域経済協力計画
GSCM	Global Supply Chain Management	グローバル・サプライチェーン・マネジメント
HM	Hyper Market	ハイパーマーケット
IMF	International Monetary Fund	国際通貨基金
JPEPA	Japan-Philippines Economic Partnership Agreement	日本フィリピン経済連携協定
MT	Modern Trade	近代市場（SM、HM、CVSなど）
MPV	Multi-purpose Vehicle	マルチ・パーパス・ビークル
ODA	Official Development Assistance	政府開発援助
RCEP	Regional Comprehensive Economic Partnership	東アジア地域包括的経済連携
SCM	Supply Chain Management	サプライチェーン・マネジメント
SEZ	Special Economic Zone	経済特別区
SM	Super Market	スーパーマーケット
SVU	Sport Utility Vehicle	スポーツ・ユーティリティ・ビークル
TT	Traditonal Trade	伝統市場
WCO	World Customs Organization	世界税関機構
WTO	World Trade Organization	世界貿易機関

第1章　ASEAN経済の現状とビジネスチャンス

　本章の目的は、ASEAN経済の現状を概観するとともに、ASEANにおける新しいビジネスチャンスを生産面と消費面から考察することにあります。

　2015年末にASEAN共同体（いわゆるAEC）が発足しました。ただし、ASEAN共同体発足によって何かが大きく変化するわけではありません。むしろ、私たちは1985年のプラザ合意以降四半世紀かけてASEANの経済社会が大きく変化を遂げてきた事実に目を向けるべきです。

　そして、日本企業には、この変化に合わせて、ASEANでビジネスチャンスを開拓していくという構想力と意欲が求められているのだと思います。その際には、ASEANの生産拠点の生産性をいかに引き上げるか、日本との間でのバリューチェーンをいかに向上させるか、そして本書で一貫して論じられているように、ASEAN域内の物流（ロジスティクス）をいかに高度化するかなどが課題になると思います。

　本章の構成は以下のとおりです。

　1.1では、ASEANの経済規模の変化と、その成長のけん引役であるメガ都市（人口500万人以上の都市）・メガリージョン（広域経済圏）の存在について述べます。1.2では、ASEAN共同体の特徴について述べ、同地域では貿易面で実質的な経済統合が進んできたことを指摘します。1.3では、日本企業がASEANに集積している事実を紹介し、この集積地を新興国・途上国向けの輸出生産拠点として活用するという戦略を提案します。1.4では、ASEANの消費市場の特徴をデータで示し、高所得層を開拓する余地が大きいことについて述べます。1.5では、ASEANにおけるビジネス展開上での課題をあげたいと思います。

1.1　現状 ― 購買力ベースでは日本を超える

　最初に、ASEANだけでなく、東アジアでのビジネスを進めていくうえで

ベトナム・ホーチミンのバイク交通

重要な視点として、東アジアにおいて日本の立ち位置が大きく変化していることを確認しておきたいと思います。

図1-1は、日本と、日本を除く東アジア（以下東アジア）の経済規模の変化をみたものです。ここでいう東アジアは、韓国、台湾、香港、中国、ASEAN加盟10か国という多数の国・地域を含んでいます。

図から一目して、日本の経済規模があまり変化していないこと、これに対して東アジアのそれは右肩上がりで拡大していることがわかります。

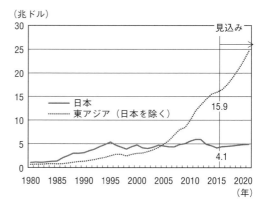

（注）数値は2015年。2016年以降は見通し
東アジアは、韓国、台湾、香港、中国、ASEAN加盟10か国
（出所）IMF, World Economic Outlook, April 2016

図1-1　日本と東アジアの名目GDPの推移

振り返れば、日本はアジアのなかでいち早く先進国入りを果たした国でした。

たしかに20世紀の東アジアにおいてわが国は他の追従を許さないリーダー的存在でした。図1-1の左側が示すように、20世紀の日本の経済規模は、東アジアのすべての国・地域を合算したものよりも常に大きかったのです。

しかし、東アジアは2004年に日本の経済規模に追いつき、2015年は15.9兆ドルと日本の4.1兆ドルの4倍近い規模になっています。IMF（国際通貨基金）の見通しによれば、2021年にはさらに5倍近くに拡大する見込みです。

このような状況変化を考えれば、日本企業の東アジアでのビジネス展開において、これまでの「日本とアジア」という日本のリーダーシップ的な役割を強調したものから、「アジアのなかの日本」という、国際環境の変化を見据えたものへとシフトさせていく必要があると思います。

東アジアの国々の成長では、中国のそれに目を奪われがちですが、ASEANの経済規模も着実に拡大しています。

図1-2は、日本とASEANの名目ベースと購買力平価ベースでの経済規模

1.1 現状 — 購買力ベースでは日本を超える

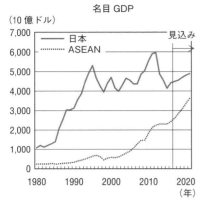

（注）2016年以降は見通し
（出所）IMF, World Economic Outlook, April 2016

図1-2　日本とASEANの経済規模比較

を比較したものです。まず、ASEANは2000年以降経済規模を急速に拡大させていることがわかります。2015年時点で名目ベースでは日本の6割程度ですが、物価の水準を考慮した購買力平価ベースでは、2008年に日本の水準を上回り、2015年には日本の1.4倍の規模になっています。IMFの見通しによれば、2021年には名目ベースで日本の82％に、購買力平価ベースでは日本の1.8倍の規模になります。

ASEANの年平均実質GDP成長率（2000～2015年：単純平均）は7.8％であり、中国の9.5％と比較しても見劣りしません。日本の1.1％、先進国の2.3％を大きく上回っているのです。

このようなASEANの高い成長は主に輸出拡大を通じて実現してきました。ASEANの輸出額は、1990年の1,441億ドルから2000年に4,300億ドル、2015年には1兆1,626億ドルと急増しています。他方、輸入額も同期間に1,623億ドルから3,806億ドル、1兆908億ドルに増加しました。また、貿易収支は1990年代に赤字が急拡大し、1997年の通貨危機の遠因になったのですが、その後は黒字基調に転換し、2015年の黒字幅は718億ドルとなっています。

もちろんASEANの人口は6億人超と多く、経済規模を人口で割った、一人当たりGDPで、日本と比べると当然その水準は低くなります。2015年の一

人当たり GDP は日本が 32,486 ドルであるのに対し、ASEAN のそれは 4,000 ドルと 10 倍近い格差があります。個別にみてもシンガポールとブルネイ、マレーシア以外の国の一人当たり GDP は 1 万ドルを大きく下回り、全体としてみれば ASEAN は中所得国の集合体といえます。

しかし、このような見方は、ASEAN でのビジネスチャンスを見逃してしまう原因になります。なぜなら、ASEAN 経済を実質的にけん引するのは、先進国さながらの景観を持つメガ都市及びメガリージョンだからです。

たとえば、タイの一人当たり GDP は、国レベルでは約 6,000 ドルと、日本の 5 分の 1 程度にすぎませんが、2014 年のバンコクの水準は 1 万 5,000 ドルです。この 1 万ドルという水準は、世界銀行が高所得国とみなす下限に相当します。つまり、タイは国ベースでみれば中所得国に区分されるのですが、バンコクは高所得国に匹敵する地域に成長しているのです。加えて、タイにおいて 1 万ドルを超える高所得地域は、バンコクと隣接する 7 県（ラヨン県、チョンブリ県、アユタヤ県、チャチュンサオ県、サムットプラカン県、サムットサコン県、プラチンブリ県）に拡大し、その人口は 1,600 万人を超えます。このよう

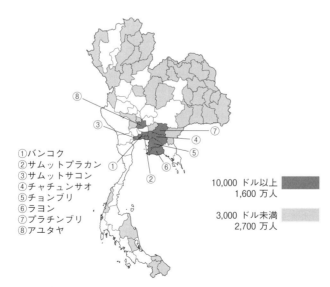

（出所）NESDB 資料を基に作成

図 1-3　タイの県別一人当たり GDP（2014 年）

に高所得地域は、バンコクを中心として広域経済圏化（メガリージョン化）しているのです（図 1-3）。

こうした状況はタイに限ったものではありません。

マレーシアも同様で、2015 年の一人当たり GDP は約 1 万ドルですが、クアラルンプールは 2 万ドルを優に超えています。クアラルンプール自体の規模は小さいのですが、スパンジャヤ、シャーアラム、プタリンジャヤ、アンパン、ダマンサラなどの周辺都市との関係を強化し、メガリージョン化しています。2020 年までにクアラルンプールを中心としたメガリージョンの人口は 1,000 万人を超えるという見方もあります。

そして、このようなメガ都市やメガリージョンにおいては、中心部では金融や IT 関連などのサービス産業が発展し、郊外を工業団地が取り囲むという経済圏を形成しています。加えて、工業団地での生産は技術集約的・資本集約的なものが中心になってきています。さらに、メガ都市の中心部は、日本と価格帯と異ならない財・サービスの購入層が増加し、消費市場としての魅力も年々高まっているのです。

このようなメガ都市やメガリージョンが連結して形成される新しい経済圏、それが ASEAN 経済共同体の本質です。ですから、ASEAN を中所得国の集合体と考えていると、ビジネスチャンスを見誤ることになるのです。このメガ都市とそれを中心として広がるメガリージョンが、ASEAN 経済共同体発足後の、わが国のライバルであり、パートナーであり、カスタマーと考えるべきでしょう。

1.2　経済共同体 ― 事実上の経済統合が進む地域

さて、2015 年に発足した ASEAN 共同体の特徴に簡単に触れておきましょう。ASEAN 共同体は、経済、政治、社会の 3 つの共同体から構成されます。そのひとつである経済共同体は、「単一市場・生産基地」、「競争力ある地域」、「公平な経済発展」、「グローバル経済への統合」の 4 つの目標からなるものです。

ただし ASEAN 経済共同体の発足で規制が大きく緩和するわけではありません。EU（欧州連合）とは大きく異なります。たとえば、通貨統合は予定されていませんし、人の移動にも多くの制限があります。制度面での統合が難しいのは、ASEAN には一人当たり GDP が 5 万ドルを超えるシンガポールから

ようやく 1,000 ドルを超えたばかりのカンボジアまで、所得水準の異なる国々が含まれるからです。

ただし、ASEAN 経済共同体が目標とする「単一市場・生産基地」については、共同体発足以前に事実上形成されています。

ASEAN の自由貿易地域（AFTA）形成に向けたプロジェクトは 1993 年にスタートしました。当初は、その実現に対して懐疑的な見方が強かったのですが、各国は段階的に関税の引き下げを行い、2010 年には先発 ASEAN6 か国の間で例外品目を除くすべての品目の関税の撤廃を達成しました。2010 年以降は ASEAN 物品貿易協定（ATIGA：ASEAN Trade in Goods Agreement）の枠組みに沿って進められています。そして、後発 ASEAN4 か国についても 2015 年に大幅に関税率が引き下げられ、2018 年には原則撤廃される計画です

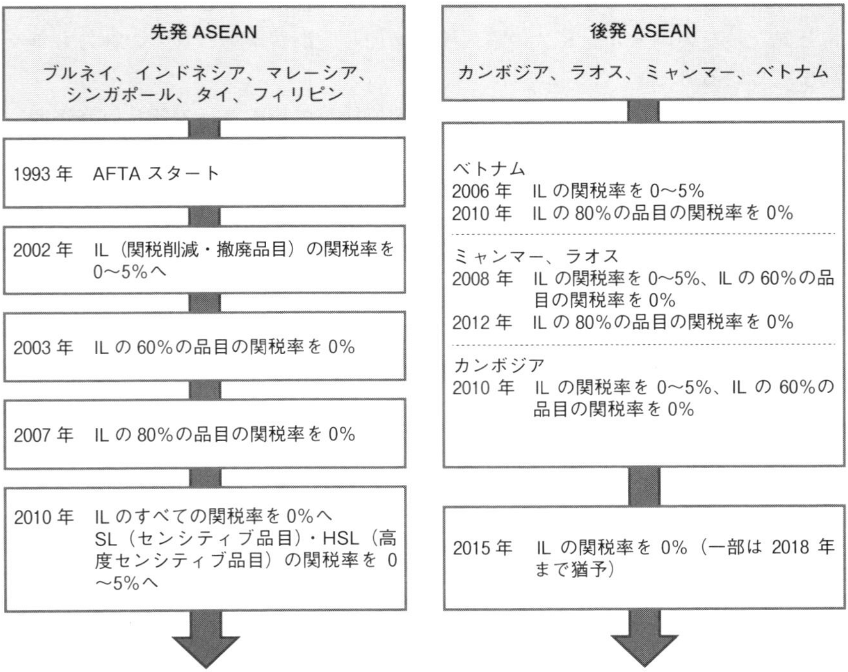

先発 ASEAN ブルネイ、インドネシア、マレーシア、シンガポール、タイ、フィリピン	後発 ASEAN カンボジア、ラオス、ミャンマー、ベトナム
1993 年　AFTA スタート	ベトナム 2006 年　IL の関税率を 0〜5% 2010 年　IL の 80%の品目の関税率を 0%
2002 年　IL（関税削減・撤廃品目）の関税率を 0〜5%へ	ミャンマー、ラオス 2008 年　IL の関税率を 0〜5%、IL の 60%の品目の関税率を 0% 2012 年　IL の 80%の品目の関税率を 0%
2003 年　IL の 60%の品目の関税率を 0%	カンボジア 2010 年　IL の関税率を 0〜5%、IL の 60%の品目の関税率を 0%
2007 年　IL の 80%の品目の関税率を 0%	
2010 年　IL のすべての関税率を 0%へ SL（センシティブ品目）・HSL（高度センシティブ品目）の関税率を 0〜5%へ	2015 年　IL の関税率を 0%（一部は 2018 年まで猶予）

（出所）各種資料より作成

図 1-4　ASEAN 自由貿易地域への歩み

（図1-4）。2013年の時点で、先発ASEAN6か国の平均関税率は0.0％、無関税品目の割合は99.2％、後発ASEAN4か国は、それぞれ1.4％、72.6％と、高い自由度を実現しています。

ASEANの域内貿易は、1995年の780億ドルから2014年には3,290億ドルと4倍以上に増加しました。特に中間財（部品・加工品）の取引が増加し、その比率は1995年の49.4％から2014年には67.8％に上昇しています。これは、ASEAN域内での分業体制（サプライチェーン）が深化していることを示すものです。

同時にASEANは中国との間でも貿易関係を深めてきました。

ASEANの対中国輸出は2000年の165億ドルから2014年には1,610億ドルと10倍近く増加しました。これによってASEANの輸出に占める中国のシェアは2.7％から12.4％に上昇し、現在では中国はASEANにとって最大の輸出相手国となっています（第2位が米国の1,250億ドル、第3位が日本の1,210億ドル）。

ASEANの中国向け電気機械部品の輸出は、2000年の45億ドルから2013年には563億ドルに増加しました。他方、中国からASEANへの電子関連部品の輸出は2000年の21億ドルから2013年は281億ドルに増加しています。ASEANは中国と密接な分業体制を築いているのです。つまり、中国から世界中に輸出される電子製品には、ASEANから輸入した電子部品が多く含まれているのです。ASEANの分業体制は域内だけでなく中国との間で深化していることには注意が必要です。

表1-1は、2015年の中国のASEANからの輸入上位20品目をみたものです。第1位（集積回路）、第2位（コンピュータ関連製品）、第3位（半導体デバイス）、第4位（携帯電話を含む通信機器）が電子製品・部品であり、しかも、いずれの品目もASEANからの輸入に強く依存していることがわかります。

そして、ASEANの関心は、域内外との一層の経済関係の強化に向けられているのです。図1-5は、2014年11月に発表されたネピドー宣言で示されたポスト2015ビジョン（2025年に向けた目標）を、ASEAN経済共同体の目標と比較したものです。

2025年に向けた目標の第1には「統合され高度に結束した経済」が掲げられていますが、これはASEAN経済共同体の目標であった「単一市場・生産基地」に対応したもので、今後の物流インフラの整備を梃子にASEAN域内

表 1-1　中国の対 ASEAN 輸入上位 20 品目（2015 年）

	HSコード	品目名	金額(100万ドル)	ASEAN依存度(%)	ASEANの上位2か国 ( )は金額(100万ドル)	
1	8542	集積回路	45,492	22.3	マレーシア (25,839)	フィリピン (5,994)
2	8471	コンピュータ関連製品	9,392	52.6	タイ (4,105)	フィリピン (2,019)
3	8541	半導体デバイス	5,170	22.5	マレーシア (2,805)	フィリピン (958)
4	8517	携帯電話を含む通信機器	4,695	22.7	ベトナム (1,676)	タイ (1,463)
5	2711	軽油	4,408	17.6	ミャンマー (1,588)	マレーシア (1,505)
6	2715	鉱物タール	4,064	95.2	マレーシア (2,623)	インドネシア (806)
7	8473	コンピュータ関連部品	3,989	41.0	フィリピン (1,925)	タイ (1,420)
8	4001	天然ゴム	3,858	98.5	タイ (2,533)	マレーシア (509)
9	1511	パーム油	3,700	99.8	インドネシア (2,142)	マレーシア (1,557)
10	3901	エチレン重合体	3,225	21.6	タイ (1,546)	シンガポール (1,313)
11	7103	ルビーなど貴石	3,100	71.4	ミャンマー (1,936)	タイ (1,163)
12	8525	デジタルカメラなど記録媒体	2,869	44.8	ベトナム (2,197)	タイ (536)
13	2710	石油精製品	2,828	19.7	シンガポール (2,050)	マレーシア (402)
14	2707	ベンゾールなど芳香族化合物	2,709	47.4	マレーシア (1,049)	タイ (656)
15	714	カッザバ	2,119	99.9	タイ (1,705)	ベトナム (386)
16	2702	亜炭	1,975	99.9	インドネシア (1,839)	フィリピン (132)
17	2604	ニッケル鉱	1,878	70.6	フィリピン (1,779)	ベトナム (96)
18	2902	環式炭化水素	1,814	11.0	シンガポール (883)	タイ (575)
19	9013	液晶デバイス	1,786	4.8	タイ (1,274)	シンガポール (223)
20	3902	プロピレン重合体	1,780	25.9	シンガポール (1,140)	マレーシア (133)

（出所）UN, Comtrade

の経済をさらに統合していく意気込みを示したものです。

　これに呼応するように日本政府は、2015 年 7 月 4 日に東京で開催された日本メコン首脳会談において、「新東京戦略 2015」の名の下に、大陸 ASEAN 地域に、今後 3 年間に 7,500 億円の支援を行うことを発表しました。日本政府は、これまでもラオスのビエンチャンの国際空港や国道 9 号線、ベトナムのハノイ・ノイバイ国際空港の整備、そしてカンボジアのネアックルン橋の建設などを支援してきました。なかでもメコン川を渡るネアックルン橋の完成により、南部経済回廊に位置するベトナムのホーチミン、カンボジアのプノンペン、タイのバンコクの 3 つの都市が陸路で結ばれた意義は大きいと思います。

　また、2025 年に向けた目標の第 5 にあげられた「グローバル ASEAN」は、ASEAN 経済共同体 2015 の「グローバル経済への統合」に対応するもので、

ASEAN がグローバル経済をけん引する存在になろうとの意図を示したものです。

実際に 1997 年に第 1 回 ASEAN＋3（日中韓）の首脳会議が開催され、さらに 2005 年にはインド、オーストラリア、ニュージーランドを加えた ASEAN＋6 の枠組みが作られました。その他 ASEAN 拡大外相会議、ASEAN 地域フォーラムなど、東アジアの広域な地域問題を議論する場が提供されるようになっています。

また、経済統合についても ASEAN は、日本、中国、韓国、インド、オーストラリア、ニュージーランドと FTA をすでに発効しています（表 1-2）。さらに 2011 年には ASEAN は、上記 6 か国を取り込んだ RCEP（Regional Comprehensive Economic Partnership：東アジア地域包括的経済連携）の構想を提唱しています。これが実現すれば、34 億人を有する一大経済圏が形成されます。

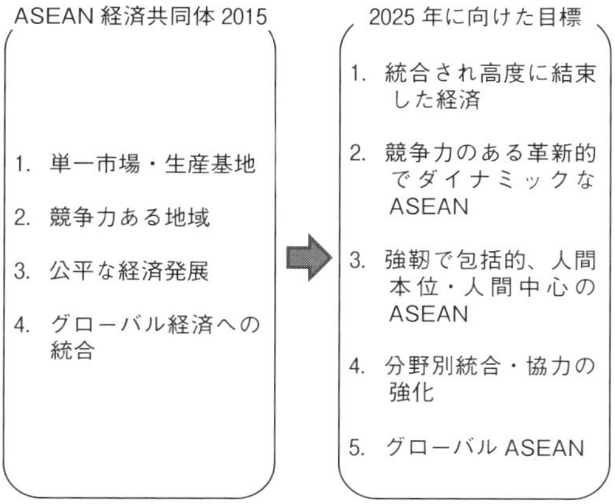

ASEAN 経済共同体 2015
1. 単一市場・生産基地
2. 競争力ある地域
3. 公平な経済発展
4. グローバル経済への統合

2025 年に向けた目標
1. 統合され高度に結束した経済
2. 競争力のある革新的でダイナミックな ASEAN
3. 強靭で包括的、人間本位・人間中心の ASEAN
4. 分野別統合・協力の強化
5. グローバル ASEAN

（出所）各種資料より作成

図 1-5　2025 年に向けた新しいビジョン

表 1-2　ASEAN の域外 FTA

相手国	交渉の推移
中　　国	交渉開始：2002 年 4 月 署　　名：2004 年 11 月 発　　効：2005 年 7 月
インド	交渉開始：2004 年 3 月 署　　名：2009 年 8 月 発　　効：2010 年 1 月
韓　　国	交渉開始：2005 年 2 月 署　　名：2006 年 8 月 発　　効：2007 年 6 月
豪州・ニュージーランド	交渉開始：2005 年 2 月 署　　名：2009 年 2 月 発　　効：2010 年 1 月
日　　本	交渉開始：2005 年 4 月 署　　名：2008 年 4 月 発　　効：2008 年 12 月

（出所）各種資料より日本総研作成

1.3　生産体制 ― 新興国・途上国向けの生産拠点へ

これまでみてきたような ASEAN の変化を、日本企業は自らの持続的な成長に結びつけるべきです。なぜなら日本と ASEAN との経済連携は、世界経済

の変化に適応していくうえでの利点があると考えるからです。

それについて大きな視点からお話します。図1-6は、先進国と新興国・途上国の名目GDPのシェアの推移をみたものです。かつて世界の富の80％を占めていた先進国のシェアが60％に低下し、新興国・途上国のシェアが20％から40％に上昇していることがわかります。このトレンドを単純に延長すれば、新興国・途上国の経済規模は、2030年前後に先進国を上回ることになるでしょう。つまり、現在は、世界経済の成長が先進国主導から新興国・途上国主導に変わる過渡期にあるといえます。

このような世界経済の構造変化を考えれば、日本企業の持続的な成長戦略において、新興国・途上国市場の開拓・確保がますます重要になるといえます。しかし、労働コストの高い日本から新興国・途

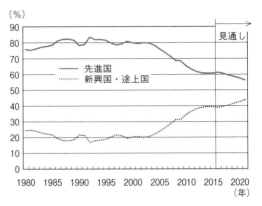

（出所）IMF, World Economic Outlook, April 2016

図1-6　名目GDPのシェア

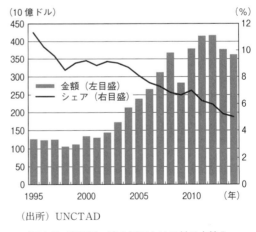

（出所）UNCTAD

図1-7　新興国・途上国における対日本輸入

上国に輸出できるものはそれほど多くありません。実際に、新興国・途上国の輸入における日本のシェアは一貫して減少傾向にあるのが現状です（図1-7）。

ただし、これは日本に限った話ではありません。米国や欧州、韓国などの先進国にも共通してみられます。新興国・途上国の輸入先を先進国と新興国・途

1.3 生産体制 — 新興国・途上国向けの生産拠点へ

上国に区分すると、先進国のシェアが低下し、新興国・途上国のシェアが上昇していることがわかります（図1-8）。つまり、新興国・途上国市場を開拓・確保するためには、新興国・途上国の生産拠点からの輸出が重要になるのです。

したがって、日本企業にとって新興国・途上国向けのサプライチェーンを別途構築する必要があり、ここに日本

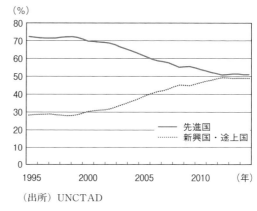

（出所）UNCTAD

図1-8　新興国・途上国の輸入におけるシェア

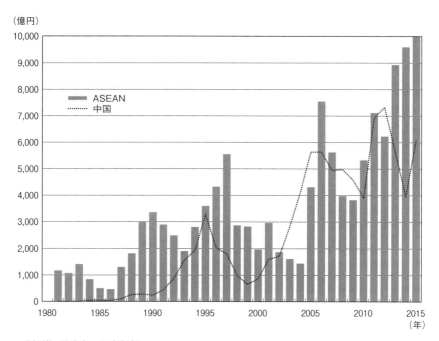

（出所）財務省、日本銀行

図1-9　日本の対ASEAN直接投資（製造業）

企業がASEANの生産拠点を活用するという戦略が浮上するのです。そして日本に有利なことは、ASEANに日本企業は巨大な生産拠点をすでに持っていることです。

図1-9は、日本からASEANへの直接投資の推移をみたものですが、1985年のプラザ合意以降の円高のなかで総じて増加傾向をたどってきたことがわかります。参考までに中国向け直接投資の推移も示

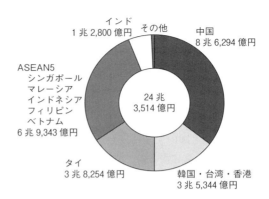

(出所) 日本銀行統計

図1-10　日本のアジアにおける直接投資累計（製造業、2015年末）

しておきましたが、ASEAN向けが中国向けを上回る年が多いことがわかります。2014年と2015年のASEAN向けは中国向けの2倍を超えています。

その結果、製造業の投資累計額は、中国向けが8兆6,000億円であるのに対して、ASEAN向けは10兆7,600億円と中国の水準を25％以上も上回っているのです（図1-10）。そして、中国向けの投資が北京や天津、上海や広州、武漢や重慶など広く分布しているのに対して、ASEANの投資はメガ都市近辺に集中しているという特徴があります。

このことを、タイを例にみておきましょう。

日本の対タイ直接投資の累計額は3兆8,000億円と中国の約4割ですが、その8割以上がバンコク周辺に集中しています（表1-3）。つまり日本は、タイにもうひとつの工業地帯を持っているともいえます。生産拠点が密集していることだけではありません。その生産拠点は集積化し、すでに相当の競争力を有しています。このことは、2011年にタイを襲った大洪水で世界のサプライチェーンが一時停止を余儀なくされたことからも明らかでしょう。

さらに、先に示したようにASEANは域外の国ともすでにFTAを発効しており、ここにASEANから新興国・途上国、なかでも中国やインドという大国向け輸出を強化するという戦略が有効になるのです。

ASEANの対中国向け輸出が急増していることは先に述べたとおりですが、インド向けも急増しています。インドの対ASEAN輸入は、2000年の43億ド

1.3 生産体制 — 新興国・途上国向けの生産拠点へ

表 1-3 日本の直接投資認可件数（地域別）

(件)

期間（年）	1970 ～74	1975 ～79	1980 ～84	1985 ～89	1990 ～94	1995 ～99	2000 ～04	2005 ～09	2010 ～14	合計
バンコク・メガリージョン	6	15	36	421	416	762	1,024	1,326	2,324	6,330
バンコク	1	5	4	59	36	61	73	184	277	700
近郊5県	4	9	26	262	192	196	228	259	411	1,587
サムットプラカン	2	4	16	118	55	67	68	97	193	620
サムットサコン	0	0	2	9	6	4	9	13	9	52
パトゥムタニ	1	3	7	124	128	122	141	142	197	865
ナコンパトム	0	1	0	9	2	0	6	3	5	26
ノンタブリ	1	1	1	2	1	3	4	4	7	24
周辺4県	1	1	6	100	188	505	723	883	1,636	4,043
アユタヤ	0	0	2	32	73	182	241	238	420	1,188
チョンブリ	1	1	1	25	64	149	225	360	653	1,479
ラヨン	0	0	2	13	18	127	188	187	404	939
チャチュンサオ	0	0	1	30	33	47	69	98	159	437
その他	0	3	9	51	130	234	231	232	364	1,254
全　体	6	18	45	472	546	996	1,255	1,558	2,688	7,584

（注）網掛けは上位3地域
（出所）タイ投資委員会資料より作成

① バンコク
② サムットプラカン
③ サムットサコン
④ パトゥムタニ 　｝近郊5県
⑤ ナコンパトム
⑥ ノンタブリ 　　　　　｝バンコク・メガリージョン
⑦ アユタヤ
⑧ チョンブリ 　｝周辺4県
⑨ ラヨン
⑩ チャチュンサオ

図 1-11　バンコクのメガリージョン

ルから 2015 年には 413 億ドルに増加しています。他方、日本からの輸入は 22 億ドルから 96 億ドルに増加したにすぎません。日本はインドとの間に FTA を発効させているのですが、それにもかかわらず、輸入額は ASEAN の 4 分の 1 しかないのです。ASEAN からの輸出は、日本から場合と比較して価格競争力が強いことがわかるでしょう。

ただし、ASEAN から新興国・途上国向け輸出を促進するためには、一段のコスト引き下げが求められるかもしれません。そこで注目されるのが ASEAN 域内での新しい連携です。たとえば、そのひとつのビジネスモデルとしてタイプラスワンがあります。これはタイの集積地にある生産拠点のなかから労働集約的な工程だけを近隣諸国へ移転するという新しい工程間分業のことです。

すでにラオスのサワナケットやカンボジアのポイペト、コッコンなどの国境地域と新しい工程間分業が稼働しています（図 1-12）。さらに今後道路インフラの整備と通関手続きの改善が進めば、カンボジアのプノンペン、ベトナムの

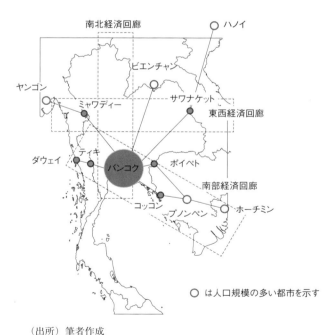

（出所）筆者作成

図 1-12 タイプラスワン

ホーチミン、ミャンマーのヤンゴンという大都市とのサプライチェーンも強化されることになるでしょう。

1.4 購買力 — 新興市場をどう開拓するか

さて、ASEANの魅力はその旺盛な購買力にもあります。これまで、特に拡大する中間所得層の開拓が強調されてきました。ただし、メディアが取り上げる中間所得層は、日本からみるとかなり所得水準が低い購買層です。そして、この中間所得層の拡大には貧困削減が大きく寄与していることに注意が必要です。

貧困削減は、日常品の新しい市場を拡大させます。たとえば、カンボジアではこの10年で貧困率が20%低下しましたが、その結果、図1-13が示すように月所得が150ドル未満の所得層が減り、その上の同150～400ドルの所得層、同400～600ドルの所得層が増加しており、これが日常品市場を拡大させる原動力になりました。

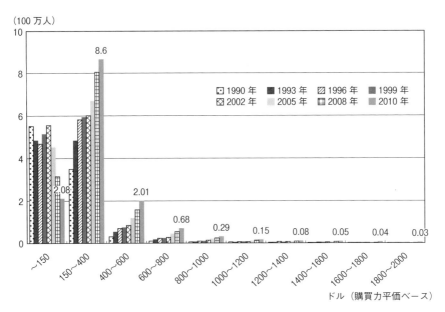

(注) 数値は2010年
(出所) World Bank, PovcalNet より試算

図1-13 カンボジアの消費人口(世帯当たり月支出)

ただし、このような中間所得層の市場を対象としたビジネスは、地場企業の競争力が強く、その参入には相当な工夫を要します。また、貧困率の低下速度は近年鈍化傾向にあり、安価な耐久消費財の需要が今後伸び悩むリスクがあります。

この中間所得層の開拓に加えて、メガ都市に存在する高所得層の開拓・確保を重視していくべきです。すでに述べたとおり、ASEANにおいてメガリージョンの中心であるメガ都市であるバンコクやクアラルンプールは高所得国とみなしてよい地域なのです。インドネシアのジャカルタも同様です。インドネシアは一人当たりGDPが3,000ドル強と低位中所得国に過ぎませんが、ジャカルタの一人当たりGDPは、やはり1万ドルを超えているのです。

当然のことながら、新興国・途上国のメガ都市の全域が一様に高所得であるわけではありません。たとえば、まず目抜き通りでは日本と変わらない複合商業施設があるものの、すこし内側に入ると中間層向けの地場のコンビニエンスストアがあり、さらに足を踏み入れるとローカルな小売店に出会うというのが現状です。その意味では、新興国・途上国のメガ都市における市場は重層的といえます。したがって、それぞれに狙う市場によって異なった流通システムを開拓する必要があります。

とはいうものの、ASEANのいずれの国においても所得格差は大きく、日本と同じ価格帯の製品を購入できる所得層が想像以上に拡大していることは見逃せません。この高所得層の規模を把握するには当該国の家計調査をみることが基本作業になりますが、ここでは、所得格差の程度を示す指標であるジニ係数から規模を推計してみましょう。

ジニ係数とは、図1-14のように縦軸に所得累積比率を、横軸に世帯累積比率を取

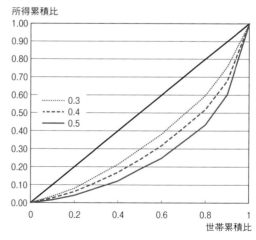

（出所）World Bank, World Development Indicators 2011 より筆者試算

図1-14　所得のローレンツ曲線

り、左側から所得の低い世帯を順に並べ、それにより描かれた曲線（ローレンツ曲線）と45度線の間の面積比率をいいます。格差が大きいほど曲線は下に大きく膨らんだ曲線となり、その面積比率も大きくなります。値は0〜1で示され、格差が大きいほど1に近付きます。

ASEAN諸国のジニ係数は総じて0.4付近にあります。ジニ係数が0.4という社会は、上位20%の人口が全所得の半分、上位10%の人口

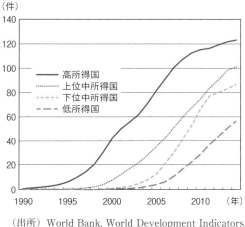

（出所）World Bank, World Development Indicators 2015

図1-15 携帯電話の契約件数（100人当たり）

が全所得の30%を占めるというような社会です。つまり上位10%の所得水準は全国平均の3倍を持つのです。

たとえばタイの2013年の家計の月平均所得は4万バーツ、およそ15万円です。ですから上位10%の所得推移準は、その3倍は45万円となります。つまり、年間約500万円あるいはそれ以上の所得層が人口の10%、つまり650万人も存在する計算になるのです。このように考えると、なぜバンコクに高価格帯のスターバックスが多くあるのか、日本と変わらない価格帯の日本食レストランがタイの人たちで賑わうのかが理解できるでしょう。

そしてこのような購買力はインターネットや携帯電話・スマートフォンによって掻き立てられる傾向にあります。図1-15が示すように、新興国・途上国でも携帯電話が急速に普及しています。また、ASEANではネット販売も急速に拡大しています。今後ASEANの市場開拓の上では、流通システムをどう確保するかとともに、ソーシャルネットワークサービス（SNS）において自社の製品がどう位置付けられているかについて気を配る必要があります。

1.5　今後の課題

最後にASEANでビジネスを行ううえでの注意点を生産面と消費面に分け

て、2点あげておきたいと思います。

　第1に、生産面では労働力をいかに確保するかが今後問題になると考えられます。ASEANは、経済成長により賃金水準が上昇しています。これは消費市場を拡大させるという点では好ましいことですが、他方で、コスト競争力の高い労働力の確保が年々困難になっていることを示すものです。今後、生産拠点の立地を考える際には、労働力の確保について、消費市場と同様に進出先・地域の調査を入念に行う必要があります。また、将来的な人件費の上昇を見込んだ柔軟な計画を作成しておくことも必要となるでしょう。

　第2に、消費面については、多様な市場のどこを狙うのかというセグメンテーションの徹底と、現実に即した見通しの作成です。所得水準の高いメガ都市といえども消費市場は重層的であり、それぞれの流通経路は異なります。また小売りの場合には、大都市内部でもどこに店舗を構えるかという立地が重要になります。カンボジアのプノンペンにおけるイオンモールが成功した背景には、徹底した地理的な調査がありました。そして、対象とする市場の潜在力・将来性がどのようなものかをしっかり把握していく必要があります。現況を単純に伸ばした右肩上がりの計画は危険であり、不断の実地調査が必要となるのです。

　最後に中長期的にASEANでのビジネスを拡大するにあたっての3つの視点をあげておきたいと思います。

　第1が、現地政府と歩むという視点です。ASEANの生産性の向上にはインフラ整備が必要です。インフラ建設ビジネスには、まず国際機関と現地政府の動きを十分に把握することに加えて、現地政府や現地企業と頻繁にコンタクトし、ネットワークを太くしておくことが肝要と考えます。現地政府にとっても、効果的なインフラ建設は、持続的な経済成長のうえでも、少ない予算を効率よく使ううえでも、借入を滞りなく返済するうえでも、重要な視点です。現地政府は、そのためのノウハウが不足しており、計画段階から協力し、良好なパートナーシップを形成しておくことが、ビジネスを広げる基盤となるでしょう。

　日本政府はハードなインフラ整備だけでなく、インフラを活用するノウハウ（ソフトのインフラ整備）についても支援をしていくべきです。その際には、企業の働きかけも重要となります。たとえば税関手続きの効率化などについては、現地日本企業の商工会議所やEPA（経済連携協定）を通じた働きかけが効果的でしょう。その際にはこちらの言い分だけを強調するのではなく、相手

方政府にも利益がみえるかたちでの提案が必要となるのはいうまでもありません。

　第2が、現地企業と歩むという視点です。ASEANが経済発展するなかで、ASEAN地場企業も順調に育ってきています。シンガポールに次いでマレーシア、タイが直接投資の出し手へと変化しています。国内市場をきめ細かく把握するためには、流通面での地場企業との関係形成が不可欠であることに加え、今後はASEAN域内の活動でも同様にASEAN地場企業との関係が重要になるでしょう。たとえばタイの企業は、すでにカンボジアやミャンマーでの活動を進めており、日本企業のなかには、これらの企業と一緒に活動している企業も少なくありません。さらに、ASEANの企業と連携して中国市場を開拓する企業も出てきました。今後は、インドや中東市場開拓においても地場企業との協力が有効な手段となるでしょう。

　第3が、現地の人たちと歩むという視点です。これまでASEANの進出といえば工場の立ち上げ、拡大がメインになってきたため、技術者の派遣が大半でした。しかし、ASEANの工場が労働集約的なものから技術集約的な製品の生産へシフトしていることを考えると、現地技術者の人材育成を支える研修制度、昇進・昇給制度、福利厚生制度などに力点を移す時期に来ているのではないでしょうか。すなわち、総務的な仕事が要求されているのです。

　本章でみてきたように、ASEANは経済共同体発足以降日本企業にとってより一層重要なパートナーとなる可能性が高いのです。ASEAN共同体の発足を契機に、ASEANとのビジネス関係をいかに発展的なものへと変えていくかという構想力が求められていると思います。

【参考文献】
1) 石川幸一、清水一史、助川成也（2013）『ASEAN経済共同体と日本』文眞堂
2) 石川幸一、朽木昭文、清水一史（2015）『現代ASEAN経済論』文眞堂
3) 浦田秀次郎、牛山隆一、可部繁三郎（2015）『ASEAN経済統合の実態』文眞堂
4) 大泉啓一郎（2011）『消費するアジア』中公新書

第2章　ASEANにおけるロジスティクス発展の経緯と現状

2.1　ASEANへの生産拠点移転の経緯

　ASEANが生産拠点として本格的に注目されるようになったのは、アメリカの対外貿易不均衡を解消（ドル高による対日貿易赤字の是正）するために、1985年9月22日ニューヨークのプラザホテルで開催された先進5か国蔵相・中央銀行総裁会議（通称「プラザ合意」）を機に始まった急激な円高以降です。このプラザ合意の結果、プラザ合意の前日までおおむね1ドル240円前後で推移していた円とドルの為替相場は、9月24日に日本銀行がドル売り介入を始めると、前日まで235円であった円相場は24時間後には20円の円高、9か月後の1986年7月末には154円15銭と50%強の円高を記録しました。

　この円高によってコスト競争力を失った日本の家電産業をはじめとする多くの輸出組立型産業や労働集約型産業は国内工場をたたんで、安い人件費を求めて、インドネシア、マレーシア、タイなどへ生産拠点を移転させました。

　その背景には、円高によって日本製品が輸出競争力を失ったことに加えて、①ASEAN各国での外資単独出資による輸出拠点（工場）の設立を認める投資奨励策の施行、②日本国内外の需要増加に伴う国内の人手不足と人件費の高騰、③日本国内の工場用地の確保難などの問題もあげることができます。

　投資奨励策に関して、たとえばタイでは、1954年に制定された「産業奨励法」が1972年投資奨励法、1977年新投資奨励法、1991年第1回改正新投資奨励法、2001年第2回改正新投資奨励法、2013年新投資奨励法へと改訂、公布され現在に至っています。これを管轄しているのがBOI（Board of Investment）と称する投資委員会です。本法を利用しますと、輸入した原材料を加工して作った製品を100%輸出することが前提となりますが、①法人税の一定期間の減免、②設備機器等の減免、③原材料の一定期間の免税等の恩典を得ることができます。同様の規則はインドネシアのPKB（保税区域内企業）、マレーシアのLMW（Licensed Manufacturing Warehouse）、ベトナムの投資法のように、ASEAN諸国でみることができます。

　この結果生み出されたのが日本国内で現在まで続いている「産業の空洞化」という現象です。

その後、日本のバブルが崩壊した 1990 年代には、① 中国の安くて豊富な労働力、② 1992 年鄧小平の南巡講話による経済開放政策の促進、③ 1997 年のアジア通貨危機の発生、④ ASEAN 域内の人件費の高騰などもあり、衣料品や日用雑貨のような労働集約型産業から家電・工作機械のようなハイテク産業に至るまで中国に生産拠点が移転されました。

ところが 2000 年代になると、① 中国沿海部（上海・青島他）の人件費の高騰と人手不足、② 反日暴動、③ 頻発する工場ストライキ、④ 中国労働法の強化、⑤ 中国政府による繊維産業等に対する電力供給制限などもあり、中国一極集中での生産リスクを回避するために、人件費の安い CLMV（カンボジア、ラオス、ミャンマー、ベトナム）やバングラデシュが繊維製品やインクジェットプリンター、ワイヤーハーネスのような労働集約型産業の生産拠点として、改めて見直されるようになりました。これが俗にいうチャイナプラスワンまたはポストチャイナと称される現象です。その背景には、2015 年末の ASEAN 経済共同体（AEC）の発足、日本 ASEAN 包括経済連携協定（AJCEP）、中国 ASEAN 自由貿易協定（ACFTA）などによる関税撤廃とそれに伴う国際分業の深化、さらに、ASEAN 域内の人口 6 億という巨大市場があるのも事実です。

次に、実入りコンテナ流動量からアジア域内の物流を概観します。

2015 年度のアジア域内全体の実入りコンテナの流動量は、表 2-1 及び表 2-2 のとおり、14,794,815 TEU[①]（2014 年度比 2.5％増）でした。うち、日本発アジア向けは 1,731,928 TEU（同 2.8％減）、内訳は中国向け 609,562 TEU（同 8.4％減）が年々減少傾向にある一方、ASEAN 向けは 590,897 TEU（同 2.8％増）と微増でした。総体的に日本発のコンテナ流動量は減少していますが、それは産業の空洞化によって部品・原材料などの現地調達化が進んでいるためで、これらの表からみる限り、2012 年後半以降の円安のメリットが享受できていないのがよくわかります。

次に、中国発アジア向けは 5,240,632 TEU（同 7.4％増）、内訳は日本向けが 1,063,841 TEU（同 0.6％増）とほぼ横這い状態ですが、ASEAN 向けは 3,200,926 TEU（同 11.7％増）と大きく伸びています。

さらに、ASEAN 発アジア向けは 4,973,802 TEU（同 4.2％増）、内訳は日本向け

[①] TEU とは、twenty-foot equivalent unit の略で、20 フィートコンテナに換算した本数のこと。40 フィートコンテナは 2 TEU になる。

第 2 章　ASEAN におけるロジスティクス発展の経緯と現状

表 2-1　アジア域内の国別実入りコンテナ流動量（単位：TEU）

2013年TEU	日本	韓国	中国全体	香港	台湾	フィリピン	カンボジア	ベトナム	揚げ港 タイ	マレーシア	シンガポール	インドネシア	ミャンマー	2013年合計	増減
日本	—	148,549	739,122	166,187	196,799	55,791	8,077	84,411	201,805	92,684	45,420	97,956	12,017	1,875,427	4.9%
韓国	174,159	—	453,124	96,552	82,594	55,873	11,616	183,160	87,239	104,472	48,952	116,849	29,050	1,490,582	1.7%
中国全体	221,101	584,956	—	129,667	233,680	372,031	32,002	358,445	520,973	461,306	311,079	506,224	50,955	4,606,022	23.9%
香港	1,070,683	559,077	79,310	—	45,640	10,357	—	99,150	47,984	26,634	32,677	23,323	1,606	565,194	-1.8%
台湾	125,363	50,974	62,198	277,695	—	22,175	11,546	128,506	76,459	61,130	40,600	63,403	3,029	1,083,892	0.7%
フィリピン	192,037	66,621	35,025	101,576	45,025	—	474	19,467	11,696	9,725	9,722	13,526	637	294,040	13.1%
カンボジア	77,185	65,621	1,607	—	14,402	559	—	779	579	3,086	3,023	263	39	20,657	48.9%
ベトナム	1,621	37,717	264,694	3,182	—	299	3,541	—	54,585	48,692	47,904	34,164	7,928	944,800	11.0%
タイ	114,159	69,754	373,686	100,970	80,735	48,970	613	117,929	—	63,723	43,946	107,920	12,004	1,222,616	6.5%
マレーシア	202,390	75,515	291,963	45,077	32,147	34,241	8,430	54,641	33,061	—	7,665	67,857	4,122	738,478	7.6%
シンガポール	83,759	43,392	218,010	45,025	43,360	31,269	3,291	57,347	45,086	26,646	—	66,382	5,640	623,596	2.9%
インドネシア	38,098	78,676	193,656	19,066	47,254	45,614	8,005	37,553	31,249	46,915	24,388	—	2,602	666,265	6.5%
ミャンマー	131,287	6,816	3,529	228	1,189	827	23	3,648	925	2,652	531	991	—	25,420	3.8%
合計	2,261,746	1,306,921	3,001,961	822,049	867,702	761,640	97,974	1,133,246	1,111,641	947,665	615,955	1,098,858	129,629	14,156,989	5.0%

2014年TEU	日本	韓国	中国全体	香港	台湾	フィリピン	カンボジア	ベトナム	揚げ港 タイ	マレーシア	シンガポール	インドネシア	ミャンマー	2014年合計	増減
日本	—	186,814	664,958	159,452	234,787	50,764	6,311	86,820	191,784	88,335	46,701	99,751	3,642	1,782,354	-5.0%
韓国	148,549	—	425,360	91,359	91,985	60,829	7,752	172,630	80,568	102,140	47,491	116,857	11,987	1,395,773	-6.4%
中国全体	1,057,019	384,956	—	134,700	237,332	397,767	35,551	405,250	541,588	525,494	311,659	568,635	78,493	4,878,444	3.3%
香港	117,533	66,409	76,105	—	45,635	20,743	9,072	81,390	45,856	33,205	24,559	56,952	1,249	527,851	-6.6%
台湾	198,265	65,621	242,603	112,661	—	47,465	10,297	146,285	81,387	60,673	43,722	11,188	4,187	1,070,118	-1.3%
フィリピン	68,302	37,717	110,927	14,515	15,251	—	378	9,690	11,667	12,136	9,938	121	315	302,024	2.7%
カンボジア	2,578	1,955	8,186	2,759	519	124	—	636	248	3,158	3,248	121	280	23,814	15.3%
ベトナム	122,201	166,875	266,474	75,220	94,532	34,511	1,167	—	54,801	57,842	25,286	33,709	12,826	945,444	0.1%
タイ	220,254	89,068	359,579	101,942	82,314	52,214	2,247	133,099	—	56,223	43,850	104,048	15,312	1,260,181	3.1%
マレーシア	84,907	87,268	327,082	49,454	36,397	41,862	7,824	62,149	32,284	—	12	76,796	7,166	820,326	11.1%
シンガポール	37,790	45,767	245,251	48,365	44,839	58,083	4,846	52,918	40,460	28,437	—	76,887	5,651	669,312	7.3%
インドネシア	127,475	83,040	226,405	19,003	48,958	58,628	4,093	50,878	31,290	50,109	17	—	3,725	722,837	8.5%
ミャンマー	4,097	7,109	5,933	351	1,781	344	47	4,659	845	3,299	904	1,355	—	30,725	20.9%
合計	2,227,234	1,364,536	2,958,863	809,782	934,328	803,365	89,584	1,206,406	1,112,778	1,014,253	592,377	1,170,859	144,836	14,429,202	1.9%

2015年TEU	日本	韓国	中国全体	香港	台湾	フィリピン	カンボジア	ベトナム	揚げ港 タイ	マレーシア	シンガポール	インドネシア	ミャンマー	2015年合計	増減
日本	—	158,431	609,562	150,262	222,776	49,292	6,776	104,379	188,592	93,708	44,903	98,853	4,395	1,731,928	-2.8%
韓国	202,027	—	411,009	90,110	80,380	68,583	5,732	215,064	71,639	88,318	45,092	96,670	12,111	1,386,936	-0.6%
中国全体	1,063,841	619,423	—	126,539	229,903	393,426	41,604	531,279	622,160	575,623	344,853	385,721	106,261	5,240,632	7.4%
香港	101,971	38,638	61,734	—	32,991	19,757	7,285	82,799	45,025	25,135	29,065	23,827	1,823	469,989	-11.0%
台湾	188,198	60,409	218,172	100,196	—	41,163	8,141	150,684	73,737	57,538	39,196	49,734	4,358	991,528	-7.3%
フィリピン	83,782	33,271	94,322	14,928	15,458	—	249	9,780	15,899	10,581	8,670	7,705	646	295,289	-2.2%
カンボジア	3,176	1,839	6,514	2,183	899	185	—	541	296	3,165	3,171	389	96	22,453	-5.7%
ベトナム	126,872	169,289	296,787	75,799	93,673	32,880	1,283	—	59,051	60,553	26,298	36,594	18,048	997,072	5.5%
タイ	205,044	91,063	375,768	97,990	76,727	51,548	2,729	137,258	—	67,573	45,199	85,634	22,687	1,259,220	-0.1%
マレーシア	89,594	83,321	345,153	48,242	38,681	36,905	6,887	80,197	39,374	—	6,742	85,283	13,347	873,727	6.5%
シンガポール	37,536	43,642	269,217	44,513	44,514	34,806	9,262	64,852	46,850	29,209	—	28,868	9,140	714,437	6.7%
インドネシア	135,721	88,364	246,114	22,565	48,641	56,985	4,089	52,667	39,776	58,296	21,578	—	4,957	779,753	7.9%
ミャンマー	5,285	7,184	6,408	354	1,016	271	86	2,685	1,308	3,998	762	1,995	—	31,851	3.7%
合計	2,243,493	1,396,872	2,940,789	773,680	885,858	785,801	94,123	1,432,185	1,203,707	1,073,696	615,468	1,151,273	197,869	14,794,815	2.5%

（出所）IADAのデータをベースに筆者作成

687,456 TEU（同 2.9％増）、中国向け 1,640,312 TEU（同 5.8％増）、ASEAN 域内向けは 1,499,882 TEU（同 7.9％増）と非常に元気で、ASEAN 域内の物流がいかに活況を呈しているかが明らかである一方、第 1 章でご説明したとおり、中国と ASEAN との間で、半製品（電子部品等）を中心とした相互補完供給体制が強まっていることがわかります。

表 2-2　日本・中国・ASEAN の実入りコンテナ流動量の総計（単位：TEU）

輸出国	年	輸入国		
		日本向け	中国向け	ASEAN向け
日本発	2013	—	739,122	599,160
	2014	—	664,958	574,607
	2015	—	609,562	590,897
中国発	2013	1,070,683	—	2,613,015
	2014	1,057,019	—	2,864,437
	2015	1,063,841	—	3,200,926
ASEAN発	2013	652,561	1,452,711	1,349,176
	2014	667,604	1,549,837	1,402,221
	2015	687,456	1,640,312	1,499,882

（出所）表 2-1 をベースに筆者作成

また、2015 年 12 月 31 日の AEC の発足、日本とタイ、フィリピン、インドネシアとの EPA（経済連携協定）の締結によって関税が減免されたことで、最適地での生産見直しが図られ、企業の優位性を支えるのはグローバル・ロジスティクス（GL）やグローバル・サプライチェーン（GSCM）の優劣であることから、今後アジア域内でのこれらの仕組みづくりがますます重要になっているわけです。

2.2　域内の物流形態

(1) 日系物流事業者の海外進出形態

日系物流事業者の海外進出形態には、次のような形態があります。

海外進出に際しては、通常市場調査と顧客などの情報収集を目的として駐在員事務所がまず設置され、その後、現地企業との合弁または単独出資による現地法人設立へと移行します。

ただし、最近減少傾向にありますが、現地法人を設立しても、現地営業だけでは企業採算（事務所経費等）を維持することは難しいため、駐在員事務所と

現地法人を並立させて、日本の親会社がマネジメント・フィと称して、経費の一部を補填する一方、駐在員の給与や賞与の一部を別途親会社が日本で支給している企業はまだまだ多いようです。

現地法人は、財務処理などがすべて現地企業マターで処理されるため、アクシデントなどの発生や事業採算が悪化しても、他の系列会社にまで責任問題等が波及することはありませんが、支店は本部組織の一部であることから、駐在員・ローカルスタッフの人件費なども含めてすべて支店経費として計上され、現地で法人税が課されることになります。また、国によっては、日本の売上分と合算して課税されるおそれもあります。さらに、海外で法人税を支払っても、日本で差額税額分（海外支店がある国で支払った税額－日本の税額＝差額税額）を徴収されるため、物流事業者の場合は、支店組織による営業形態は少ないようです。ただし、2016年3月現在ミャンマーのように、物流事業者の駐在員事務所設立を認めていない国では、実態は駐在員事務所ですが、シンガポールの支店としてミャンマー支店を設立している物流事業者のケースがみられます。その場合、毎年収入のない経費のみの決算書類が作成されています。

1990年代初頭以前のアジア地域（特に発展途上国）では、物流事業への外資参入規制が厳しかったため、駐在員事務所や合弁形態での進出が多かったわけです。たとえば、2001年にWTOに加盟する以前の中国では、独資による物流事業者の進出が認められていなかったことから、地域ごとに地場の物流事業者と合弁（合作企業を含め）で企業設立する以外に進出方法がありませんでした（表2-3）。そこでやたらと合弁企業の数だけが増えていったわけです。しかし、WTO加盟に伴う自由化の動きに合わせて、外資の参入規制が緩和されたことから、最近は駐在員事務所、合弁企業から独資による現地法人へと切り替えが進む傾向がみられます。

しかし、対外的に現地法人が設立できても、物流事業を営むために必要な国内営業免許取得で規制をかけている中国やバングラデシュなどのような国はASEAN新興国の中でまだまだ多いわけです。

ところで、JIFFA（国際フォワーダーズ協会）による表2-3を見ますと、日系物流事業者がASEANへの進出を始めたのは、日系メーカー（荷主企業）の東南アジアへの生産拠点の移転が始まった1980年代後半以降であることがよくわかります。

1989年の調査によりますと、日系物流事業者の当時のアジアの進出先は、

2.2 域内の物流形態

表 2-3 日系物流事業者のアジア域内への進出の推移

	1989 年		1995 年		2000 年		2006 年		2010 年		2014 年	
	現地法人	駐在	現地法人	駐在	現地法人	駐在	現地法人	駐在	現地法人	駐在	現地法人	駐在
米　　国	55(6)	15	85(12)	14	70(8)	6	74(5)	13	69(7)	17	71	16
欧　　州	30(0)	44	69(10)	48	72(10)	23	91(6)	39	94(10)	28	103	20
オランダ	4(0)	6	15(2)	6	17(2)	5	21(0)	8	20(1)	7	21	4
英　　国	6(0)	7	18(3)	6	16(2)	2	22(1)	1	17(1)	0	18	1
ド イ ツ	8(0)	27	17(4)	13	22(11)	4	16(1)	6	16(3)	4	16	4
アジア	89(49)	76	246(157)	177	310(169)	166	557(246)	242	639(270)	195	767	178
中　　国	0(4)	23	32(26)	96	66(53)	93	197(99)	169	236(100)	125	362	100
香　　港	30(12)	5	56(12)	13	52(11)	6	76(6)	10	79(10)	7	401	77
タ　　イ	11(6)	8	0(47)	8	49(32)	5	70(41)	1	82(49)	4	101	6
シンガポール	24(13)	9	44(14)	11	52(15)	5	57(7)	2	57(7)	1	52	2
インドネシア	0(2)	3	5(4)	12	10(7)	13	28(20)	12	34(25)	7	50	11
ベトナム	0(0)	0	0(4)	9	9(9)	16	13(12)	15	26(20)	27	48	26
マレーシア	11(9)	1	30(28)	1	32(18)	2	40(23)	3	37(22)	6	36	0
フィリピン	1(0)	1	0(6)	7	17(11)	10	34(22)	14	29(16)	1	28	5
ミャンマー	0(0)	0	0(0)	0	0(0)	1	0(0)	2	0	0	6	5
カンボジア	0(0)	0	0(0)	0	0(0)	0	0(0)	0	0	0	5	2
バングラデシュ	0(0)	0	0(0)	0	0(0)	0	0(0)	0	0	0	3	2
ラ オ ス	0(0)	0	0(0)	0	0(0)	0	0(0)	0	0	0	1	0
イ ン ド	0(0)	0	0(0)	0	0(0)	1	4(3)	3	15(8)	7	27	7
台　　湾	5(3)	14	18(14)	11	16(10)	5	26(9)	2	25(8)	1	23	2
韓　　国	1(0)	12	4(2)	9	4(2)	9	12(4)	9	19(5)	9	21	9
総 合 計	174(55)	135	400(179)	239	452(187)	195	722(257)	294	802(287)	240	941	214

(注)（）内は、合弁企業数。ただし、JIFFAの統計の取り方が2012年から、合弁企業を現地法人に含むように変更されている。
(出所) 国際フレイトフォワーダーズ協会発行の『我が国フォワーダーの海外進出状況と外国フォワーダーの日本進出状況』

香港、タイ、シンガポール、マレーシアが中心でした。1995年から2000年にかけて、繊維産業の委託加工貿易等の活発化に伴う中国華東地区、香港の人件費の高騰と狭隘な土地ということもあり、その後背地である広東省(深圳・広州等)への電子関連産業の移転に伴なって、そのゲートポートであった香港、自動車産業の集積拠点であったタイなどへの進出が急増しています。

なぜなら、貨物に追随して動くのが物流事業者だからです。

その後、中国への進出が急増する一方で、従来のタイやシンガポールだけでなく、インドネシアやベトナムにも進出が増えています。

(2) 物流事業者のASEANへの進出

物流には、図2-1のように、物流インフラ整備段階⇒ロジスティクス構築段階⇒SCM展開段階という発展段階があります。そこで、まず各段階について簡単に説明します。

「物流」とは、供給者から需要者(消費者)への製品の供給についての組織とその管理方法及びそのために必要な包装、保管、荷役、輸・配送と流通加工、

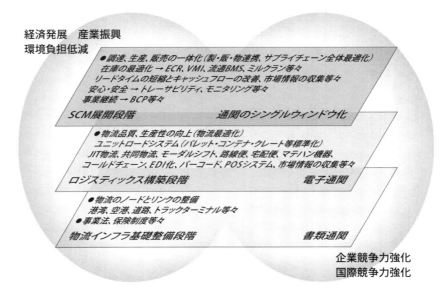

(出所)JILS(日本ロジスティクスシステム協会)作成資料を筆者が一部加筆

図2-1 経済発展段階とロジスティクスの3層構造

ならびに物流情報の諸機能を統合した機能のことです。そして、この「物流インフラ整備段階」では、保管と輸送活動のコスト削減による効率化が重視されています。

次に、「ロジスティクス」とは、原材料、半製品、仕掛品ならびにその関連情報の産出拠点から消費地点までの流通経路と在庫管理を、効率的かつ費用対効果を最大ならしめるよう計画立案、実施統制するもので、市場情報に基づいて物流の全体最適化を図ることが重要となります。この段階では、ユニットロードやコールドチェーン、共同配送、JIT 配送、多頻度少量配送などの物流サービスの高品質化が重視されています。

ちなみに、JIT とは、Just in time の略で、トヨタが考えたコスト削減のための部品の調達方式のひとつで、必要な時に、必要なモノを、必要な量だけ供給する仕組みのことです。

最後の「SCM（サプライチェーンマネジメント）」とは、商品の供給に関係する同じ目的を持った企業連鎖のことをいいますが、商品の企画・設計・開発・資材調達・製造・販売・教育・保守・廃棄に関連するプロダクト・ライフサイクルを含む全分野における情報を全チェーン上の各企業間で共有して、製造、販売、物流を一体化することによって在庫削減とマネジメントを図り、キャッシュフローの改善を図ろうとすることです。

そこで、ASEAN 各国の物流の発展段階をみますと、図 2-2 から明らかなように、シンガポールやタイのように SCM 展開段階のレベルにある国から、ミャンマーやカンボジアのように物流インフラや法整備の段階にある国までさまざまなレベルにあるのが ASEAN 各国の特徴です。

しかし、シンガポールやタイでも最初から物流が発展していたわけではありません。

1980 年代後半以降、急激な円高の影響によって、当時物流インフラ整備段階にあったタイ、マレーシア、インドネシア、シンガポールに生産拠点を移転させた多くの日系メーカーは、不透明な輸出入通関と横行する賄賂、整備されていない物流インフラ、日本と異なる商慣習などの下で、日本国内で慣れ親しんだ JIT や多頻度少量納入などによる効率的なロジスティクス・システムを構築して、競争優位性を維持することができませんでした。

また、多くの日系メーカーは海外に新たな生産拠点を建設する際に、派遣費用と労働許可証の観点から生産管理者（エンジニア）を優先的に派遣し、現地

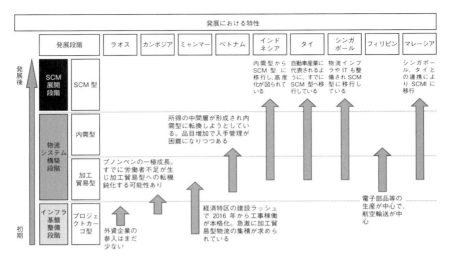

（出所）JILS 作成資料を筆者が一部加筆訂正

図 2-2　ASEAN のロジスティクスの発展状況

での物流の責任者は素人のエンジニア任せとなるため、どうしてもローカルスタッフに頼らざるをえませんでした。

ローカル任せとなると、納入業者とのリベートやキックバックの問題、通関トラブル時の高額な裏金の要求とその後の経理処理、賦課課税方式による高い関税、複雑で煩雑な輸入通関など、物流に関する浅薄な知識と言葉の障害などもあり、日本人スタッフでは対応しきれない問題が多々発生しました。

特に輸入通関に悩まされる企業は多かったようです。そこで、日系メーカーは日本で密接な関係にある物流事業者に進出を要請したわけです。要請を受けた物流事業者も、日本発着の物流事業だけに専従するのではなく、既存顧客の確保と新規業容の拡大を図るために総合物流事業者へと脱皮し、タイ、マレーシア、インドネシアなどに進出した次第です。

1990 年代当時、多くの物流事業者はシンガポール、タイ、マレーシアなどに現地法人を設立し、当時世界第 1 位のコンテナ取扱量を誇ったシンガポール[②]

[②] 1991 年のシンガポール港のコンテナ取扱量は 635.4 万 TEU で第 1 位であったが、1993 年は 920.4 万 TEU であった香港に抜かれ、904.6 万 TEU で第 2 位となった。しかし 2005 年に 2,313.9 万 TEU で、香港の 2,242.7 万 TEU を抜き、再び世界第 1 位となった。

を海上輸送のハブ港にして、シンガポール／マレーシア、マレーシア／タイ間のトラック輸送や鉄道輸送を進める一方で、自動車部品調達にみられるミルクラン（巡回集荷）、パーツセンター、保税倉庫の運営、在庫管理、電子部品調達にみられる VMI（Vendor Managed Inventory：ベンダー主導型在庫管理システム）など、さまざまなロジスティクス・サービスを提供するようになりました。

また、この当時の日本向けに関しては、量販店（GMS）がタイやインドネシアで買い付けた衣料品や雑貨を対象にしたバイヤーズ・コンソリデーション[3]を提供していました。

さらに、2000 年代に入ると、従来の VMI 機能による在庫管理だけでなく、保管中の部品や原材料を物流事業者がいったん買い取る金融（ファイナンス）機能を付加した商社代行的なサービス（Forwarder Management System または Trade Management System）を提供する事業者も現れてきています。

(3) 物流事業者の業務内容
① 物流事業の国別レベルの違い

現在、荷主企業が物流事業者に期待していることは、企業優位性を保持するための、(ⅰ) 物流コストの削減、(ⅱ) 物流の迅速化、(ⅲ) 物流の高品質化（JIT・多頻度少量配送・カーゴトレーシングなど）、(ⅳ) 責任と情報の一元管理、(ⅴ) GSCM の可視化などですが、問題は、ASEAN 域内におけるロジスティクスのレベルがシンガポールやタイのような先進国と、CLMV のような発展途上国とでは規則や物流インフラ、商慣習、法整備などが異なるため、物流サービスレベルも当然異なっていることです。

たとえば、ロジスティクス構築に際して、最も高度なノウハウを求められているのは自動車部品調達物流だと思いますが、生産台数が少ないタイやインドネシアでは JIT による調達ができないため、各自動車メーカーともミルクランを導入しています。

そこで、タイトヨタが渋滞の激しいバンコクで行っているミルクランの仕組みを事例にして、日系物流事業者のレベルの高さについて説明します。

同社のタイのミルクランでは、運行中のトラックを 1 分ごとに GPS でポー

---
[3] 特定輸入者からの依頼を受けた物流事業者が指定した海外倉庫で、特定輸入者が買い付けた商品を荷受けし、コンテナ単位にまとめて輸送すること。

リングし、トラックの動静管理を行っています。計画ダイヤと比較して、作業の遅れ、スピードオーバー、走行ルート外れなどの異常があった場合はオペレーション・センターの端末に異常情報が表示され、運行管理者は運転手にすぐに携帯電話などで状況を確認します。また、走行中のドライバーによる不正行為を防止するために、ドライバーの昼食場所までマニュアルで規定しています。さらに、交通渋滞時には、あらかじめ設定されている迂回経路が指示され、トヨタの組立工場到着時間はプラス・マイナス10分以内で指定されていますが、その遵守率は95％以上の高さを誇っています。しかも、普段はドライバーの管理を行っている従業員数人がパトロールチームを組み、事故時にはオートバイで緊急出動する仕組みになっています[④]（詳細は第4章4.1（3）参照）。非常時を想定したここまでレベルの高いミルクランの仕組みが構築できているのはタイトヨタと一体化した日系物流事業者の存在があるからです。地場の物流事業者とでは絶対にできないことだと思います。

　また、2012年に筆者がベトナムのハノイに行った時の話ですが、日本の大手事務機器メーカーであるA社を訪問し、当時の物流責任者への、「ベトナムにおける理想的な物流事業者とはどのような事業者ですか」という質問に対する答えがいまでも忘れられません。

　筆者は、A社がグローバル企業であることから、「GSCMやグローバル・ネットワーク網（情報システムを含め）の構築などができている物流事業者」との答えを期待していました。しかし、返ってきた答えは、「(i) コンテナを持ってきた運転手に立小便をさせないでくれ。(ii) 運転手に薬を打たさないでくれ。打った薬瓶を構内に捨てさせないでくれ。(iii) 決められた時間通りにコンテナを持ってきてくれ。これらができる物流事業者が一流の物流事業者だ」とのことでした。これを聞いた時に、発展途上国では自ら輸送や保管手段を持ったアセット型の物流事業者でないと一流の日系メーカーとは組めない。責任感の薄い地場の物流事業者のレベルでは無理だ、ということを痛感した次第です。

　後日談として、2015年12月に経済産業省が主宰した「ベトナムにおけるロジスティクス環境向上に向けた物流人材育成環境の整備事業」での招聘研修で来日したA社の物流担当者に現状を聞いたところ、(i)及び(ii)は大分改善され

[④] 根本敏則・橋本雅隆編著『自動車部品調達システムの中国・ASEAN展開－トヨタのグローバル・ロジスティクス－』中央経済社 2010 85〜103頁．

ましたが、(ⅲ)のコンテナは時間どおりに未だ来ない、とのことでした。

② 物流事業者が提供する業務内容

　海外での工場（プラント）建ち上げに際して、物流事業者が荷主企業に現地で最初に提供する業務内容は下記のとおりです。

- 進出国における荷主企業の設立とその支援、通関規則、減免税手続き（設備機械・原材料・製品など）、梱包、設備機械の輸送方法（特に重量物、嵩高貨物輸送に関する道路状況、橋梁、工場建屋、据え付け場所など）の確認とアドバイス及び申請諸手続き
- 到着した設備機械の減免税代行手続き、陸揚げ、輸入通関、現場サイトまでの輸送、工場への搬入、据え付け、レベル出し、配線、配管、貨物海上保険の手配とアドバイス及びクレーム処理など

また、工場稼働後の主な提供業務内容は下記のとおりです。

- door to door 間の国際複合一貫輸送（NVOCC[5]）業務
- 日本を含むアジア域内・第三国間の海上、航空、陸上輸送及びその手配
- 製品の輸出通関、原材料・部品・設備機器のアフターパーツなどの輸入通関
- コンソリデーション（ゼネラル・コンソリデーション、バイヤーズ・コンソリデーション）
- 集荷（ミルクラン、IPO（国際調達）を含む）、保管（在庫管理、VMI 業務を含む）
- 流通加工（検針、検品、値札付け、仕分け、キッティング、モジューリング他）
- 貨物海上保険の手配とアドバイス及びクレーム処理
- 構内作業
- 3PL（Third Party Logistics）に基づく物流の一括受注と改善提案など
- 再輸出に基づく原材料の関税還付の管理とその還付申請手続き
- 書類作成（船積書類、減免税申請のための Master List、原産地証明書の作成など）、査証、原産地証明書などの取得及びその手配
- ファイナンス機能の提供
- 生産管理

---

[5] NVOCC とは、non-vessel operating common carrier の略で、自分では船舶などの輸送手段を有していないが、船会社等を下請けに使いながら、運送人として貨物運送を受託する利用運送事業者のこと。

・その他の物流に関連した付随業務

2.3　ASEANにおける物流上の課題

JETROによる荷主企業、物流事業者へのアンケート及び聞き取り調査によると、ASEAN域内における物流などに関する現状と課題は表2-4のとおりです。そこで、このアンケート結果に加えて、筆者が常日頃感じているASEANの物流に関する現状と課題について説明します。

① 人件費の上昇

労働者の人件費上昇は人口の少ない国ほど早いわけですが、人件費の上昇は生産原価に反映されるだけでなく、倉庫・港湾労働者、トラックドライバーなどの賃金にも影響を及ぼすため、人手不足とあわせて、荷主企業、物流事業者にとって頭の痛い問題です。

② 通関の煩雑さと不透明な金の要求

インドネシア、カンボジア、ミャンマーなどでは輸出入通関手続きが複雑か

表2-4　ASEAN域内における国別課題

	1	2	3	4	5
シンガポール	従業員賃金の上昇	限界に近づきつつあるコスト削減	競争相手の台頭（コスト面で競合）	採用難	新規顧客の開拓の難しさ
マレーシア	従業員賃金の上昇	限界に近づきつつあるコスト削減	従業員の質	競争相手の台頭（コスト面で競合）	調達コストの上昇
タイ	従業員賃金の上昇	品質管理の難しさ	従業員の質	競争相手の台頭（コスト面で競合）	主要販売市場の低迷
インドネシア	従業員賃金の上昇	レートの変動	通関に時間を要する	原材料・部品の現地調達の難しさ	通関等諸手続きの煩雑さ
ベトナム	従業員賃金の上昇	原材料・部品の現地調達の難しさ	通関等諸手続きの煩雑さ	品質管理の難しさ	従業員の質
フィリピン	原材料・部品の現地調達の難しさ	従業員の質	物流インフラの未整備	従業員賃金の上昇	人材（技術者）の採用難
カンボジア	従業員賃金の上昇	原材料・部品の現地調達の難しさ	従業員の質	電力不足・停電	人材（中間管理職）の採用難
ラオス	通達・規則内容の周知徹底が不十分	品質管理の難しさ	従業員賃金の上昇	人材（中間管理職）の採用難	業務規模拡大に必要なキャッシュフローの不足
ミャンマー	従業員賃金の上昇	電力不足・停電	対外送金に係わる規制	通関に時間を要する	原材料・部品の現地調達の難しさ

（出所）JETRO「在アジア・オセアニア日系企業実態調査」2014年度

つ煩雑ならびに"tea money（チップ）"と称する不明朗な金の要求が横行していることです。

　これは余談ですが、ASEANでは、「リベート」「キックバック」「アンダーテーブル」というのは裏金を意味するため、絶対にこれらの言葉を使いません。金額の多寡にかかわらず、お茶代（チップ）を意味する"tea money"という言葉を使います。

　筆者のタイ駐在時代（1988～1993年。帰国後も年数回は訪タイ）の経験として、輸出入申告する際の書類に現金を付けて申請していました。また、ASEAN新興国の税関職員の考え方は「性悪説」で、インボイスのミスタイプ、税関検査時の現物と書類の不一致、賦課課税に基づく高い税率適用など些細な問題点をみつけて、相場のない不明朗な金を要求され、領収書の出ないこれらの金の後処理のために、酷いときは、税務職員に裏金を払ったり、空の領収書を買ったりした苦い思い出があります。

　ところで、ベトナムでは日本のNACCSをベースにしたVNACCSが2014年から稼働、ミャンマーでは同じくMACCSが2016年11月から稼働予定です。

　ベトナムでは、通関申告が電子化されたことで、輸入時の課税方式も賦課課税方式からインボイス価格をベースにした申告課税方式へと変更されました。申告課税方式への変更やEDI化によって税関職員との申告時のトラブルや申告書類に添付するtea moneyは減りましたが、収入が減った税官職員は貨物検査や事後調査を強化し、貨物取扱（税関検査、貨物引取り）時にtea moneyを要求するようになっています。

　さらに、通関時間に関して、メコン川流域の国境、たとえばタイとラオスの両国国境でそれぞれ通関手続が必要ですが、両国税関の開庁時間が一致しないために、翌日の相手国税関の開庁まで国境で待たされるケースや、事前教示制度が導入されていないカンボジア、ラオス、ミャンマーなどでは、担当者間でHS（Harmonized Commodity Description and Coding System）コードの解釈の不一致などがみられ、それがtea moneyの温床となっています。（通関システムの詳細は、第10章参照のこと）

③　輸送途上に関所があること

　たとえば、ミャンマーでは、20年前の中国と同じで、村境や橋梁の入口に関所があり、村人たちが勝手に通行料を徴収しています。その関所がどこに設

置されているかわからないため、物流事業者にとって正確な見積り書などの作成が難しいのが実態です（図2-3）。

④ ASEAN 諸港は河川港が多いこと

ヤンゴン港（ミャンマー）、ハイフォン港（ベトナム）、ホーチミン港（ベトナム）、クロントイ港（タイ）などは河川港であるため水深が6〜8mと浅く、大型のコンテナ船（1,000 TEUクラスまで）がダイレクト寄港できないことです（図2-4）。したがって、シンガポール港や香港港などでトランシップされるため、貨物の追跡調査（カーゴトレース）が難しくなっています。なお、レムチャバン港（タイ）、カイメップ港（ベトナム）、シアヌークビル港（カンボジア）などは深水港のため、大型コンテナ船のダイレクト寄港が可能です。

（出所）筆者撮影

図2-3　村境の関所

（出所）筆者撮影

図2-4　ヤンゴン港

⑤ ASEAN 新興国では、ガソリン代が高く、道路・電力・通信インフラなどが未整備であること。

ミャンマー、カンボジアなどの新興国では、ガソリン代が高く、道路・通信・電力インフラなどが悪いことです。また、外国企業向けに関しては二重料金性になっています。

さらに、道路に関しても地方に行くと舗装道路は少なく、舗装はされていてもメンテナンスができていないため道路の凹凸が酷く、貨物の落下、衝撃による損傷などが発生しやすい状態です。また、雨中での走行中も幌のかけ方が不十分なため、雨濡れ事故も発生しやすくなっています。さらに、経済回廊のようなメイン道路であっても街灯がないため、夜間走行が難しいところも多々あ

ります。

電力に関しても供給が不安定なため停電が多く、品質が安定しないのが実態です。

⑥ 荷扱いが乱暴なこと

倉庫内での荷役、フォークリフトの運転が乱暴なうえに、トラックへの積込み、トラック卸し、空港や港でのバン（コンテナ）詰め、バン（コンテナ）出し時に貨物を投げたり、貨物を踏み台代わりにしたり、軽い貨物の上に重い貨物を平気で積んだりするなど荷扱いが乱暴なため、貨物の損傷が起きやすい環境にあるのが実態です。

⑦ 地場倉庫は平床のため、浸水による水濡れ事故が発生しやすいこと。また鳥・害虫の糞などによる貨物ダメージが発生しやすいこと

地場の倉庫は高床式倉庫ではないため、雨季には出入り口から倉庫内に浸水し、水濡れ事故が発生しやすいだけでなく、天井や窓のネットが壊れていて害虫や鳥の糞害による貨物ダメージも発生しやすくなっている倉庫も時々見受けられます。

⑧ コールドチェーンが未発達であること

コールドチェーンが未整備のため、港頭地区などで常温トラックで輸送され、バン詰めされている冷凍水産物などを時々見受けます。工場や冷凍倉庫で冷凍保管されていた貨物も冷凍車の数が少ないため、このような現象が発生しているわけです。また、冷凍倉庫は高いため、古い冷凍コンテナを購入して、そこで冷凍・冷蔵保管しているケースもみられます。これでは、貨物の入出庫時に外気との遮断が不十分なため保管中の製品が半解凍になりやすく、品質劣化の原因となります。

⑨ コンテナ輸送する際のトレーラ（シャーシ）がフラットタイプのため、コンテナが斜めの状態で輸送されていること

日本でコンテナ輸送する際に使用されているトレーラ（シャーシ）はコンテナを水平状態にポジショニングするためにグースネックタイプです。これに対して、ASEAN諸国で使われているトレーラはフラットタイプであるため、トラクターとトレーラとの結節の際にコンテナのフロント部分が高くなり、ドア部分が下がった状態で輸送されています。そのため、荷重がドア部分にかかっているため、日本などでコンテナを開けた時に貨物が落下し、けが人がでるケースも珍しくありません（図2-5）。

⑩ 賠償責任保険を付保する習慣がないこと

ASEANのほとんどの国の地場物流事業者は、賠償責任保険を付保する習慣がありません。したがって、事故を起こしても、責任感が薄く損害賠償能力もないため、運転手は即時に解雇されたり、その場から逃げ出したりして、最終的に事故損害は荷主企業が負担せざるを得ないのが実態です。

（出所）筆者撮影

図2-5 フロント部分が高くなって、斜めの状態で輸送されているコンテナ

⑪ LCL貨物の輸入通関が遅延すること

20年前の中国と同じで、ミャンマーなどでは、混載貨物は、コンテナに詰められているすべての荷受人の書類が揃わないとバン出し、輸入通関を行わないため、通関に時間がかかることです。

⑫ ASEANで物流事業を営もうとする際に、国ごとに国内規制があること

たとえば、NVOCC（利用運送）事業はインドネシア、ベトナムで、倉庫事業はベトナムで、道路運送はタイ、インドネシア、ベトナムなどで外資規制が導入されています。また、タイ、インドネシア、ミャンマーでは運送業と倉庫業といった兼業は禁止されています。日系物流事業者がこれらの問題を解消するためには、時には地場の物流事業者との合弁が必要となります。

⑬ ワーカーのレベルが低いこと

ASEANで総体的にいえることですが、初等教育、躾不足から、「組織」「会社」「チームワーク」レベルで、自分で考えて行動することが苦手で、言われたことしかできない人間が多いことです。これは企業にとっては大きなハンディとなります。

これは、カンボジアにある日系メーカーの事例ですが、採用した人材に躾・基礎学力養成学校（Sok Sabay School）を開校し、2週間基礎教育を行っていました。内容は、（ⅰ）躾、マナー、モラル、生活習慣、挨拶、時間厳守、ルール遵守、規則正しい生活、大切なモノの扱い方、「ありがとう」「ごめんなさい」が言えるなど、徹底した生活態度の教育。（ⅱ）基礎学力、母国語学習、算数（足

し算、引き算)、色の認識など仕事に必要な基礎能力の養成。(ⅲ) チームワーク、集団行動、他へ及ぼす影響（遅刻、無断欠勤、勝手な離席等）の理解、チームワークが大きな成果を産むとの理解、です。開校以前は1か月以内の離職率が60％でしたが、開校後は定着率が80％と改善されているとのことでした。

また、ASEANでは、仕事上での男女による格差はありませんが、総体的に聞くことは、女性の方が勤勉ということです。

2.4　LPIにみる物流のレベル比較

世界銀行が発表した世界160か国・地域の通関、インフラ、国際輸送、物流品質、貨物追跡、定時制の6分野における物流の効率性を数値化したLPI（Logistics Performance Index）報告書2016でASEAN各国の総合順位をみますと、シンガポールが4.14で第5位、マレーシアが3.43で第32位、タイが3.26で第45位、インドネシアが2.98で第63位、ベトナムが2.98で第64位、フィリピンが2.86で第71位、カンボジアが2.80で第73位、ミャンマーが2.46で113位、ラオスが2.07で152位となっています（表2-5参照）。

この表をみても、ASEAN新興国の通関、インフラ等に関する物流上の課題が多いことがよくおわかりいただけると思います。

2.5　日本政府によるASEAN支援

東西経済回廊や南部経済回廊の道路インフラが整備されたのを機に、同地域を横断する道路輸送を促進するために、2003年中国（雲南省・広西チワン族自治区）を含めた6か国でADBの支援の下で、CBTA（越境交通協定）が締結されました。本協定書が発効するためには17の付属書と3つの議定書に各国がそれぞれ署名し、各国が個別に批准する必要がありましたが、2015年9月に最後のミャンマーが批准を完了しました。しかし、CBTAと国内法制度との乖離や遅延などにより、CBTAの完全実施がなされていないのが実情です。そこで、今後の方向性として、① 現在2国間、3国間で覚書を結ぶ形で進むトラックの相互乗り入れなどの交通権相互付与のさらなる拡大・整理、② 参加国の税関手続き及び運用の簡素化、標準化、調和推進による一貫性のある国境管理の促進、③ 上記トラック相互乗り入れに関する覚書など2国間越境貿易協定のドラフト作成及び改正支援、④ チェックポイントでのシングルウインドウ、シングルストップ検査の実施促進、⑤ 衛生植物検疫機関の近代化

表 2-5　上位 10 か国とアジア主要国の LPI ランキング

	総合		通関		インフラ		国際輸送		物流品質		貨物追跡		定時性	
	順位	スコア	順位	スコア	順位	スコア	順位	スコア	順位	スコア	順位	スコア	順位	スコア
ドイツ	1	4.23	2	4.12	1	4.44	8	3.86	1	4.28	3	4.27	2	4.45
ルクセンブルク	2	4.22	9	3.90	4	4.24	1	4.24	10	4.01	8	4.12	1	4.80
スウェーデン	3	4.20	8	3.92	3	4.27	4	4.00	2	4.25	1	4.38	3	4.45
オランダ	4	4.19	3	4.12	2	4.29	6	3.94	3	4.22	6	4.17	5	4.41
シンガポール	5	4.14	1	4.18	6	4.20	5	3.96	5	4.09	10	4.05	6	4.40
ベルギー	6	4.11	13	3.83	14	4.05	3	4.05	6	4.07	4	4.22	8	4.43
オーストリア	7	4.10	15	3.79	12	4.08	9	3.85	4	4.18	2	4.36	7	4.37
英国	8	4.07	5	3.98	5	4.21	11	3.77	7	4.05	7	4.13	8	4.33
香港	9	4.07	7	3.94	10	4.10	2	4.05	11	4.00	14	4.03	9	4.29
米国	10	3.99	16	3.75	4	4.15	19	3.65	8	4.01	5	4.20	11	4.25
日本	12	3.97	11	3.85	11	4.10	13	3.69	12	3.99	13	4.03	15	4.21
韓国	24	3.72	26	3.45	20	3.79	27	3.58	25	3.69	24	3.78	23	4.03
台湾	25	3.70	34	3.23	26	3.57	3	3.57	41	3.95	31	3.59	12	4.25
中国	27	3.66	31	3.32	23	3.75	12	3.70	27	3.62	28	3.68	31	3.90
マレーシア	32	3.43	40	3.17	33	3.45	32	3.48	35	3.34	36	3.46	47	3.65
インド	35	3.42	38	3.17	36	3.34	39	3.36	32	3.39	33	3.52	42	3.74
タイ	45	3.26	46	3.11	46	3.12	38	3.37	49	3.14	50	3.20	52	3.56
インドネシア	63	2.98	69	2.69	73	2.65	71	2.90	55	3.00	51	3.19	62	3.46
ベトナム	64	2.98	64	2.75	74	2.70	50	3.12	62	2.88	75	2.84	56	3.50
フィリピン	71	2.86	78	2.61	82	2.55	60	3.01	77	2.70	73	2.86	70	3.35
カンボジア	73	2.80	77	2.62	99	2.36	52	3.11	89	2.60	81	2.70	73	3.30
ミャンマー	113	2.46	96	2.43	105	2.33	144	2.23	119	2.36	94	2.57	112	2.85
ラオス	152	2.07	155	1.85	155	1.76	148	2.18	144	2.10	156	1.76	133	2.68

（出所）2016 年 7 月 1 日日刊 CARGO

を通じた GMS 域内での貿易における衛生植物検疫制度の促進、⑥ 技術協力事業及び産業界との連携を通じた貿易円滑化のための各国・地域における関連機関の機能強化、⑦ 経済回廊沿いの中小企業の物流能力強化を通じた効果的な地域貿易物流戦略の策定、⑧ 物流網全体の透明性向上を通じた法規制の実効性の確保などによる早期の CBTA 発効、全面運用開始が期待されています。

　そこで、いままで日本政府が行ってきている ASEAN 地域での主な物流支援は次のとおりです。

(1) 物流関連の整備
① 2015年8月に開通した東西経済回廊の一部であるミャンマーのミャワディとティンガニーノ間の迂回路の道路整備
② 2015年4月に開通した南部経済回廊のつばさ橋（ネアックルン橋；カンボジア）の建設
③ 2013年12月に開通した南北経済回廊のタイ・ラオス第4メコン友好橋の建設

(2) 鉄道輸送の改善
　タイ／マレーシア間やハノイ／ホーチミン間のトラック輸送は長距離で輸送コストも高いわけです。また、今後自動車部品などの輸送量増大も見込まれていることから、鉄道輸送網の整備が重視されています。しかし、タイについては、貨車不足、単線、非電化であり、しかも、タイ国鉄が赤字経営であることから、設備投資が行われず、改善の見込みがたっていません。また、ベトナムに関しては、国道一号線に交通量が集中し都市部での渋滞が慢性化していることから、バイパス道路の整備と並んで、ハノイ／ホーチミン間の南北鉄道輸送が重視されていますが、現在単線・非電化であるため整備が急がれています。さらに、ミャンマーについては、ヤンゴン港／内陸主要都市（マンダレー他）間の効率的な輸送システムが欠如しているため、内陸輸送向け貨物のトラックから鉄道へのモーダルシフトが検討されています。

(3) RORO船による高速輸送
　インドネシア／ASEAN大陸諸国間の輸送リードタイムを短縮するために、国際高速RORO船を活用した海陸一貫輸送による迅速で効率的な物流システム構築のための実証実験がなされています。

(4) メコン域内のクロスボーダー輸送の円滑化
　メコン域内のクロスボーダー輸送を円滑化することで、国境での煩雑な通関手続きの簡素化とリードタイムの短縮を図ろうとしています。

(5) 新東京戦略
　日本政府は2015年7月の新東京戦略2015で、今後インフラ施設の建設だけ

でなく、ノウハウの共有や技術移転を通じた人材育成、地元の雇用創出など現地の社会・経済への貢献も重視しています。今後も各国の経済開発戦略に対応し、「質の高いインフラパートナーシップ」に基づき、ADBと連携し、今後5年間で約1,100億ドルの「質の高いインフラ投資」を、アジアで推進していくことを表明しています。

また、日本、ミャンマー、タイの3か国は南部経済回廊を通じたインド洋との地域的連結性を強化するために、ダウェイ開発プロジェクトを推し進めることにも合意しています。

2.5　ロジスティクス・サービスの展望

ASEAN新興国でいま問題になっている社会インフラ（道路や港湾など）や法令などの未整備は日本政府やADBなどの支援もあり、今後徐々に解消されていくものと思われます。

一方、産業の空洞化が進み、アジア域内での国際分業が深化するなかで、人件費格差や産業集積の現状を考えた時に、いまさら高付加価値のある特殊製品の一部を除いて大半の工業製品が日本国内に回帰するとは考えられません。そこで、日系メーカーは、ASEAN域内に建設した工場を日本国内の生産工場の一部と見做し、日本を含むGLやGSCMの中に組み込んでいく必要があると思います。

ところで、新興国の地場の物流事業者は規模が小さく、保有施設も旧式のため料金は安く、先進国の物流事業者に利用される立場で物流サービスの水準も低かったわけですが、最近は先進国の物流事業者との提携や合弁をとおして、先進国の物流技術や管理手法を学習した結果、彼らのレベルもアップし、いまは日系物流事業者と直接競合する場面も増えてきています。

また、海外工場操業に際して、物流の専門家を派遣していない日系メーカーは、進出当初は従来から継続的取引関係にある日系物流事業者によるきめ細かなサービスを重視しますが、コスト的には地場の物流事業者と比較して高いわけです。そこで、稼働後軌道に乗った日系メーカーは、熾烈な競争に勝ち抜くためには、料金は地場物流事業者並み、サービスは日系物流事業者並みのサービスを求めるようになります。つまり、日系物流事業者というだけで、いつまでも高い料金を収受できる時代ではなくなってきているわけです。

そこで、ローカルスタッフの活用の仕方が今後コスト削減のための重要なポ

イントになってくるわけです。

さらに、各国の事業規制が複雑で慣行などが日本と異なる ASEAN では、日本のロジスティクス・システムをそのまま持ち込んでもマッチングしません。そこで、その国の実情に合わせた「グローカリゼーション」へのアレンジが必要になるわけです。

最後に、今後競争優位性を保持していくために、いま荷主企業が物流事業者に求めているのは「荷主の立場」で、調達・生産・物流・販売戦略を同期化して考えてくれる物流事業者です。

そこで、今後 ASEAN 域内で競争の優位性を保ち、全体最適な GL や GSCM を構築していくためには、荷主企業の動きやニーズを的確に捉え、迅速かつ確実に実行できる物流事業者と荷主企業のコラボレーションがますます重要であるといえるのではないでしょうか。

バンコクの水上マーケット

【参考文献】
1) 日刊 CARGO（2016 年 7 月 1 日付）
2) JETRO「在アジア・オセアニア企業実態調査 2014 年度」
3) 国際フレイトフォワーダーズ協会「我が国フォワーダーの海外進出状況と外国フォワーダーの日本進出状況」

第3章　家電産業をとりまく環境

　いま、経済がよりグローバル化に進むなか、家電を含む電機業界をとりまく環境が激変しています。

　AECの発足により、域内の「モノ」、「ヒト」、「サービス」の自由化が進み、市場統合による関税撤廃や労働者の流動化や出資規制の緩和などが進むことが予想されます。これまでは、いままで以上の経済発展が期待されましたが、中国経済の減速に伴ない、世界経済の大きな停滞不安を拭えない状況にあります。昨今の経済情勢は、当該国の経済環境だけにとどまらず、世界規模での経済情勢や政治情勢に大きく左右されることになります。

　家電産業はすでにグローバルでみれば、韓国企業のサムスンやLG、中国企業ではTCLやハイセンスやハイアール、パソコンやタブレットなどのIT機器分野では中国企業のレノボ、台湾企業のエイースやエイサーなどの企業が勢力を拡大しており、近年ではそれに追従して、他の中国企業やインドなどの新興国企業も台頭してきている状況です。

　また、最近のインターネットの普及により、顧客は、あらゆる流通形態（テレビ、DMやカタログ、インターネット）から製品を選択・比較し、購買することが可能となってきました。

　こうしたいわゆるオムニチャネルになったことも相まって、これまでの家電商品に加えて、わが国の市場では馴染みの薄かった新たな付加価値型を訴求するダイソンやミーレ、エレクトロラックス、デロンギ、ブルーエアーなどの企業がデザイン性や機能性などを武器に存在感を拡大しています。ちなみに、オムニチャネルとは、実店舗やオンラインストアをはじめとするあらゆる販売チャネルや流通チャネルを統合して、その統合したどの販売チャネルからも同じように商品を購入できる仕組みのことです。

　また、ひと口に家電産業といっても、AV機器や白物家電、スマートフォンやPC、タブレットなどのICT機器だけにとどまらず、産業用機器やデバイス部品、重電機器、住宅や住宅産業設備、さらにはインフラ設備やソリューション事業など、関連産業まで含めるとその裾野は限りなく広いものとなります。

　その中で現在、各社ともに、これからの成長基盤の確立に向けてグローバル視点での今後の事業の選択と集中という事業構造の変化に対応させていかなけ

ればならないという局面を迎えているのがいまの家電産業の状況だといえます。身近なところを見渡しても、これまでのわが国の家電産業の飛躍を担ってきた大手家電メーカーやその家電事業部門などが台湾企業や中国企業に買収されるといったニュースが世間を賑わせています。

　意外にASEAN諸国とわが国の家電産業との関わりには、長い歴史と背景、そして時代とともに歩んできた多くの変遷があるということを正しく認識している人はあまり多くいないように感じます。

　それゆえ、本章では、先ずはじめにその時々の世界の経済情勢や政治情勢、そして当時の家電産業のおかれた状況などを、一部資料においては過去のデータも登場させながら紐解いていき、これからの家電産業とASEAN各国との関係など未来予想図を概観していきたいと思います。

3.1　家電産業におけるものづくりのパラダイムシフト

　かつて、わが国の家電産業は自動車産業と並び、経済をけん引する重要な成長産業のひとつでした。

　わが国家電産業の海外進出は、1960年代頃よりみられるようになりました。当時のASEAN地域の国々は、自国における産業振興、特に工業化促進に取り組みはじめており、日系企業との合弁による販売代理店会社や製造会社などが設立され、従来型のブラウン管テレビやラジオ、そして小型の白物家電などが生産されるようになっていきました。

　さらに1980年代になると、わが国の高い製品開発力ならびに生産技術力を武器に、ブラウン管テレビやビデオレコーダー（VTR）をはじめとする電化製品の欧米市場向け輸出が拡大し、貿易摩擦問題として取り沙汰されるようになりました。その回避策として当時とられていた施策が対欧米に対する輸出自主規制であり、教育水準の向上に力を入れ始めていたタイなどの国へ生産工場を展開し、そこから輸出するといった迂回輸出策だったのです

　第2章でも記しましたが1985年のプラザ合意後のわが国の家電産業は、1990年代にかけて円高基調が続き、人件費や工場の用地取得費用の高まりなどの問題から、家電製品の価格競争力の低下という問題に直面し、それぞれの企業業績を押し下げることになりました。

　この頃、企業はより安い生産コストを求めて積極的な海外拠点の設置を進め、折しも、タイやマレーシア、インドネシアなどでは法人税や輸入関税の減

表 3-1　2004 年当時のアジア展開

社名	中国主要拠点（品目）	ASEAN 主要拠点（品目）	事業展開（中国・アジア戦略）
松下電器	杭州（洗濯機、掃除機、炊飯器、ガス機器） 無錫（冷蔵庫） 広州（エアコン、アイロン）	マレーシア（エアコン、洗濯機、掃除機） タイ（冷蔵庫、調理家電） この他、台湾、フィリピン、ベトナム、インドネシアに自国内向け少量多品種	中国では杭州を拠点化、アジアの「ミニ松下」は当面現状維持で、増産分はマレーシアとタイに集中
東芝CM	西安（冷蔵庫） 無錫（洗濯機）	タイ（冷蔵庫、洗濯機、炊飯器、電子レンジ） ベトナム（冷蔵庫）	美的とエアコン合併（東芝キャリア） TCLと冷蔵庫、洗濯機合併
日立 H&L	上海（エアコン、洗濯機） 蕪湖（エアコン）	タイ（洗濯機、冷蔵庫、炊飯器） マレーシア（エアコン） インド（エアコン）	中国市場で付加価値商品の販売強化
三菱電機	上海（エアコン、電子レンジ、ふとん乾燥機）	タイ（エアコン、冷蔵庫）	空調事業主体に中国、アジア市場の強化
三洋電機	瀋陽（エアコン） 合肥（洗濯機） 蘇州（掃除機） 佛山（エアコン）	タイ（冷蔵庫） ベトナム（洗濯機、冷蔵庫） インドネシア（エアコン、冷蔵庫、洗濯機）	中国ではグローバル集中生産によるローコスト化を推進。ASEANはHAアセアンカンパニー（ベトナム）で独自商品を開発・生産するなど地域密着戦略を展開
シャープ	上海（冷蔵庫、洗濯機、エアコン、空気清浄機、掃除機）	タイ（電子レンジ、冷蔵庫、エアコン）	日本と同じ除菌イオン搭載タイプなど各商品で付加価値販売を展開中
富士通ゼネラル	上海（エアコン） 靖江（エアコン、モーター）	タイ（エアコン）	インバーターエアコンを中心に付加価値品の販売強化

（出所）電波新聞 2004.11.9

免、EPZ（輸出加工区）設置による部品や資材・原材料等の輸入関税などの減免を見返りとした外資導入型の投資誘致策（＝産業政策）を積極的に推し進めていたこともあり、急速に海外展開が進みました。

日本電子機械工業会の海外生産拠点展開の推移（図 3-1）を見ても、1989年から急激にASEAN域内に生産拠点が増加しているのがみてとれます。また、表 3-1 からも明らかなように、中国やASEANでの拠点の広がりとともに、海外で生産される製品の品目も徐々に拡大されていきました。

こうした海外展開は、当初は単一的なものづくり分業体制でありましたが、徐々にその国独自のものづくり体制にシフトしはじめていきます。特に白物といわれる民生用の家電製品は、本来それぞれの国や地域の文化や慣習を踏襲し

たものづくりが求められます。

こうした現地に根ざした市場対応型のものづくりは、その後の家電産業におけるグローバルな分業体制の指向につながっていくことになりました。

また、家電メーカーが進出すると部品や資材を供給する部品メーカーや資材メーカーなどの協力会社もまた、ASEAN各国に拠点進出（事務所や物流センターなど）をするようになります。

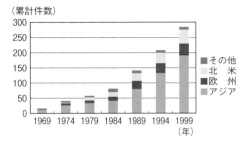

（出所）日本電子機械工業会

図3-1　家電メーカーの海外生産拠点展開の推移

家電製品というのは、製品のカテゴリーにもよりますが、一般的に何百から何千という部品点数によって製品が構成されます。当初は日本から調達する部品や資材の輸入が目立っていましたが、やがて部品を生産しているグループ内企業や部品や資材を供給する協力企業もまた、現地での生産を開始するようになりました（図3-2）。

こうした理由から段階的に産業集積が進み、ASEAN各国政府の産業振興政策もあって、緩やかではあるものの現地の企業育成も図られつつ、ASEAN地域内でのサプライチェーンネットワークが形成されはじめることになりまし

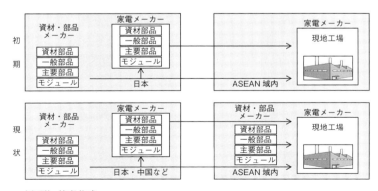

（出所）筆者作成

図3-2　ASEAN進出の形態

た。

　生産された対象製品も、従来からの扇風機、冷蔵庫、洗濯機といった家庭用の白物家電にとどまらず、そのうちにエアコンが加わり、さらにテレビやVTR、CDプレーヤーなどのオーディオ機器へと拡大していきました。

　この頃は、ASEANの中でも、特にシンガポールやタイ、マレーシア、インドネシアなどで経済成長が始まりました。家電製品に対する需要の高まりをみせると、従来の生産拠点としての位置付けだけでなく、新興市場としても注目を集めるようになりました。しかし、その矢先1997年にタイを中心に始まったアジアの急激な通貨の下落（アジア経済危機）は、東アジアや東南アジア各国の経済活動に大きな悪影響を生じさせることになります。

　特にこの経済危機によってタイ、インドネシア、韓国の経済は大きな打撃を蒙り、その後、IMFの管理下に入ります。この影響で、ASEAN各国での家電産業は一時停滞期を迎える一方、アジアンリスクとして当時、外資系企業に対し市場開放をするという政策の大転換を図っていた中国への企業進出が大幅に加速されていきました。

　しかし、アジア経済危機後も、各産業ともにASEAN各国におけるものづくり拠点としての位置付けはそれほど変わりませんでした。その理由のひとつに、ASEAN各国の政治体制に対する安定感の高まりとともに、政治的リスクや為替リスクなどさまざまな一極集中によるリスクを経験したことで、中国プラスアルファという複数極を軸としたサプライチェーンネットワーク体制を構築すべきだという概念が定着されはじめたからです（表3-2）。

　こうして、日本国内は当然のこと、需要ニーズの高い米国や欧州、そして経済発展の著しい中国に加え、今後の経済発展が期待されるASEAN地域を含めた複合ネットワークを意識した調達・生産・販売体制構築の必要性が強まっていきました。

　わが国の家電産業も、台湾、シンガポール、メキシコ、タイ、マレーシア、インドネシア、中国など複数極での生産体制を整備していましたが、この頃から実際に日本～（タイ・マレーシア）～チェコや日本～（タイ・マレーシア）～中国などといった複合的な生産分業体制を取る企業が増加していきます。

　さらに、従来型のテレビ、VTR、CDプレーヤーといったAV機器もデジタル技術の飛躍的進化とともにデジタルテレビやデジタルカメラ、DVDプレーヤーといった製品が開発され、それに伴ない市場ニーズにも変化が生まれまし

表 3-2 電機業界における対外直接投資の推移

単位：件、億円

	2000年		2001年		2002年		2003年		2004年	
	件数	金額	件数	金額	件数	金額	件数	金額	件数	金額
タ　イ	11	147	10	180	3	49	7	86	7	69
マレーシア	7	35	7	119	1	16	1	149	2	13
インドネシア	7	51	5	55	1	1	8	42	2	7
フィリピン	21	341	9	59	6	219	7	24	4	76
シンガポール	3	21	2	74	2	20	2	26	—	—
ベトナム	3	14	4	54	1	16	6	35	6	50
イ　ン　ド	1	14	1	3	—	3	1	22	—	4
中　　国	33	358	50	650	44	381	44	497	47	506

（出所）財務省　業種別対外直接投資実績より作成

た。欧米を中心に先進国の市場需要が大きく拡大し、この時期は将来有望な市場というよりも生産拠点、輸出拠点としての ASEAN 地域の重要性が強く見直されるようになっていきました。

3.2　世界のダイナミズムの変化と ASEAN

　グローバル経済の広がりと自由化の進展のなかで、FTA や EPA が活発化してくると、再び ASEAN 経済は復活基調をみせはじめ、やがて多くの人口を背景とした今後の成長市場としての地域と捉まえられるようになりました。

　しかし、さまざまな技術革新により家電のデジタル化と市場への普及がよりスピーディになるにつれ、わが国より先行する FTA を武器に、韓国メーカーや中国メーカーなどは中国市場や ASEAN 域内市場、インド市場など新興国を中心にシェアを伸ばし、急激に台頭しました。その間、わが国の経済は成長力に陰りが見え、政治や外交も不安定な時期でもあったことから大きく出遅れた結果、彼らの後塵を拝することになりました。

　この頃わが国の家電産業は停滞を深め、かたや FTA の流れの中で勢いのあるサムスンや LG などの韓国メーカーは積極的な広告宣伝展開を図るなどし、ASEAN やインド市場におけるブランドの浸透度を大きく伸ばしました。こうした潮流は、リーマンショック後も変わらず、彼らはアジア市場や南米市場で大きく売り上げを伸ばし、近年でもさらに高い存在感をみせています。

このように日本の強みと目されてきたわが国の家電産業をとりまく環境は、実際のところ世界経済の移り変わりとともに大きく変わってきているわけです。

韓国や中国メーカーとの熾烈な競争は、これまでのような貿易摩擦の回避や円高への対応としてのアジアでの拠点展開を大きく見直すきっかけとなりました。今後はより効率的で最適な生産体制の強化や日本国内拠点のみならず、中国や ASEAN 各国での生産拠点の統廃合による集約化、資材や部品の調達先やその方法の見直し、生産に関わる設備や品質管理システム、ICT などの改善や改革が図られ、その活動は今後もさらに強化されていくことになるでしょう。

いま、世界経済の潮目は目まぐるしく変化しています。国際経済の相互依存の関係はいわばボーダレスで、あたかも国境がないかのごとく地球的規模で経済活動に影響を与え続けています。

新興国の経済成長には、米国の量的金融緩和や中国経済の沸騰が大きく貢献したといわれており、旺盛な中国市場の消費購買力は、ASEAN 各国の経常収支の黒字化を引っ張ってきました。

しかし、ここにきて世界のけん引役を担っていた中国経済の鈍化は不透明感を強くしています。タイやインドネシア、香港などでみられた政局の不安定リスクとも相まって、ASEAN 各国の経済成長にも不安な影を思い描かせるといった意見も少なくありません。

とはいえ、AEC の発足はわが国の経済成長に大きな期待を持たせるのも事実です。AEC により約 6 億人の巨大経済圏が発足したわけですから。

このまま経済連携が上手く進めば、ASEAN 地域内の関税撤廃、道路・港湾・空港インフラ整備による円滑な物の流れ、サービス貿易の自由化、為替の安定化など経済活動の発展に大きく寄与することでしょう。

2019 年の ASEAN 地域全体の名目 GDP は、実にわが国のそれの 6 割規模にも相当する 3 兆 6,500 億ドルにも上るとの見込みもあります（IMF）。

一人当たりの GDP は大きく増え、人びとのライフスタイルも多種多様で豊かになってきています。通常、一人当たりの GDP が 3,000〜5,000 ドルになると家電製品などの耐久消費財の購買が急激に増加するといわれていますが、戦後の日本がそうであったように、当然ライフスタイルを変える要素のひとつである家電機器や ICT 機器に対する消費需要は年々高まってくるでしょう（図

3.2 世界のダイナミズムの変化と ASEAN

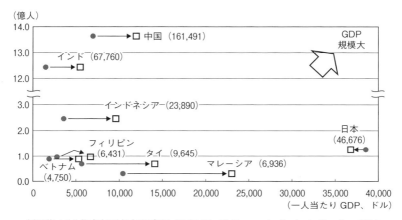

（出所）三井住友信託銀行調査部/IMF World Economic Outlook, October 2014

図 3-3　一人当たり GDP（名目為替レートと購買力評価ベース）と人口規模（2013 年）

3-3〜5）。

すでに ASEAN やインドの中間層の人びとにとって、デジタルテレビや洗濯機、エアコンなどの家電製品はもはや特別のものではありません。また、デジタルテレビや洗濯機、エアコンなどの家電はまだ持ってはおらず、電力などインフラ整備の面からもまだ問題の多い地方に住むBOP（Base of the Economic Pyramid）層といわれる下位中間層の間でもスマートフォ

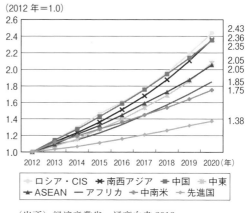

（出所）経済産業省　通商白書2013

図 3-4　消費支出額の伸び率（%）

ンは持っている時代に突入してきました。アジアに出張するとわかりますが、街には無数のスマートフォンショップが立ち並び、日本のように家電量販店やショッピングモールも非常に賑わっています。筆者も BOP ビジネスで注目されるインド南部の地域に出張しており、この下位中間層に位置づけられる村々

で同様の光景を目にしました。

IMF の家電需要データや日本電機工業会のデータをみても、ASEAN における家電の需要は、まだまだ伸びしろがあると推測されます。

とはいえ、今後の家電産業の事業戦略を考えた場合、「成長市場」としての ASEAN とグローバルに製品を供給する「生産拠点」としての ASEAN という両方の視点からみていかなくてはなりません。

特に「成長市場」としての ASEAN を考えた場合、各所得階層ごとに需要ニーズが多様化していることからみても、競合する韓国や中国メーカーだけでなく、新たに台頭しているローカル企業を含めた競争激化は避けて通れないと考えています。

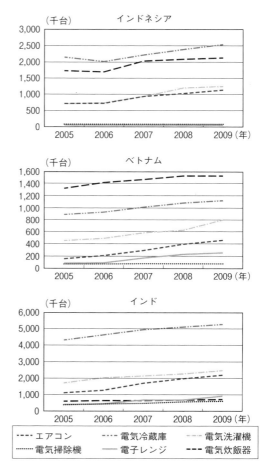

(出所) 一般社団法人　アジア太平洋研究所　マクロ経済分析プロジェクト 2011／日本電機工業会「白物家電7品目の世界需要調査」

図 3-5　白物家電需要（推計）

3.3　サプライチェーン戦略とマーケティング戦略

これまでみてきたように、家電産業においては、さまざまな理由から中国から ASEAN 各国において分業の生産ネットワークシステムが段階的に発達し

3.3 サプライチェーン戦略とマーケティング戦略　　51

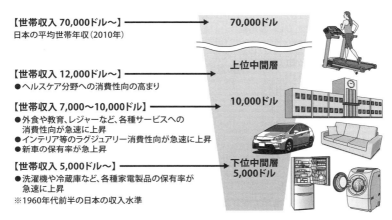

【世帯収入 70,000ドル～】
日本の平均世帯年収（2010年）

70,000ドル
上位中間層

【世帯収入 12,000ドル～】
●ヘルスケア分野への消費性向の高まり

10,000ドル

【世帯収入 7,000～10,000ドル】
●外食や教育、レジャーなど、各種サービスへの消費性向が急速に上昇
●インテリア等のラグジュアリー消費性向が急速に上昇
●新車の保有率が急上昇

【世帯収入 5,000ドル～】
●洗濯機や冷蔵庫など、各種家電製品の保有率が急速に上昇
※1960年代前半の日本の収入水準

下位中間層
5,000ドル

（出所）経済産業省　「新中間層獲得戦略～アジアを中心とした新興国とともに成長する日本」

図 3-6　消費支出額の伸び率

表 3-3　ASEAN の所得層別比率推移

	所得（ドル）	2000 年	2005 年	2010 年	2015 年	2020 年
富裕層	35,000～	1.2%	1.7%	3.2%	5.2%	7.7%
上位中間層	15,000～35,000	2.1%	3.5%	7.7%	13.6%	21.7%
下位中間層	5,000～15,000	12.0%	18.7%	38.6%	45.9%	47.3%
低所得層	～5,000	87.7%	76.1%	50.5%	35.3%	23.3%

（出所）経済産業省/Euromonitor

てきたのがおわかりいただけたと思います。

当初の段階では、ASEAN各国に日本や台湾、韓国などから部品や重要資材などの中間財を供給し、欧米向けの最終的な組立工場という位置付けでしたが、外資の海外投資を積極的に受け入れ、経済的に開かれた中国が「世界の工

表 3-4　白物家電需要（2009 年）

単位：US ドル

	テレビ	冷蔵庫	洗濯機	エアコン
タ　イ	96.6	87.3	50.8	13.6
マレーシア	96.5	84.8	91.8	26.2
インドネシア	86.5	25.1	28.0	6.7
フィリピン	90.3	47.5	37.9	10.6
ベトナム	86.0	29.9	12.6	4.5
イ　ン　ド	33.8	17.9	21.1	1.8
中　　国	96.5	60.1	71.4	53.0

（出所）IMF World Economic Outlook

表3-5 日本・北米・西欧計、BRICs、ASEAN7か国、その他の2008〜2014年の家電需要台数の平均成長率（%）の比較

品目名	世界計 （62か国・ 地域計）	日本・北米・ 西欧計	BRICs計	ASEAN 7か国計※	その他
ルームエアコン	4.3	△0.2	6.3	10.7	3.7
電気冷蔵庫	1.8	△0.2	3.6	3.0	0.8
電気洗濯機	1.4	△0.6	1.7	9.4	0.9
電気掃除機	3.0	1.6	9.1	10.7	3.9
電子レンジ	1.9	1.9	7.2	4.8	1.3

※ASEAN7か国とはフィリピン、ベトナム、タイ、マレーシア、シンガポール、インドネシア、ミャンマーである
（出所）一般社団法人日本電気工業会2016年3月「白物家電5品目の需要調査」より

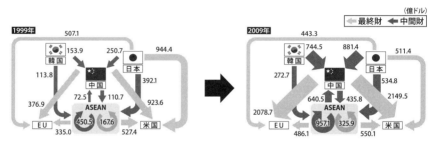

（出所）一般社団法人 アジア太平洋研究所 マクロ経済分析プロジェクト／日本電機工業会「白物家電7品目の世界需要」

図3-7 日中韓、ASEANの中間財・最終財の貿易動向の変化

場」に君臨するようになると、生産分業ネットワークシステムの流れが逆流するようになってきました。

このため近年では、ASEANからは部材や原材料が中国に流入し、逆に完成品が欧米やASEAN各国に入るという潮流が定着しています（図3-7）。

しかし、ここにきて中国国内における生産などに携わってきた労働者の賃金が大幅に上昇し、企業にとって利益の押し下げ要因につながってきているのも事実です。

また、これまで主要な重要市場とされてきた日本市場や欧米市場、急激に成長してきた中国市場では今後の買い替え需要はあっても、これまでのような飛

躍的な量的な成長拡大が見込めないことも考えておく必要があるでしょう。
　こうしたことから、経済のグローバル化はすでに新しい拠点展開が要求されているといっても過言ではないでしょう。
　近頃のケースとしては、北米及び南米の新興市場に対応するメキシコでの拠点展開や欧州市場や中央アジア市場に対応するためのトルコなどの中東での拠点展開などがあげられます。
　ひと口にASEANといっても、各地で生活や文化・慣習・嗜好がそれぞれに違う多種多様な人びとが住んでいることから、今後はより「地域に根ざした消費地型のものづくり」が求められます。
　先述したように、韓国メーカーは、現地法人の主要な部門に現地人材を積極的に登用し、現地の生活ニーズをしっかりと掴み、部品や原材料などの調達や代理店などの流通網の拡充にも成功してきました。また、圧倒的に多いボリュームゾーンを対象とした価格的に手ごろ感の高い製品を投入することにより、後発ではあっても市場での企業ブランド力を浸透させ始めました。
　インドでは、いち早く研究開発センターを設け、テレビでも地域ごとに言語が違うことを理解し、地域ごとに言語が選べる製品を市場に投入、インド料理のレシピに合う機能を搭載した電子レンジや冷蔵庫のドアにロック機能を持たせるなど現場のニーズをしっかりと押さえたマーケティングと積極的な広告宣伝活動により大きく販売を増やし、市場での地位を確立してきました。
　一方で、残念ながらASEAN諸国におけるわが国の家電産業のシェアは現状では決して高くはありません。かつて、わが国の家電メーカーはこぞってハイエンドの家電製品を市場投入しましたが、一部の富裕層を取り込んだだけで市場全体を押さえることができませんでした（図3-8）。
　ASEANの各国では、古くから日本ブランドに対する信頼が高かっただけにわが国の家電産業各社に過信もあったかもしれません。しかし、何よりも韓国企業の投資判断や現地法人への権限委譲が早かったといわれています。
　わが国の家電産業も、豊富な購買力に期待して、巻き返しのための製品の市場投入を図ってはいますが、韓国企業や中国企業、そして最近では現地の新興電機企業との激しい競争にさらされているのが現状です。
　ただし、わが国の家電産業も、ここ数年の国内拠点の統廃合により多くの生産拠点を閉じたこともあり、国内の家電需要が減少方向にあるとはいえ、今後もASEAN各国での日本市場向けの生産は伸びていくでしょう。事実、

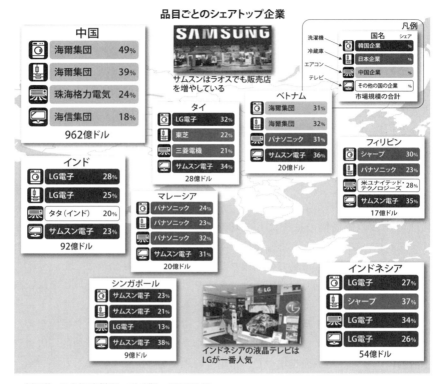

(出所)日本経済新聞　電子版　2015.11.20

図3-8　アジアの家電市場の勢力図

ASEANの各国からの日本向け輸出はエアコンなどを筆頭に横這い、もしくは増加傾向にあります（図3-9）。

　また、成長市場獲得のため、現在の組織オペレーションや意思決定の権限委譲の見直しにも積極的に取り組んでおり、まさに本腰を入れた巻き返しが始まりました。

　いずれにしても、今後のASEAN域内でのわが国の家電産業は、いよいよ現地市場での激しい競争に向け、大変革の必要性を抱えています。

　最適なマーケティングによる製品ラインナップや外部企業とのコラボレーションを含めた開発体制の再整備、部品の共通化、為替リスクやタイの大洪水

3.3 サプライチェーン戦略とマーケティング戦略

のような自然災害リスクに対応した現地調達比率の拡大、発注方法の見直し、部品や在庫の削減やさらなるモジュール化やユニット化、販売プロセスやサービス・プロセス、ロジスティクス・プロセスの情報をつなぎ、企業経営に関わる諸々のプロセスを密接に同期させるといった動的なサプライチェーンに対応させた経営システムへ変革させる新

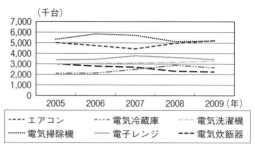

（出所）一般社団法人 アジア太平洋研究所「アジア白物家電市場と日系電機メーカーの取組」より

図3-9　日本における白物家電の輸入台数

たな局面を迎える時期にきています。しかし逆にいえば、そこまでしなければグローバルでの激しい環境変化の中で生き残ってはいけないともいえます。

幸いなことにASEAN地域は、わが国の家電産業が早くから進出したこともあり、素材メーカーや部品メーカーなど協力企業の産業集積が進んでいる地域です（表3-6）。経済産業省の『2013年度海外事業活動基本調査』によると、海外に拠点を構える日系現地法人は約24,000社にのぼるとしています。

そのうちのASEANには約5,800社も存在しています。

すでに多くの企業が、マーケティング機能や開発機能の分散移管や部品の現地調達化拡大の取り組みを開始しており、特に白物家電は嵩（かさ）が大きく、

表3-6　主な家電メーカーのアジア生産拠点

	中国	インド	タイ	マレーシア	シンガポール	フィリピン	ベトナム
パナソニック	○	○	○	○			○
日立製作所		○		○	○		
ダイキン工業	○	○	○	○			
シャープ						○	
三菱電機	○		○		○		
三菱重工	○		○				
東芝	○		○				○

（出所）株式会社富士経済　グローバル家電市場総調査2011、各社HP・有価証券報告書から作成

ロジスティクスコストがかかるため、なるべく市場に近い拠点での開発、生産、そして販売を拡大していかなければなりません。
　しかし、経済の発展は一方で企業経営に大きな影響力を与えます。
　中国の例にもあったように、工場の従業員などの賃金の上昇が代表的です。当然自社の労働コストだけでなく、部品など協力会社の従業員賃金の上昇もあるため、結果的に調達コストは増大します。以前から進出したその国で家電消費の需要が増えることと、生産コストが上昇することは関係性が深いとされてきました。
　ジェトロが2016年に発表した「アジア主要都市・地域の投資関連コスト比較」によると、すでにタイだけでなく、マレーシア、インド、フィリピンの主要都市で一般工職能のワーカーの月額賃金が300ドルを超えているといわれています（表3-7）。
　ただし今後は、これまでのようにこうした賃金上昇の事由だけで拠点展開を考えることはないだろうと筆者は推測しています。まだ記憶に新しい2011年に発生したタイの大洪水は、被害総額が1,567億バーツ（4,000億円）といわれ、実に世界の工業生産を推計で約2.5％押し下げたとされています。
　このような自然災害のリスクは企業のサプライチェーンに大きな打撃を与え、また、各国ともまだ大なり小なり政治リスクを抱えているなかで、成長著しいASEAN各国の市場に対応するためには、タイプラスワンと呼ばれるように、ベトナムやフィリピンなどを含めた戦略的で複眼的な拠点の展開を考える必要があるからです。
　韓国のサムスンは、ベトナム北部に大規模な工場を構え、スマートフォンを生産し、いまやベトナムからの最大の輸出企業になっています。パナソニックは、ベトナムタンロン工業団地に3工場を新設し、白物家電のASEANにおける中核拠点と位置付けており、すでに研究開発部門や生産工場など約8,000人規模の人員を抱えています。
　インドでは、ハリヤナ州ジャジャールにパナソニックテクノパークを設け、エアコンや洗濯機などを生産しています。同様の動きは他社でもみられ、ダイキン工業はインドでエアコン工場を新たに新設拡大し、三菱電機もタイでエアコン生産を拡大、東芝も中国やタイで冷蔵庫や洗濯機の生産の拡大を図っています。
　また、直接的な家電製品ではありませんが、富士ゼロックスや京セラなども

3.3 サプライチェーン戦略とマーケティング戦略　　57

表 3-7　アジア主要都市の月額賃金比較

(単位：ドル、%)

	ワーカー（一般工職）		中間管理職（課長クラス）	
	月額賃金	中国との賃金差	月額賃金	中国との賃金差
広　州	561	100.0	1,581	100.0
ヤンゴン	127	22.6	951	60.2
ダッカ	100	17.8	658	41.6
プノンペン	162	28.9	664	42.0
ビエンチャン	179	31.9	1,005	63.6
ハノイ	181	32.3	871	55.1
ホーチミン	193	34.4	736	46.6
バンコク	348	62.0	1,401	88.6
ジャカルタ	257	45.8	912	57.7
シンガポール	1,608	286.6	5,337	337.6
ニューデリー	245	43.7	1,659	104.9
チェンナイ	214	38.1	1,080	68.3
ムンバイ	313	55.8	1,462	92.5
コロンボ	143	25.5	759	48.0
マニラ	317	56.5	1,023	64.7
クアラルンプール	317	56.5	1,445	91.4
カラチ	185	33.0	1,145	72.4

(注) 中間管理職とは、製造業の営業担当課長クラスである。
(出所) ジェトロセンサー「アジア主要都市・地域投資関連コスト比較（2016年1月）
ジェトロ2016年5月号より筆者作成

　ベトナム北部のハイフォンでデジタル複合プリンターや各種プリンターを生産、フィリピンなどでも同様に電機機器や電子部品などの生産を開始した日系企業も多いと聞いています。
　しかし、家電産業を含めた製造業の国内回帰の動きも耳にする一方で、引き続き、事業成長を海外事業に求め、新興国の経済成長に伴う生産地プラス消費地としての拠点展開を考えている企業が多いように思います（図3-10）。
　先述しましたが、ひと口に家電産業といっても、AV機器や白物家電、事務機器、ICT機器といった機器だけにとどまらず、産業用機器やデバイス部品、重電機器、住宅産業、インフラシステムやソリューション事業など、関連産業まで含めるとその裾野は非常に広いものになります。

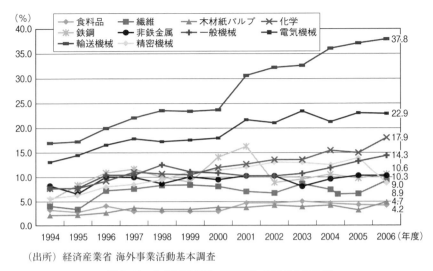

(出所）経済産業省 海外事業活動基本調査

図 3-10　わが国製造業（業種別）の海外生産比率

ASEAN 各国ではいま、次世代の成長事業を睨んだサプライチェーン戦略が重要になっています。

こうしてわが国家電産業も、これまでのような生産拠点としての位置付けから主要ターゲット市場として成長が著しい ASEAN 市場やインド市場へ向けて大きく舵を切り始めました。

3.4　ASEAN における家電業界の将来

(1) ニュービジネスへの転換

IMF が 2012 年に示した予測（WEO,OCTOBER 2012）によると、2030 年には一人当たりの年間所得（GDP）が 4,000〜17,000 ドルの中間所得者が 12.4 億人に達し、そのうち東アジアが 7.3 億人、南アジアが 1.6 億人と目されています。これらの家電製品や自動車の購買層が次に向かう製品やサービスがこれからのニュービジネスのターゲット事業の 1 つとなります。

2 つ目のターゲットは、全世界に約 40 億人以上いるといわれている BOP 市場となるでしょう。

まず、東アジアと南アジアで約 9 億人が家電製品や自動車の購買の後で、ど

3.4 ASEANにおける家電業界の将来　　59

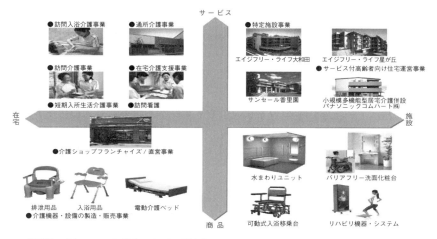

(出所) パナソニック社ホームページより

図3-11　パナソニックにおけるエイジフリー事業

んな製品やサービスに向かうかを考えてみましょう。わが国でもそうだったように、衣食が足りてくると美容やファッションに関心が向かいます。現在のわが国や経済が発展した中国、台湾、韓国、シンガポールなどでも通常の家電製品に加え、ナノケアスチーマーやヘアアイロン、ヘアドライヤー、電動歯ブラシ、シェーバーなど美容家電製品の消費需要が高くなってきました。さらに、豊富なレシピメニューをスマートフォンなどのICTと連動した調理家電や医療や健康といった分野でも新しい製品が投入されるようになってきました。

わが国では、少子高齢化が進み、それが社会的な課題となっています。

この減少は、お隣の中国や韓国でもすでにピークに差し掛かっているといえます。

こうした社会的課題に対し、わが国の電機産業としてもすでに新しいビジネスとして取り組み始めています。パナソニックはエレクトロニクスとバイオテクノロジーの融合により、診断と治療の連携強化や医療の現場に欠かせない汎用機器、遠隔医療実現のためのネットワーク機器、ビッグデータを活用したソリューションなどさまざまな製品やサービスで健康・医療分野に進出しはじめました (図3-11)。

また、特に高齢化に対しては製品だけでなく、自らが事業者として、高齢者

向けの特定施設の運営や介護サービス事業に乗り出し、全国で事業展開しています。こうした動きはいずれ、海外においても拡大されていくことでしょう。

わが国の家電産業を代表する日立やソニー、キャノン、オムロンなどの企業もまた健康・医療分野でさまざまな製品やサービスを開発し供給しています。

いまはまだ生産人口の若いASEANや南米の国々でもいずれ高齢化が進むと目され、ブラジルでは2020年代、インドでも2040年代には人口ボーナスのピークを迎えるといわれています。

わが国は、高齢化先進国であり、この社会的課題に対応するさまざまな製品やサービスがすでに生み出されていることから、いずれくるであろうアジアでのシルバーサービス事業もビジネスとして大いに視野に入ってくるでしょう。

先述しましたが、ASEANやインドでは、まだエネルギーや水などインフラが行き届かない地域も多いのが現状です。こういった場所では、わが国が得意とするこれまで培った太陽光や各新エネルギー、光触媒などの技術を使った電池やエネルギーなど環境ビジネスへの市場ニーズが高く、今後は有望な事業となることが期待されています。

また、インドネシアのジャカルタでは近年の目覚しい経済発展により、メインストリートに面した通りでは、オフィスビルやマンションの建設が盛んに行われています。

インドネシアは2.5億人もの人口を抱える世界でも4番目の人口大国であり、平均年齢もまだ約30歳と若く、近年の経済発展により中間所得者が増大しています。

2013年のボストンコンサルティングの調査では、インドネシアの全人口の30％に当たる約7,400万人がすでに中間層・富裕層に属し、毎年新たに800〜900万人がその層に移行するだろうというデータもあります。そして、2014年の自動車の国内販売台数は120万台を超えたとされ、バイクの販売台数は800万台ともいわれています。

不動産販売も堅調で、郊外でも住宅ビジネスが過熱しはじめたというニュースも飛び込んできます。すでに日本の多くの住宅産業も進出を始めましたが、家電産業の中には、グループの事業に住宅事業を抱える企業もあります。

パナソニックの住宅ビジネス全体約2兆円のうち約5,000億円の売り上げを持つグループ企業であるパナホームは、シンガポールに100％出資による新会社「パナホーム アジアパシフィック」を設立しました。成長著しいインドネ

シアやベトナムでは、太陽光発電などを使い、街全体で省エネルギーに取り組むスマートタウンの開発や富裕層向けの住宅ビジネスに取り組み始めました。また、マレーシアでもクアラルンプール市内の高級住宅地を中心にビジネスを展開しています。

このように、インドネシアやマレーシアなど成長の著しい国々で、日本国内で培った照明関連や配線関連などの建材ビジネスや太陽光や蓄電池などの環境ビジネスと家電ビジネスを組み合わせることによって、さらにブランド価値を上げることも可能になってきました。

(2) ASEANにおけるロジスティクスの課題

ASEANでのビジネス拡大がより強く期待されるにつれ、ビジネス上の課題の項目もこれまで以上に強く認識されはじめ、ジェトロが発表した2015年度

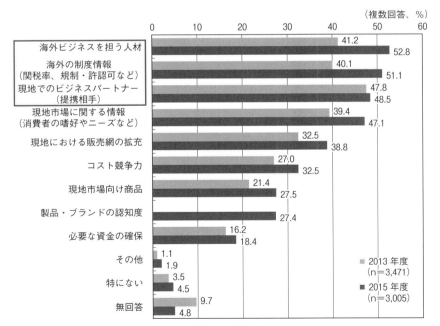

（出所）JETRO「2015年度 日本企業の海外事業展開に関するアンケート調査」2016年3月

図3-12 海外ビジネスの課題

の海外事業展開に関するアンケートの調査によると、主要項目での課題認識度が高くなっています（図3-12）。

　ロジスティクスとは、サプライチェーンプロセスの重要な機能の一部であり、顧客の要望に合わせて、部品や資材、原材料、そしてモジュール品や完成品を必要な場所で、必要な時に、必要な量だけサスティナブル（持続可能な）に最適な品質やコストの輸送モードでつながなければなりません。

　ロジスティクスでは、調達と生産、販売というモノの流れを計画段階から実行にいたるまで、そして時には、結果的な実現段階（予定がズレた場合でも）で管理し実行しなければなりません。

　さらに、テロ事件や港湾労働者のストライキ、自然災害、船やトラック、鉄道や飛行機などの輸送モードが予定と大幅にずれるなど不測の事態があってもその影響を最小化し、モノの流れを適正に維持継続させ続ける責任があります。

　また、必要に応じて、需要予測、流通との情報交換、在庫管理、荷役、受注処理、通関処理、アフターサービス、さらには物流センターの立地推進までその責任範囲は幅広いものとなります。

　その意味では、先進国においてでさえ、販売、生産管理、需給コントロール（PSI：Production, Procurement, Sales, Inventoryのコントロール）、調達、物流、貿易といった高度なロジスティクスに関する幅広い知識と経験を持ち、サプライチェーンを掌握する人材が求められるため、その人材確保や育成は決して容易ではないのが現状です。

　そのため、まずはサプライチェーンの各プロセスをバランス良く実行できる組織の連鎖形の機能をパートナー企業や部門を含めて構築し、それらが実際に最適実現されているかを絶えず見極め続ける必要があります。ジェトロが調査したアンケート結果にあるように、ロジスティクスにかかわらず、多くの日系企業がこれらの問題を抱えています。

　しかし現状では、倉庫管理、港湾荷役やトラック輸送などの日々行われている通常の現場業務でさえ、個々人や現地の企業に物流品質という意識が低いため、乱雑で交通事故や品質トラブル及び労働者とのトラブルなどが多いことが現状でも多々見受けられます。

　次に抱える問題が各国の法制度及び現場における通関手続きなどへの浸透度です。

関税や投資、人の流れを自由化する自由貿易圏としての期待が高いAECではありますが、AECといってもカンボジアやラオス、ミャンマーのように、これからの成長に対して期待を持つ国という位置付けもあれば、タイ、ベトナム、インドネシアのようにある程度の成長レベルに到達している国もあります。さらには、シンガポールのようにすでに先進国と肩を並べる国まで実にさまざまです。

経済発展や国としての根幹である法制度の整備レベルなどASEAN各国内でも大きな開きがあります。

通関手続きに関しては、荷主企業、物流事業者ともに日常の実務上の大きな不安定な課題として認識しています。ASEANの一部の国や地域によっては、シングルウィンドウ化の動きが取り組まれていますが、まだ多くの国では、輸出・輸入ごとにそれぞれ書面で個別の通関手続きが必要になっているのが実情です。また、法制度の整備が進んだとしても現場の当事者である税関職員には浸透しておらず、解釈の違いもあり税関職員の個人の判断による場合が非常に多く見受けられます。

特に荷主企業にも負荷が大きくかかる原産地証明などでは発行窓口が多々ある場合や複数の書面が存在するケースも多いことがあります。

中には、業務の円滑・促進のための費用が発生するなど不透明な出金が発生するケースがあるなど不透明な制度運用と手続きが存在しているケースもあります。

また、荷主がロジスティクス・パートナー選定をするうえで、その国が国内輸送と倉庫業態の兼業を禁止しているケースや業種によっては外資規制などもありパートナーの適切な選定に苦慮するケースが多く見られます。

なお、ロジスティクスにおけるインフラ状況に関しては、第2章及び第10章を参照してください。

第4章　ASEANの自動車産業の現状と今後の方向性

　これまで第1章でAECの発足による域内経済の変化について、第2章でASEANのロジスティクスの現状を説明してきました。本章では昨今著しい経済成長を続け、2015年の経済成長率ではとうとう中国を抜いてアジアで最も高い7.7％の成長を実現したインドと、一大経済共同体となったASEANの結びつきについて説明していきます。

　AEC発足に伴い、ASEAN域内で関税が原則撤廃され、投資が自由化され、専門性の高い技能を有する熟練労働者（エンジニア、医師、看護師、会計士、建築士など）に限定した制限があるものの人の移動が自由化されました。まさに「モノ・カネ・ヒト」の流れが自由化されたことで、AECブループリントにあるとおり、ASEANは今後単一市場・単一生産基地に向かっていくものと思われます。

　本章では特にASEANの自動車産業の現状と今後の方向性について、ASEANの約2倍の人口を抱え、ASEANとの結びつきがますます強くなっているインドとの関係について考察を進めていきます。

　本章ではまずASEANの自動車市場について説明していきます。次にインドという国について概観し、その後インドの自動車市場について説明していきます。最後に自動車産業に焦点を当て、インドとASEANの関係について説明してきます。

4.1　ASEANの国別自動車市場

(1) ASEANの自動車販売市場

　ASEAN市場の特徴は、人口規模、経済成長度、産業構造などが国によって異なるために、タイはピック・アップ車、インドネシアはMPV（マルチパーパス・ビークル：多目的車）、マレーシアは乗用車が中心というように、国によって売れ筋車種が異なることです。

　そこで、本節ではASEAN各国の自

クアラルンプール（マレーシア）の通勤渋滞

4.1 ASEANの国別自動車市場

表4-1 ASEAN主要6か国の自動車販売市場規模（台数）

	2011年	2012年	2013年	2014年	2015年
インドネシア	894,164	1,116,212	1,229,901	1,208,109	1,013,291
マレーシア	600,123	627,753	655,793	666,465	666,674
フィリピン	141,616	156,654	181,738	234,747	288,609
シンガポール	39,570	37,247	34,111	47,443	78,609
タイ	794,081	1,436,335	1,330,672	881,832	799,632
ベトナム	109,660	80,453	98,649	133,583	209,267

（出所）ASEAN Automotive Federationより筆者作成

動車販売市場について概観していきます。ひと言でASEAN自動車販売市場といっても、ASEAN設立時からの加盟国であるインドネシア、マレーシア、フィリピン、シンガポール、タイ5か国と、1997年にASEANに加盟したミャンマー、ラオス、1999年にASEANに加盟したカンボジアでは販売市場規模も、市場開放度も大きく異なり、また1984年からASEANに加盟しているブルネイも2015年の国内販売台数が1.4万台と小さいため、原加盟国5か国に、1995年にASEANに加盟したベトナムを加えた6か国について比較を進めていきます。

まずは表4-1で、この6か国の市場規模について説明します。

この6か国の中で特筆すべき点としては、インドネシアの市場規模が2014年には123万台となり、これまでASEAN最大の自動車市場であったタイを抜き、現在ASEAN最大の自動車市場に成長している点があげられます。

インドネシアの2015年の販売台数は101万台に減少していますが、インドネシアは2.5億人の人口を持ち、自動車普及率がタイ、マレーシアと比較しても低いことから、このままの経済成長が今後続き、中間所得層が厚みを増していくことで、インドネシア市場は拡大していくものと思われ、2020年には128万台に達するとの予測もあります。インドネシア市場の特徴として、日系自動車メーカーが高いシェアを持っていることがあげられ、2015年はトヨタが首位を維持し、ダイハツ、ホンダ、スズキ、三菱、日産が続いて

図4-1 スラバヤ空港駐車場（インドネシア）のMPV車

います。またいわゆる「ミニバン」と呼ばれる3列シートを持ったMPV（マルチ・パーパス・ビークル）が販売の主流となり、次にSUV（スポーツ・ユーティリティ・ビークル）、が続いています。

また、最近の傾向としては、エコカー対策の低燃費車としてLCGC（ローコスト・グリーンカー）が注目され、小型乗用車が注目されています。

一方、これまでASEAN最大の自動車市場であったタイは、国内政治の混乱が原因となり国内市場が冷え込んだこともあり、2013年から自動車市場の縮小傾向が続いています。2012年には143万台あった市場が、2015年には80万台にまで落ち込んでいます。タイ経済の回復は道半ばであり、これまでのような高い経済成長が期待できない状況下、短期的にはタイ市場が大きく拡大することは期待できません。しかし、自動車普及率は先進国のそれと比べてまだ普及段階といえ、タイの自動車市場は2020年に向けて緩やかに拡大していくものと思われます。タイ自動車市場の特色は、インドネシア市場同様に日系の自動車メーカーが高いシェアを確保していることがあげられ、タイでもトヨタが2015年の販売台数首位を確保し、いすゞ、ホンダ、三菱、日産、マツダが続いています。タイ自動車市場のもうひとつの特徴は、いすゞが販売第2位になっていることからもわかるとおり、1トンのピック・アップ車の販売比率が高いことがあげられます。タイでは歴史的に農村部での販売を伸ばすために貨物運送と乗用が兼用できるピック・アップ車が好まれて国産化され、さまざまな用途に使われたことで市場を拡大していったことがその背景にあります。そのため、タイでは商用車生産で強みを持ついすゞがピック・アップ車分野では首位トヨタと互角の戦いをするポジショニングを確保しています。また、タイの最近の特徴としては、2007年にエコカー政策が導入され、環境への意識が高まった結果、小型乗用車の販売が増加傾向にあります。

マレーシアはインドネシア、タイに続く市場規模を持ち、過去3年間安定的に65万台強を販売しています。マレーシア市場の特徴は、1982年にマレーシア政府が自国ブランドにかかわらず、主に日系自動車メーカーを誘致することで自

図4-2　プーケット（タイ）を走るピックアップ車

動車産業振興を行ったタイの対局をなす政策として国民車構想を打ち出しました。政府主導で自動車産業を育成し、プロトン、プロデュアといったマレーシアの国産ブランドが生まれ、マレーシア市場の主要プレーヤーとなっています。2015 年のマレーシア国内市場ではプロデュアが 21.3 万台で首位を堅持し、2 位プロトンが 10.2 万台を販売しており、それにホンダ、トヨタ、日産と続いています。マレーシアでは 2011 年に一人当たりの GDP が 1 万ドルを超えており、安定的な経済成長を続けています。マレーシア自動車協会（MAA）によると、2020 年の自動車販売の市場規模は 71.7 万台と予測しており、堅調な成長が予想されています。プロトン、プロデュアはマレーシア政府の保護政策によりこれまで優位性を確保してきましたが、2020 年に向けて、マレーシア政府の保護政策も徐々に廃止されていくことで、今後プロトン、プロデュアは ASEAN 各国に生産拠点を持つ自動車メーカーとの競争にさらされることになります。マレーシア政府は保護政策のみならず、プロトン、プロデュアといった国産自動車メーカーの競争力を強化する政策にかじを切り、今後堅調に伸びていくことが予想されているマレーシア国内市場で、プロトン、プロデュアが一定のシェアを確保するのみならず、マレーシア政府の支援も仰ぎながら、輸出拡大を目標に掲げ、生き残りをかけ戦っていくことになります。

また、EEV（エナジー・エフィシェント・ビークル）といった低燃費車への優遇策の導入により、小型乗用車の需要が高まっています。

ここまでインドネシア、タイ、マレーシア国内の市場状況に関して説明してきましたが、次にこれらの国では市場が、ある時点で急速に拡大している点を説明していきます。

これらの国で共通している変化点は、一人当たりの GDP が 2,500～3,000 ドル前後でモータリゼーションが起こり、モータリゼーション到来に合わせ国内販売台数を大きく伸ばしたことを指摘したいと思います（表 4-2）。この経験則に照らし合わせば、図 4-3 の通り、一人当たりの GDP が 2,500～3,000 ドルに到達したフィリピンにおいて、モータリゼーションの波が押し寄せて来ることが予想できます。事実フィリピンの国内自動車販売台数は 2013 年の 18.8 万台から 2015 年には 28.7 万台に増加しており、データからも一人当たりの GDP2,500～3,000 ドルがモータリゼーション到来のトリガーポイントとなっていることが読み取れます。

そこで、フィリピンの自動車市場についても説明しておきたいと思います。

表 4-2　ASEAN 主要国とインドの一人当たりの GDP 推移予測表（ドル）

	2014 年	2015 年	2016 年	2017 年	2018 年	2019 年	2020 年	2021 年
インド	1,601	1,617	1,747	1,875	2,027	2,208	2,402	2,618
インドネシア	3,532	3,362	3,620	3,906	4,179	4,434	4,738	5,170
マレーシア	11,050	9,557	9,811	10,757	11,772	12,902	14,172	15,492
フィリピン	2,844	2,858	2,978	3,249	3,542	3,869	4,226	4,588
タ　イ	5,889	5,742	5,940	6,205	6,401	6,682	6,992	7,349
ベトナム	2,049	2,088	2,174	2,327	2,503	2,691	2,889	3,105

（出所）IMF World Economic Outlook Database, April 2016 より筆者作成

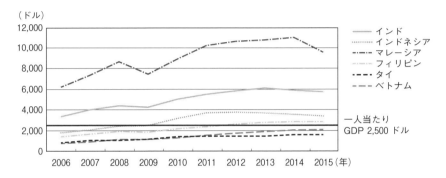

（出所）IMF World Economic Outlook Database, April 2016 より筆者作成

図 4-3　ASEAN 主要国とインドの一人当たりの GDP（ドル）の推移

　2010 年にベニグノ・アキノ大統領が政権に就き、汚職撲滅活動を推進し、政府資金が民間に行き渡るようになると、経済成長のモメンタムが生まれました。さらに人口の 10％相当の OFW（Overseas Filipino Workers）と呼ばれるフィリピン人海外就労者からの本国送金がフィリピンに残った家族の個人消費を支え、2014 年には人口 1 億人を超えた国内市場の内需拡大がドライバーとなって、フィリピン経済は堅調な成長を続けています。この経済成長によって世帯所得が 1 万ドルを超える中間所得層が出現し、金利低下によりローンが組みやすくなったことから、エントリーモデルとしての小型車を購入することが一種のステータスシンボルになり、フィリピンの自動車市場は拡大を続けています。フィリピン市場でもトヨタが圧倒的な首位を確保し、SUV を得意とする三菱が第 2 位、小型車を得意とする現代自動車が第 3 位となっています。

ただし、現代自動車はフィリピン自工会（CAMPI）に加盟しておらず、現代の販売データは公開されていません。現代はASEAN全域で戦うのではなく、日系自動車メーカーが強いタイ、インドネシアを避け、小型乗用車で日系自動車メーカーと競争が成り立つフィリピン市場を戦略的に攻める差別化戦略を取っていることが推察できます。

　最後にベトナム市場について簡単に触れていきます。一人当たりのGDP2,500ドル～3,000ドルをトリガーポイントとすれば、フィリピンの次に市場拡大が期待できる国がベトナムであり、表4-2から2018年～2020年を境にモータリゼーションの波が押し寄せることが推測できます。しかし、ベトナム市場はインドネシア、タイ、フィリピンと異なり、トヨタ以外の日系自動車メーカーのシェアは小さく、地場企業であるチュオンハイとトヨタに続いて、フォード、GMが高いマーケットシェアを押さえています。

(2) タイの自動車販売概況

　ここまでインドネシア、タイ、マレーシアと比較的市場規模の大きな国と、今後販売増加が見込まれるフィリピンにおける自動車販売について考察を進めてきましたが、本節では景気後退により市場規模が100万台を割り込んだとはいえ、インドネシアと並ぶASEANの最大の自動車市場であるタイの自動車生産について少し深堀をしていきたいと思います。図4-4では自動車生産拠点を持たないシンガポールを除くASEAN主要5か国の2015年の生産台数と販売台数を比較しています。2015年の生産規模ではタイ、インドネシアが100万台を超え、ASEANの2大生産拠点となっています。タイにおける自動車生産の特徴は、国内販売台数に比較して生産台数が大きく、タイが輸出の生産拠点になっていることが読み取れます。一方、フィリピンは生産台数が国内販売台数に比較して少なく、国内販売台

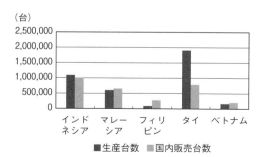

（出所）ASEAN Automotive Federationより筆者作成

図4-4　ASEAN主要5か国の2015年の生産台数と販売台数

数を確保するために輸入していることが読み取れます。フィリピンにおける自動車生産に関しては後述致しますので、まずはタイにおける自動車生産について説明します。

タイでは、自国の工業化推進を目的として1960年に産業投資奨励法が導入され、1962年の同法改正によって自動車組立を行う場合、完成車輸入に比して輸入関税が半額になる恩典が与えられたため、1960年代から日系自動車メーカーの進出が始まりました。日系自動車メーカーの中ではトヨタが最も早くタイに進出し、1957年にバンコク支店を設立、1962年には生産拠点としてトヨタ・モーター・タイランドを設立しています。トヨタに続いて、同じく1962年に日産、1965年にホンダ、1966年にいすゞもタイに進出しています。1971年に国産部品の調達が義務付けられたことにより、日系自動車部品メーカーの進出が相次いだだけでなく、タイ企業も参入しました。さらに、その後1978年には完成車の輸入を認めない乗用車国産化法令が成立し、1986年代にはディーゼルエンジンの国産化計画が発表され、日系自動車メーカーによる基幹部品の国産化が進みました。また、1985年のプラザ合意により円高が進んだことで、日本からの輸出では事業が立ち行かなくなり、日系部品メーカーのタイ進出にもドライブがかかりました。

タイ政府の自動車産業育成政策は、国産ブランドを確立するのではなく、日系自動車メーカーを誘致する形で自動車産業を育成していきました。さらにタイ政府は自動車メーカーに国産部品の調達を義務付けることで、自動車メーカーの要求水準を満たす部品メーカー育成を実現し、高い技術力を持つ部品メーカーが自動車メーカーの安定的な生産を支える構図ができあがり、「アジアのデトロイト」と称されるまでの自動車産業クラスターが形成されていきました。

このような歴史的経過をたどりタイでは自動車産業のクラスターが形成されていきましたが、タイにおける自動車生産を振り返ってみると、2回大きな事件に遭遇しています。まず1997年に起こったアジア通貨危機で、タイの国内市場は大幅に落ち込みました。しかし、日系各自動車メーカーはタイから撤退することなく、その生産能力を輸出に振り分けたことで、その後もタイからの輸出は増加を続け、タイの生産拠点が輸出拠点化していきました。アジア通貨危機によって、各自動車メーカーは生き残りをかけさらに部品の現地調達率向上に力を入れ、余剰生産能力を輸出に振り向け、輸出を増やした副次的な効果

として、タイ製の自動車にもグローバルスタンダードの品質保証が求められ、結果として、その品質基準に満たない部品メーカーは淘汰され、品質を確保できる部品メーカーだけが生き残り、タイ製自動車の競争力が上がっていきました。

次に、2011年秋に首都圏バンコクで洪水が発生し、日系各自動車メーカーは操業停止に追い込まれましたが、どのメーカーもタイから撤退はしませんでした。復旧に莫大な費用を要したとしても、タイで生産を継続するほうが他国に新工場を建設するよりも経済合理性があると判断したからではないでしょうか。言い換えれば、タイがすでにアジアにおける重要な生産拠点となっていることを間接的に証明したともいえると思います。今後も日系自動車メーカー、部品メーカーともにタイの生産拠点をアジアのリージョナルハブとして機能強化を続けていくものと思われます。

ただし、農産物などの運搬や実用面から従来はピック・アップ車中心の市場でしたが、最近の傾向としては、物品税の減税、交通渋滞、自動車普及に伴う環境対応などの観点から2007年にエコカー政策の導入もあり、現在は小型車も売れる多様化した市場へと変化しつつあります。特に、エコカー政策に関しては、欧州が要求する厳しい基準が2016年にCO_2連動税制として導入される予定で、ディーゼルエンジン車を得意とする日本企業に今後どのような影響を及ぼすか予断が許されない状況にあります。

(3) タイの自動車生産と部品調達物流
① 自動車部品の調達方法

2015年3月17日付け日本政策投資銀行（DBJ）（No.226-3）によりますと、ASEANにおける部品メーカーの集積状況として、タイは基幹部品であるエンジン部品、駆動・伝導部品、懸架・制動部品を中心に約2,180社（内日系910社）、インドネシアは照明・計器等の電気・電子部品を中心に約746社（内日系410社）、マレーシアは電装品・電子部品を中心に689社（内日系156社）、フィリピン、ベトナムは労働集約的な照明・計器電子部品を中心にフィリピンには319社（内日系147社）、ベトナムには221社（内日系191社）が集積しています。

そこで、ここではタイにおける自動車生産とその部品調達の仕組みについて説明します。

自動車は約 30,000 点の部品で構成されていますが、その部品の調達方式には次のような方法があります。
1) シンクロ納入（順序搬入）方式：シートなどの容積の大きい部品のサプライヤーが組立メーカーの近傍に立地して、組立ラインの投入車種の順番に部品生産・納入する方式。
2) ミルクラン方式：ユーザーである自動車メーカーの手配した1台のトラックが決められた時間帯に、決められた順路で、複数のサプライヤー（部品メーカー）を巡回して、部品を集荷混載してユーザーの指定した工場（倉庫）などに納入する方式。
3) 調節倉庫利用方式：遠方のサプライヤーが自動車メーカーの部品倉庫に納品し、一時保管されている部品在庫から組立ラインへ高頻度で JIT 納入する方式。

タイにおける部品調達の特徴は、トヨタをはじめとして日産・ホンダなど各社とも現地調達を基本とする一方で、各メーカー主導でミルクランを導入していて、それがひとつの業界標準になっていることです。また、生産に関しては、程度の差こそあれ、現在各社とも JIT で生産ラインへの部品投入を行っていることです。

タイでミルクラン方式が導入されている理由は、① タイの生産規模が小さいこと、② サプライヤーがアユタヤなどの遠隔地にあっても比較的狭い地域に集積していること、③ 専属のサプライヤーでなくても確実な JIT 納入の実施と自動車メーカーによるコストの把握が可能となっていること、④ 部品価格と分離した形での物流コストの明確化、⑤ 小ロットでも混載輸送することによる輸送コストの削減が可能であること、⑥ 自動車メーカーの生産ラインと同期化した JIT 納品精度の向上、といったメリットがあるからです。

② **タイトヨタのミルクランと P レーン**

ここではまずトヨタモーター・タイランド（TMT）を事例にして、同社のミルクランとプログレス・レーン（P レーン）について説明します。

TMT はアジア地域の中核的な生産拠点として位置付けられ、特にピック・アップ車の全世界向けの輸出拠点としての役割を担っています。

TMT の組立工場は、現在サムロン（Samrong）、ゲートウェイ（Gateway）、バンポー（Ban Pho）の3か所にあります。

日本国内では JIT 調達を行っているトヨタが、TMT ではミルクランによる

部品調達を行っている理由は、タイでの生産台数が日本と比べて少ないことから、当然発注数量が少ないために1日1便程度しか納入量がないサプライヤーからの場合、トラックの積載（輸送）効率だけを考えて便数を減らすと必然的に在庫が増えてしまうからです。そこで、TMTがミルクランでこれを引き取れば物流コストのアップなくして納入頻度が増え、在庫も削減できるだけでなく、サプライヤー任せではみえなかった納入に伴う物流コストもみえるようになり、新たなコスト削減の改善方法が見出せる可能性があるからです。

TMTの部品調達先は約160社で、特にバンコク周辺に分布しています。そこで、これらをロケーションと道路アクセスによりA～Eゾーン（A：アユタヤ・ナワナコン工業団地周辺、B：バンコク周辺、C：アマタナコン周辺、D：イースタン・シーボード周辺、E：ゲートウェイ工場周辺）に区分し、各ゾーン単位でミルクランを実施しています。

しかし、輸送オペレーションの管理特性は生産とは違うので物流管理部署が必要となる一方で、部品メーカーの物流能力からみてミルクランは自動車メーカー主導で行わざるを得ません。

また、いまひとつの特徴は、ミルクランで調達された部品をオーダー別に分割してJITで生産ラインに投入するための仕組みであるPレーンです。

Pレーンは、ロット分割機能と同期化のための進捗調整の2つの機能を持っています。たとえば、1オーダーが20台分の部品をまとめて24回分発注しているとします。これをeカンバン1枚分のオーダーに分割して組立の進捗に同期化してラインに投入する機能を果たしているのがPレーンなわけです（図4-5）。

ところで、ミルクランは豊田通商とキムラユニティーの合弁会社であるTTKロジスティクス（TTKL）他の日系物流事業者が行っています。

現在ミルクランに投入されている車両数は約800台で、輸送頻度は月間1,000トリップになります（図4-6）。

TTKLのミルクランに対する基本的な考え方は、生産工程からのプルシステムにより混載集荷でJIT納入することです。ミルクランを導入するためには、オーダーの平準化や通い箱の規格化が前提となります。オーダーごとに積載量が異なっていては積載効率が低下するためです。通い箱はトラックサイズに合わせて搭載できるように1スキッド（プラスチック製パレット）のサイズを割り出し、1スキッドにぴたりと積載できるように通い箱を規格化していま

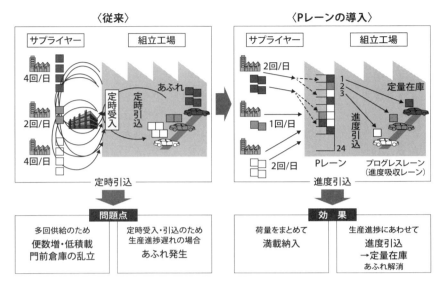

（出所）2015年3月7日日本物流学会関東部会発表資料より

図4-5　Ｐレーンシステム

　す。ミルクランは生産計画と密接に関係して行われるため、TMTとの情報の共有化や緊密な協力体制が築かれています。たとえばTTKLはミルクランのルートを決定するために必要となる走行時間、走行距離、燃費、ドライバーコストなどの基本情報をTMTと共有化しています。TMTはパーツ情報、生産計画、通い箱サイズなどから毎日の輸送量を計算し、最適運行管理システムにより巡回ルートとスケジュールを決定し、この結果をもとに、TTKLは、積み付け表、トラックダイアグラムを作成しています。

（出所）石原撮影

図4-6　TTKLのミルクラン用トラック

　トラックは1分ごとにポーリングを行い、運行中のトラックの動静管理を

行っています。ダイヤと比較して、作業の遅れ、スピードオーバー、走行ルート外れなどの異常があった場合は、オペレーション・センターの端末に異常情報が表示され、運行管理者は運転者に携帯電話などで状況確認を行います。また、走行中のドライバーによる不正行為を防止するために、ドライバーの昼食場所までマニュアルで指定しています。さらに、交通渋滞時にはあらかじめ設定してある迂回経路の中から別の迂回路が指示されます。

ダイヤどおりに巡回して複数のサプライヤーから集荷された部品はTMT工場の指定されたトラックベイで荷受けされますが、その際の到着時間はプラス・マイナス10分以内で指定されています。

トヨタのミルクランの仕組みが優れている点はドライバーのミスを防止するためにすべてがマニュアル化されているだけでなく可視化されていることです。また、運賃はできるかぎり透明性を持たせるため、積み上げ方式をとっているだけでなく、毎月のミルクラン計画に基づき、燃料費、人件費等の直接費用を積み上げ、それに間接費用を足して、積算していることです。他の自動車メーカーのミルクランの中には、引き取ったカートン数によって運賃を計算しているところもあります。これでは物流事業者にとって事業採算を把握しづらいわけですが、TMTのやり方はコストが明確化され、薄利ですが一定の収益が確保されていることから相互にメリットがある仕組みであるといえます。

さらに、トヨタは、ASEAN域内での各事業体のサポート強化を図るために、トヨタ・モーター・アジア・パシフィック（TMAP）を設立し、車両営業、域内外の完成車輸送や部品の輸出入業務などを行っています。

2015年末のタイからのASEAN域内の生産用部品の相互補完状況は、輸出が20か国向け1日約60FEU、輸入が10FEU、輸出の内訳はマレーシア向け20％、インド向け18％、インドネシア向け15％、その他のアジア域内向け47％とのことです。

現在トヨタは最適地での部品生産及び調達を行っています。たとえばASEAN域内では、プレス部品は台湾、トランスミッションはフィリピン、クラッチはインドネシア、ステアリングはマレーシア、エンジンはタイ、ボディパネルはオーストラリアから調達しています。

ASEAN域内での部品調達に際して、各国調達先から使用国まで、従来の各国間での大ロット直接輸送方法で多頻度少量輸送に対応するのでは低積載で無駄が多いため、シンガポールをハブしたクロスドック機能を設け、そこで各国

部品を一括で受け入れた後に使用国別に仕分けてリコンソリデーションすることで配送する、いわゆるハブ＆スポーク理論に従って多頻度高積載することで域内物流の効率化を図っています（図4-7）。

③ 日産モータータイランド（NMT）

NMTはバンコク近郊に2工場を擁し、安くて品質の良い部品を購入するために、自動車部品の国際調達を目指しており、全体の調達方針を日本の本社購買部門が決定しています。ルノーと日産は共同購買組織を構築しています。

タイ国内の部品調達は基本的に5つのゾーンに分けてミルクランで行っていますが、そのオペレーション業務は日系他物流業者に委託しています。

ミルクランの費用は日産が負担していますが、物流業者への支払いは実際に運搬した

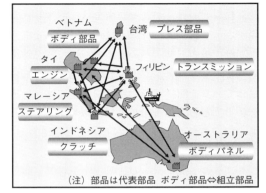

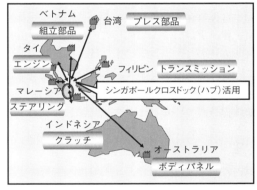

（出所）2015年3月7日日本物流学会関東部会発表資料より

図4-7　部品調達ルート

貨物の容積（カートン数）に応じて支払われています。ダイヤは扱い量の増減に応じて見直しを試みていますが、前後15分の誤差を目指しています。

ピック・アップ車生産のASEAN諸国での現地展開の強化に伴い、レムチャバン港から17 kmのところに部品輸出センター（PCC：Parts Consolidation Center）を構築し、2007年1月からCKD（ノックダウン式）とIPO（Individual Parts Order）による部品の輸出を始めています。自動車製造における部品の

現地調達率は金額ベースで80％を超えていますが、輸入部品も大きな役割を果たしています。たとえば、ピック・アップ車の主要部品をアメリカ、スペイン、メキシコ、中国、日本などからバイヤーズ・コンソリデーションで輸入しています。

④ 自動車部品のクロスボーダー輸送

ミルクランなどで集荷された部品のASEAN域内の輸送方法としては、① 海上輸送（タイ／インド・インドネシア）、② 経済回廊を活用した陸上輸送（タイ／ベトナムなど）、③ 鉄道輸送（タイ／マレーシア）がありますが、詳細は第9章をご参照ください（図4-8）。

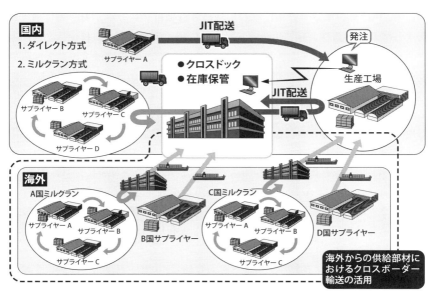

（出所）日本通運提供

図4-8　自動車部品調達スキーム

(4) フィリピンの自動車生産

同じASEANでもタイ・インドネシアのように大規模な生産拠点がないフィリピンにおける自動車生産について説明したいと思います。フィリピンはタイ、インドネシアとは逆に、生産拠点として自動車産業の集積が進んでいま

せん。ASEAN 域内の貿易が自由化される以前は、国ごとに参入障壁を設けていたので、市場参入するためには各国で生産拠点を持つ必要に迫られ、各自動車メーカーは生産規模の小さい拠点を設置していった歴史的経緯から ASEAN 各国に現在も生産規模の小さい工場が存在しています。フィリピンでは表 4-1 のとおり 2015 年 28.8 万台の国内販売に対し、国内の生産台数は 9.9 万台に留まっており、規模の経済が適用されず、タイと比べてコストの高い車を生産していることになります。したがって、フィリピンでは自動車メーカーはコスト削減を図るために車種の生産を一部に絞り、残りの販売用車種は ASEAN 域内のゼロ関税を利用してタイやインドネシアから完成車を輸入する一方、日本からも多くの完成車が輸入されています。日本・フィリピン経済連携協定（JPEPA）では、フィリピンに拠点を持つ各自動車メーカーが大型の自動車を生産しておらず、フィリピン政府としても自国の生産拠点を保護する必要がないため、3 リットル以上の大型エンジンを持つ日本からの完成車の輸入関税をゼロにしています。フィリピンの高級車市場は歴史的にメルセデス、BMW のドイツブランドが独占していましたが、2009 年にレクサスが参入し、JPEPA 発効後は 3 リットル以上のエンジンを持つ大型車を日本から輸入する場合、ゼロ関税の恩恵を被ることになり、レクサスの完成車価格はドイツから輸入するメルセデス、BMW と比して競争力を持ち、2014 年にはレクサスの販売台数がメルセデスを抜き、市場第 2 位となっています。このフィリピンの具体例は、各自動車メーカーは ASEAN 各国が参入障壁を設定していたがために設立した小規模生産拠点を維持しつつ、ASEAN 域内のゼロ課税によって ASEAN 域内で最適調達を行い、2 国間の FTA・EPA も利用した販売戦略を実行している一例といえます。

　AEC 発足により、ブループリントにある通り、「単一の市場・単一の生産基地」を実現していくことで、自動車メーカー、自動車部品メーカーは ASEAN 各国に生産拠点を持ち、販売を行う戦略から、ASEAN 域内で最適調達、最適物流、最適生産を構築する戦略を加速させる傾向にあります。たとえばフィリピンでは、フォードが生産拠点を閉鎖し、第 2 位の市場シェアを持つ三菱自動車がその工場を買い取り、2015 年 1 月から年間 5 万台の生産規模を持つ新工場として稼働しています。さらに三菱自動車は、フィリピンの自動車産業育成政策 "CARS Program (Comprehensive Automotive Resurgence Strategy Program)" への参加を表明し、新工場へ 100 億円以上の投資を行い、2017 年

から新車種導入を発表しています。自動車産業の集積が進むタイ、インドネシアに生産拠点を集約する戦略を取る自動車メーカーがある一方、三菱自動車のように、販売において自社が強みを持つフィリピンにある生産拠点を強化する戦略を取るところもあり、AEC 発足により、今後各社 ASEAN 域内の最適生産化を睨み、企業戦略を策定していくことになると思われます。また、自動車メーカーのみならず、部品メーカーも部品ごとに生産拠点を集約させ、ASEAN 域内の各国に供給する体制を整えつつあります。

4.2 インドの自動車市場

1947 年の独立後、インドでは極端な保護主義政策が取られ、戦前より拠点を設けていたフォード、GM ら外資を締め出し、乗用車はヒンドスタン、商用車はタタ自動車、マヒンドラ・ヒマンドラによる寡占状態が続き、競争が阻害される閉鎖された市場でした。1981 年になり、インド政府とスズキとの合弁でマルチ・スズキ（以下「マルチ」）が設立され、外資にもインド国内市場の門戸が開かれました。その後 1997 年に自動車産業政策が廃止され、2002 年の新自動車産業政策において、これまでの国産化・輸出規制が撤廃され自由化が進み、外資自動車メーカーのインド進出が活発化していきます。日系自動車メーカーではスズキに続き、トヨタ、ホンダ、日産、いすゞがインドに進出しています。インドの経済成長に合わせ、図 4-9 のとおりインドの自動車市場も堅調で、2015 年のインドでの自動車販売台数は 342.5 万台（前年比 7.7％増）まで拡大し、2012 年の販売台数を超え過去最高を更新しました。

インド政府が合弁会社のパートナーにスズキを選択したことからも推測できますように、インド政府として国民の手が届く価格帯の車、必然的に小型車の生産に力を入れてきました。その結果、インド自動車市場の特性として、ASEAN 諸国と比較しても、小型車の販売比率が高くなっています。インドでは全長が 4 メートル未満でエンジンサイズが 1,500 cc 未満の場合、物品税率が 12.5％と低く抑えられており、同じ 1,500 cc 未満のエンジンでも全長が 4 メートルを超える場合、物品税率が 24％に上がることから、4 メートル未満の小型車が主力車種となっています。

2015 年総市場 342.5 万台のうち、乗用車市場が 277.2 万台、その中で全長 4 メートル未満の乗用車市場が 175.3 万台を占めています。日本国内市場においてもスズキは軽自動車、小型車の販売を得意としていますが、表 4-3 が示すよ

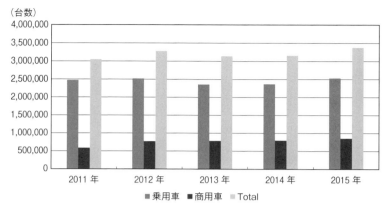

(出所) FOURIN「アジア自動車調査月報」2016.2 より筆者作成

図 4-9　インド国内／自動車販売台数

うにインド乗用車販売台数の上位10モデルのうちマルチが6車種を占め、マルチも小型車に分類されるAlto、Wagon R、Swiftで販売台数を稼ぎ、2015年は128.9万台（前年比11.9％増）を販売し、圧倒的な首位を確保しています。

韓国の現代も47.6万台（前年比15.7％増）を販売し、マルチに続く市場第2位となり、この2社だけで乗用車市

表 4-3　インド乗用車販売上位 10 位モデル

順位	モデル	販売台数
1	マルチ　Alto	272,096
2	マルチ　Swift	206,924
3	マルチ　Swift D'Zire	201,420
4	マルチ　Wagon R	170,399
5	現代　Elite i20	130,126
6	現代　Grand i10	124,072
7	マルチ　Celerio	82,961
8	ホンダ　City	82,922
9	マルチ　Omni	78,927
10	マヒンドラ　Bolero	73,365

（出所）FOURIN アジア自動車調査月報 2016.02 より著者作成

場277.2万台の63.7％を販売しており、インドが小型車中心の市場ということを明確に示しています。2015年の販売台数では首位マルチ、2位現代、次に、インド資本であるタタ自動車、マヒンドラ・マヒンドラ、日系のホンダ、トヨタが続いています。

次に、図4-10を参考にインドに進出した自動車メーカーの地理的な分散を

4.2 インドの自動車市場　　　81

（出所）筆者作成

図 4-10　各自動車メーカーの生産拠点

みていきます。

　インドではタイのようにバンコク近郊に自動車メーカー、自動車部品メーカーが集積することはなく、インド国内に分散しています。地理的に大きく分類すれば、マルチ、ホンダが拠点を置くデリー近郊の北部、メルセデス、フォルクスワーゲン、GMなどが拠点を構えるプネ近郊の西部、BMW、ルノーと合弁で日産が拠点を構えるチェンナイ近郊、ならびにトヨタが拠点を置くバンガロールを加えた南部に生産拠点が集積しています。ちなみに、図4-10にドット（●）で記した都市はインドの主要港を示しています。各自動車メーカーの

製造拠点は主要港近くにあることが読み取れます。ただし、北部に位置するマルチ、ホンダからは港が遠く、両社からの輸出車両は輸出港までトレーラーで運んでいます。経済産業省が主導するデリー・ムンバイ間の産業大動脈構想（DMIC：Delhi Mumbai Industrial Corridor）では円借款を供与し、貨物専用鉄道を敷設し、周辺の工業団地、物流基地、港湾、商業施設などを民間投資主導で整備する構想があり、貨物専用線が敷設されれば、首都圏デリー近郊の工業団地からインド西部に位置する港湾へのアクセスが格段に改善するものと期待されています。

インド政府は2006年の自動車ミッションプラン2006-2016（Automotive Mission Plan2006-2016）において、2016年までにインドが自動車及び自動車用部品の生産・開発拠点となることを目標に掲げました。また、モディ首相は、2014年9月に外国企業が投資しやすい環境整備を行い、インドに生産拠点を誘致することで雇用を促進し、経済発展を目指す"Make in India"政策を発表しました。"Make in India"政策では、製造業がインドで事業を拡大するために、自動車メーカーには免税措置や補助金給付などの優遇策を打ち出し、特に輸出により外貨獲得ができる自動車産業ならびに自動車部品産業を特定重点分野に指定しています。その結果、インドに進出している各自動車メーカーは積極的な投資を行い、市場規模が拡大するインド国内でのシェア拡大を目指すのみならず、生産拠点の稼働率を上げ有効活用するためにも輸出に力を入れ、いまはアフリカ、中南米向けの輸出拠点として重要な役割を担っています。さらに2106年4月には自動車ミッションプラン2016-2026（Automotive Mission Plan 2016-202）がインド自動車工業会（SIAM：Society of Indian Automobile Manufacturers）から発表され、"Make in India"政策と軌を一にして、この10年間でインドの自動車産業が世界の輸出拠点となることを具体的な目標にしています。次節では、このように年々拡大するインドからの自動車輸出について、詳しく説明します。

このようなインド政府の産業支援策、販売増が期待できるインド国内市場の魅力、アフリカ、中南米への輸出拠点としての活用といった理由から、インドにおける2015年の自動車生産台数は412.6万台（前年比7.3％増）となりました。表4-4が示すとおり、インドはすでに世界第6位の自動車生産大国となり、2016年には440万台まで生産規模が拡大すると予想（「FOURINアジア自動車調査月報」No.111、2016.3）されています。

4.2 インドの自動車市場

2015年のインド国内市場が342.5万台であったことを考えれば、各自動車メーカーがインドを輸出拠点として伸ばしていることが読み取れます。

図4-11はインドからの乗用車輸出の推移を示しています。2015年のインドからの乗用車の輸出台数は63.2万台（前年同期比1.3％増）となり、欧米自動車メーカーの中南米向け輸出が増加したことで過去最高を更新しています。

表4-4 国別自動車生産台数

国　名	2013年	2014年	2015年
中　国	22,116,825	23,731,600	24,503,326
米　国	11,066,432	11,660,702	12,100,095
日　本	9,630,181	9,774,665	9,278,238
ド イ ツ	5,718,222	5,907,548	6,033,164
韓　国	4,521,429	4,524,932	4,555,957
イ ン ド	3,898,425	3,844,857	4,125,744
メキシコ	1,771,987	3,368,010	3,565,469
スペイン	2,163,338	2,402,978	2,733,201
ブラジル	3,712,380	3,146,386	2,429,463
カ ナ ダ	2,379,834	2,394,154	2,283,474
タ　イ	2,457,057	1,880,587	1,915,420
インドネシア	1,206,368	1,298,523	1,098,780

（出所）International Organization of Motor Vehicle Manufacturersより筆者作成

欧米系のフォード、フォルクスワーゲン、GMの3社が特にメキシコなど中南米向け輸出を拡大しており、インドの輸出拠点化が進んでいることを示しています。国内販売首位マルチの2015年の輸出台数は12.6万台（前年比6.7％

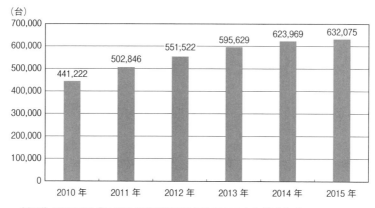

（出所）FOURIN「アジア自動車調査月報」2016.2より筆者作成

図4-11 インドからの乗用車輸出台数

増）で、アルジェリア、スリランカなどに輸出を行っています。輸出首位の現代は好調な国内販売に注力したことから逆に輸出台数を 16.7 万台（前年比 17.2％減）に減らしたものの、南部タミルナード州チェンナイ郊外の工場から引続き、アフリカなどに輸出を行っています。同じくチェンナイ郊外に工場を持つルノー日産もアフリカ、欧州向に輸出を行っており、2015 年 3 月期のインドからの輸出モデル首位は同社のマイクラが獲得し、一モデルだけで 76,120 台が輸出されています。価格競争力の厳しいインド市場で生産するエントリーモデル車種を武器に、物理的に近いアフリカ市場を開拓する戦略が功を奏していると思われます。

　また、スズキは、輸出能力が高い港湾に近いグジャラート州に、2017 年第 1 四半期の稼働を目指し、スズキ全額出資で新工場を建設中で新工場から欧州・アフリカ向け輸出拡大を目指しているともいわれています。

　本件に関しては、スズキは 2015 年 1 月 28 日プレスリリースで、モディ首相は首相就任前にスズキが新工場を構えるグジャラート州首相を勤めており、州首相時代に同州の投資環境を整備し外資を呼び込んでいた実績がある旨発表しています。スズキの新工場から輸出港までの高速道路も整備され、州政府がインフラ整備を行い、外資誘致に成功した一例です。

　モディ首相は "Make in India" 政策と歩調を合わせ、インドで作り、インドから輸出する戦略を明確にしています。

　以上のことからインドの自動車市場をまとめると、以下 3 つの重要なポイントに整理することができると思います。

① 消費市場として拡大するインド
② "Make in India" 政策に後押しされ、生産拠点としての規模拡大
③ 拡大した生産能力を活用しての輸出拠点化

　次節ではインドで生産規模を拡大していくうえでの課題、その課題を通じて自動車産業におけるインドと ASEAN の関係について考えてみたいと思います。

4.3　自動車産業におけるインドと ASEAN の関係

　前節でインドの自動車産業においては、インドが欧州、アフリカ、中南米への輸出拠点として活用されていることを説明してきましたが、本節ではまずインドを生産拠点として活用していくうえでの課題について分析し、次にその課

題を通じて、自動車産業におけるインドと ASEAN の関係について説明していきますが、これから自動車の販売市場として期待できるのは、インド、中国、タイ、インドネシアです。

　インドにおいて、自動車生産を拡大させていくうえでさまざまな問題がありますが、その中でもどのように最適な部品調達を実現するかが大きな課題となります。

　生産コストを下げるために、まず現地調達率を上げていく必要がありますが、インドの部品メーカーから調達する場合、① 品質が安定しないこと、② インド企業側の生産が安定せず、納期通りに納入されないこと、③ 物流インフラが脆弱なため、輸送に時間もコストもかかること、④ 州をまたいで販売する場合、中央売上税（CST：Central State Tax）の 2% がコストアップとなること（2016 年 8 月に物品・サービス税（GST）導入のための憲法改正案が上・下院で可決され、その後インド全国 29 州の過半数の州議会が憲法改正案を批准し、大統領承認を経て憲法改正手続が完了。今後 GST 法案成立を以って物品・サービス関連の税制が GST に一本化され、州をまたぐ取引に課されている CST は廃止される予定）、⑤ ストライキなど労務管理にかかわる目にみえないコストが反映されており、思ったほど価格が下がらないことなどさまざまな問題が発生しています。

　物流インフラの脆弱性に関する事例としては、デリー近郊にある部品メーカーから南部にまで部品を輸送する場合、トラックで通常 6 日間のリードタイムを要しています。途中州を越える場合、その都度輸送する貨物の書類確認が行われ、書類不備により州境で足止めされることも頻繁に発生しています。その部品が自動車製造の基幹部品であり、自動車メーカー側で在庫を持っていない場合、生産ラインストップにつながる可能性も否定できず、在庫を多めに持つことも必要になり、生産コストアップの間接的な要因になっています。

　インド国内からの部品調達についても問題があり、自動車用鋼板、鋳鍛造品など価格及び品質面でインドが競争優位を持つ部品の国内調達は進んでいますが、高付加価値、高機能部品に関してはインドで調達できず、国外から調達することになります。しかし、日系部品メーカーの話によると、インド製部品の調達を行いたいが、製品仕様書に記載したスペック通りに作れない、品質が安定しない、納期通りに期日、数量ともに納入できないことが多く、インド製に調達を切り替えていく場合、必ず他国工場での代替調達ができることを前提に

慎重に現地調達に切り替えていく方針とのことでした。

　また、国外調達となりますと、日系自動車メーカーの場合、日本から調達する部品もありますが、すでにASEAN域内で最適な生産体制が構築されているため、価格競争力もあるASEANから調達したほうがコストを下げることにつながります。さらに、機能及び品質面からインド国内で調達ができずASEANから輸入せざるを得ないことがありますが、同時にインドとASEANのFTAの発効によりASEAN調達のコストメリットに注目していく必要があります。

　2016年3月末時点で、インドは、スリランカ、アフガニスタン、タイ、チリ、シンガポール、ネパール、韓国、ブータン、バングラデシュ、マレーシア、日本と自由貿易協定（FTA）もしくは経済連携協定（EPA）を、また、インド、パキスタン、スリランカ、ネパール、ブータン、バングラディシュ、モルディブ、アフガニスタンの8か国が加盟する南アジア地域協力連絡（SAARC：South Asia Association for Regional Corporation）、ASEANとはFTAを締結しています。ASEANとインドのFTAは2009年8月に調印され、2010年1月に発効し、段階的に関税が引き下げられ、サービスと投資に関しても、2012年12月にFTAが締結され、2015年9月に発効しています。インド・ASEANのFTAが発効したことで、インドに製造拠点を置く自動車メーカーは、国内調達とASEAN調達を天秤にかけ、インドASEAN間のFTAを活用したASEANの自社生産拠点ならびに自動車用部品メーカーからの最適な部品調達を行っています。

　部品メーカーは、日系自動車メーカーのASEAN進出に合わせて、タイ、インドネシアを中心に生産拠点を展開してきましたが、今後は歴史的経緯から各国に小規模な生産拠点を構える戦略から、AEC発足に合わせて既存の大規模生産拠点に集約し、そこから拠点がないベトナムなどの域内の国々へ輸出する戦略に転換していることは、ASEANの自動車生産で説明した通りです。

　一方、インドの各自動車メーカーがインドの生産拠点の能力を上げていくことは前節で説明致しましたが、インドにおける自動車用部品産業の集積は道半ばであり、各自動車メーカーがインドで生産台数を上げていくためには、ASEANの自社生産拠点ならびに部品メーカーからの調達も継続的な課題となります。

　過去にインドが、タイとインド・タイ自由貿易地域構築に向けた枠組み協定

を締結、2004年9月から家電製品、自動車部品など82品目の関税を先行して引き下げるアーリーハーベスト措置を導入した結果、タイが競争力を持つ自動車用部品の輸入が増大しました。それが原因となり、タイとの貿易赤字が続き、二国間FTAに関しては今日に至るまで締結されていません。アーリーハーベスト措置によって、タイとの貿易赤字が拡大したことで、インド・ASEAN包括経済連携協定においても、自動車関連部品の一部は例外品目に指定されています。したがって、実務において、ASEAN生産拠点からインドへの輸出を検討する場合には、インド・ASEAN包括経済連携協定を活用するか、二国間のEPAを活用するかも検討課題となります。また、日本とインドも2011年に日本・インド包括経済連携協定が締結されており、どの枠組みを活用して、最も競争力のある調達方法を実現できるか検討していくことが今後重要になると思われます。

4.4　自動車業界の今後の展望

　近い将来、中国を抜いて世界第1の人口を有することになるインドは、消費市場としてまだまだ成長余地がある魅力的な市場であることに誰も異論はないでしょう。ASEAN諸国のタイ、インドネシア、フィリピンでは、一人当たりのGDPが2,500〜3,000ドルでモータリゼーションが発生し、国内販売が急増しており、インドでも同じようなことが起こることが推測できます。早ければ2020年にも日本市場を抜いて、中国、米国に次ぐ世界第3位の市場規模に拡大する可能性を秘めており、各自動車メーカーがインド国内市場での販売増加を目指すことは自然な流れです。自動車メーカー各社はインドにおける生産能力を強化し、現代、マルチ、ルノー日産などはアフリカ、欧州向け輸出が伸長し、さらにフォード、フォルクスワーゲン、GMといった欧米自動車メーカーは、中南米向け輸出を強化しています。インド国内市場を見据えるのみならず、輸出拠点としてインド事業をみていることが読み取れます。しかし、自動車産業の輸出拠点としてのインドは、「アジアのデトロイト」と呼ばれ、バンコク近郊に自動車関連産業が集積し自動車産業クラスターが形成されたタイのようなレベルで自動車部品産業の集積が進んでいません。その欠点を補う手段がインド・ASEANのFTAやASEAN諸国との2国間協定であり、インドとASEANの水平分業を前提として特に各自動車メーカーのインドにおける輸出拠点化が進んでいくものと思われます。さらにインドの輸出拠点化を推し進め

るもうひとつの理由として、日系自動車メーカー、自動車部品メーカーが集積するタイでは、最低賃金の上昇や労働者不足が懸念材料となり、将来的にはバンコク近郊の自動車クラスター内で生産を完結することが必ずしも競争優位に結びつかない事態が起こりうることが想定されるからです。その代替生産拠点がインドになる可能性があるからこそ、各自動車メーカーは自動車産業クラスターが形成されていないインドにおいては、インドとASEANのFTAもしくはASEAN諸国との二国間協定を活用したASEANとの水平分業を前提とし、インド生産拠点の競争力を高めていく必要があるのではないでしょうか。

　また、タイは単なる生産拠点としてだけではなく、生産開発拠点、アジア域内全体をカバーする戦略立案拠点として位置付け、より高度な業務活動拠点になると思われます。その際のひとつのポイントはグローバル人材及び現地人材の育成、日本のマザー工場や現地事情に精通した地場企業の活用など、より高度な経営力の強化がますます重要になると思われます。

【参考文献】
1) 佐藤正和「AEC発足後のASEAN自動車産業の考察」DBJ Monthly Overview No.226-3
2) 刈込俊二・宮嶋貴之（2014）「ASEANにおける経済統合の進展と日本企業の対応」『みずほ総研論集』Ⅰ号
3) 「FOURINアジア自動車調査月報」（2016）No.110
4) 「FOURINアジア自動車調査月報」（2016）No.111
5) 「FOURINアジア自動車調査月報」（2016）No.112
6) 「NAA ASIA」（2015年5月12日）
7) スズキ株式会社（2014、2015）「プレスリリース」（各1月28日）
8) 小林敬幸、大森雄一郎（2014年）「ASEAN自動車市場動向とタイ拠点の役割の変化」『知的資産創造』5月号
9) 石原伸志、橋本雅隆、林克彦、根本敏則、小林二三夫、久米秀俊、稲葉順一（2008）「タイの日系自動車メーカーにおけるミルクラン調達に関する一考察」『日本物流学会誌』第16号
10) 根本敏則、林克彦、石原伸志、齋藤実、宮武宏輔、楊絮、丸山貴之（2016）「インドにおける日系自動車メーカーの部品調達ロジスティックス」『日本物流学会誌』第24号
11) 川邉信雄（2006）「タイの自動車産業自立化における日系企業の役割-タイ・トヨタの事例研究」『産業経営』第40号、早稲田大学産業経営研究所
12) 黒川基裕（2015）「タイ国自動車産業の歴史的変遷-国内市場の拡大とリージョナルハブに向けての取り組み」『季刊国際貿易と投資』No.100 夏号
13) 友澤和夫（2004）「インドにおける日系自動車企業の立地と生産システムの構築─トヨタ・キルロスカー・モーター社を事例として─」地理学評論 Vol.77-9
14) 大泉啓一郎（2012）「インドの巨大消費市場をASEANから狙う」『RIM 環太平洋ビジネス情報』Vol.12 No.46

15）根本敏則、橋本雅隆編著（2010）『自動車部品調達システムの中国・ASEAN 展開―トヨタのグローバル・ロジスティクス―』中央経済社

第5章　ASEANの繊維産業の現状と課題

5.1　繊維産業の現状

　繊維産業は、化合繊維製造業、紡績業、織布・ニットなどの織・編立業、染色業、整理加工業、刺繍業、縫製業などから構成されています。このうち、川上の化合繊維製造、紡績、織布・ニットなどの織・編立、染色、整理加工などの素材（原材料）に係る領域をテキスタイル、川下の縫製部門の領域を縫製品（衣料品またはアパレル）産業と称します。

　また、衣料品は、「素材」によって「布帛製品[①]」と「ニット製品[②]」に、「カテゴリー」によって、ZARAやハニーズのように時間を重視する「ファッション衣料（メーカーサイドが流行を追っている衣料）」と、ユニクロのように生産コストを重視する「カジュアル衣料（メーカーサイドが流行を創っている定番衣料）」に大別することができます。

　ファッション衣料の特徴は、流行や天候変動により売れ行きが左右されるため、販売予測が難しいことです。そこで、シーズン中の市場動向をみながら、いかに早く、適量の売れ筋商品を市場投入できるかが重要で、アパレル企業から小売業者への納入は、短い販売期間に多頻度、多品種、少量単位でのコストより時間を重視した納入が求められています。

　なぜなら、納期が長くなれば気象変動などによって市場変化を招くおそれがあるため、コストよりも納期時間の方が重要だからです。したがって、中国の人件費がいくら高騰したからといって、人件費が安いASEAN地域に生産拠点を移転するのが難しいわけです。これに対して、流行に左右されないカジュアル衣料の場合は、ユニクロのように少品種大量発注することでのコスト削減を重視しているため、生産拠点も安い人件費を求めて、中国からベトナム、カ

[①]布帛製品とは、綿、麻、絹、（またはそれらを混合したもの）を原糸とする布、織物といった繊維製品の総称で、特にブラウス、ワイシャツ、作業着などの衣料品の材料として用いられるブロード、シーチング等比較的薄手の繊維製品を指す。
[②]ニット製品とは、撚った糸をループ目の連鎖で編み上げたものの呼び名で、手編みでも、機械編みでも組織がループ目になっていればニットである。糸の種類が毛糸（ウール）、コットン、アルパカ、カシミア、アクリル、紙でもニット製品と呼ばれることになり、一般的によく使われている製品としてセーターや帽子、手袋などがあげられる。

5.1 繊維産業の現状

ンボジア、ミャンマー、バングラデシュへと南下しているわけです。

ところで、衣料品産業は労働集約度が高いために設備依存度（投資コスト）が低く、高度な技術も要求されていないことから、① 雇用創出を通して貧困削減が可能であること、② 外貨を稼ぎやすいことなどの理由から、低廉な労働力を有しながら、資本力が充分でない発展途上国にとって、工業化とグローバル経済への発展を図る際の足掛かりとする主要な輸出工業産業です。日本も戦後同じ発展過程を通って、現在規模にまで至った次第です。

さらに、最終製品である衣料品は軽くてかさばらないことから、途上国からの輸出に際しても、物流がネックとなるケースは少ないわけです。したがって、1960年代からのアジアが工業化する黎明期において、繊維産業は発展途上国の主要な輸出工業製品として、各国の経済成長をけん引してきたわけです。

その一方で、インドネシアやタイの国内市場向けについては、これらの国の輸入代替政策に対応するために、東レ、帝人、シキボーなどの主に紡績・合成繊維などの素材（原材料）メーカーが現地進出したのは1960年代から70年代前半という早い時期でした。また、プラザ合意以降の1980年代後半になりますと、円高によって輸出競争力を失った素材メーカーは、ASEAN地域を定番製品向け素材（紡績・合成繊維）の生産・輸出拠点と位置付け、タイ、インドネシアなどへの進出をふたたび活発化させました。国内主要拠点は高付加価値製品向け素材を強化するというかたちで、内外の生産拠点の再編に着手しました。1990年代に入ると、素材メーカーはグローバル化に対して、タイ、インドネシアでの生産能力を増強しただけでなく、糸から織、染色、縫製までのサプライチェーン・マネジメント（SCM）による一貫生産体制を整備していきました。

日本のワコール、イトキンなどのアパレルメーカーは、1970年代になると、安い労働コストを求めてNIES（韓国、台湾、香港等）へ、1980年代後半になるとタイ、インドネシアなどに生産拠点を移転させました。さらに、1991年から94年にかけて、委託加工貿易の形態で、中国上海・青島などへの進出も急増しました。海外への進出動機は、円高や賃金上昇による生産原価削減の必要性に加え、国内縫製工場の人手不足による生産量の維持が難しくなったためです。この頃から、イトーヨーカドー、ダイエー、西友他の大手量販店もタイやインドネシアに駐在員事務所を設け、衣料品、雑貨、水産物（エビ）などの本格的な買付けを始めています。

2000年代中旬になると、中国沿海部を中心に人件費が高騰しただけでなく、西部（内陸地域）大開発などによって旧正月明けなどに地方から戻ってこない出稼ぎ労働者の急増、外資系企業をターゲットにして頻発する大規模ストライキや反日暴動などの発生、労働法の強化、中国政府の政策転換に伴う労働集約型産業への電力供給の削減などによって、中国における多くの衣料品メーカーは窮地に立たされるようになりました。

さらに、日本輸入繊維組合の報告書による国内での年平均1か月当たりの家計消費に占める衣料費支出の金額（割合）は、2008年12,523円（4.2%）、2009年11,994円（4.1%）、2010年11,499円（4.0%）、2011年11,381円（4.0%）、2012年11,453円（4.0%）、2013年11,756円（4.0%）、2014年11,983円（4.1%）、2015年11,363円（4.0%）と年々微減しています。

したがって、2012年末の安倍政権発足以降の円安、長引く買い控えなどによって家計収入に対する衣料費の支出は横這い傾向にあることから、価格重視の安い衣料品（下着・ズボン・ワイシャツなどの定番商品）は、生産コストを削減するために、中国に続く新たな生産拠点の開拓が喫緊の課題となっているわけです。

そこで、中国一極集中のリスク回避とコスト削減を図るために、典型的な労働集約型産業である衣料品産業は、チャイナプラスワンまたはポストチャイナと称して、人件費が安く、親日的なベトナム、ミャンマー、カンボジア、バングラデシュなどへの生産拠点の移転が図られるようになっています（表5-1）。

ちなみに、新たな生産拠点を開拓する際に通常考慮されるべき事項は、巻末

表5-1 ASEAN域内のワーカーの月額最低賃金（ドル）

	上海	広州	シンガポール	クアラルンプール	ジャカルタ	マニラ	バンコク	ハノイ	ホーチミン	ビエンチャン	プノンペン	ヤンゴン	ダッカ
2014年1月	495	437	1,432	429	241	272	366	155	173	137	101	71	86
2015年1月	472	460	1,598	453	263	267	369	173	185	112	113	127	100
2016年1月	477	561	1,608	317		317	348	181	193	179	162	127	100
上昇率	101.1%	122.0%	100.60%	70.0%	97.7%	118.7%	94.3%	104.6%	104.3%	159.8%	143.4%	100%	100%

（注）上昇率は、2015年と2016年の比較である。
（出所）2014年、2015年、2016年JETROセンサー5月号より筆者作成

資料にまとめておきましたので、それを参考にしていただきたいと思います。

なお、ロジスティクスからみた生産拠点選定の際の主なポイントは下記のとおりです。

① 人件費が安くて、良質な労働力が豊富にあること
② 社会的インフラ（港湾・物流・電力・水など）が整っていること
③ 船・航空機の便数が多く、リードタイムが短いこと
④ 原材料の輸入、製品の輸出等に関する通関システムが簡便で、保税制度（保税倉庫等）が整っていること
⑤ 川上の素材（原材料）産業、編み、織り、染色などの中間工程、縫製工程などが整備されていること
⑥ 政治的に安定していること
⑦ FTA・EPA の発効、特別特恵関税[3]の対象になりうること

そこで最近日本への輸出を伸ばし、現在輸入数量で第2位であるベトナム、急速に成長しているミャンマー、カンボジア、さらにはインドネシアといったASEANの国々が次第に中国のシェアを奪い、急成長しているわけです。

ところで、布帛／ニット製品の企画から生産、出荷、市場投入までのプロセスは、素材（原材料）の調達⇒紡績⇒織り（布帛）・編立（ニット）⇒染色⇒縫製⇒刺繡⇒出荷という過程をたどっていますが、アジア域内で現在川上の素材（生地など）の供給から縫製、出荷まで一貫して同一国内で完遂できる国は中国、インドネシア、タイしかありません。したがって、最近の傾向として、中国で生産された生地などの素材を人件費の安いミャ

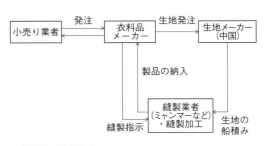

（出所）筆者作成

図 5-1　衣料品の国際水平分業の流れ

---

[3]特別特恵関税（LDC 関税：Least Developed Country）とは、3 年平均の一人当りの GNI が 905 ドル以下の後発発展途上国からの輸入製品に対して適用される特別関税である。LDC からの布帛製品は輸入した原材料を使って、縫製のみを LDC 対象国で行えば、本関税が適用される。また、ニット製品に関しても 2011 年 4 月及び 2015 年 4 月に従来は① 紡績、② 編み立て、③ 縫製の 3 工程を途上国で行うことが特恵関税適用の条件となっていたが、暫定措置法の改正により、原材料の自国関与率が認められ、縫製のみの 1 工程を LDC で行えば特恵関税の適用が可能になった。

ンマーやベトナムなどに送り、そこで縫製加工されることが多い衣料品産業は、国際間の水平分業が最も進化している産業のひとつであるといえましょう（図5-1）。

5.2 日本の繊維製品の輸入概況

表5-2を見ますと、2015年の日本の衣料品の輸入浸透率は97.2%で、その比率は年々上昇しています。その輸入先としては、減少傾向にあるとはいえ、低価格品を中心にした中国からの輸入量が71.5%と未だ圧倒的に多いわけです。なぜ中国からの輸入量が多いのかというと、① 中国には安くて豊富な労働力があること、② 合繊、紡績、織布・編立、染色などの川上産業が充実し、90%以上の素材が中国国内で手配できること、③ 日本との距離が近いため、輸送リードタイムが短いこと、④ 中華料理は日本人にとって馴染深い食事であること、⑤ 日本語を話す中国人スタッフが多くいることなどの理由から、ここ20数年間中国一極集中生産が続いてきたわけです。一時期は輸入数量

表5-2 衣料品の生産と輸出入の推移

（単位 数量・国内供給量：1000点／前年比・輸入浸透率：%）

年	生産		輸入					輸出		国内供給量	輸入浸透率
			世界計		中国						
	数量	前年比	数量	前年比	数量	前年比	対世界シェア	数量	前年比		
2005	268,998	85.8	3,558,087	102.6	3,118,285	98.3	87.6	11,541	27.0	3,815,544	93.3
2006	251,455	93.5	3,712,930	104.4	3,415,953	109.5	92.0	12,008	104.0	3,952,377	93.9
2007	233,476	92.9	3,716,516	100.1	3,430,850	100.4	92.3	10,757	89.6	3,939,235	94.3
2008	213,251	91.3	3,661,719	98.5	3,358,498	97.9	91.7	8,795	81.8	3,866,175	94.7
2009	186,191	87.3	3,747,858	102.4	3,384,755	100.8	90.3	5,669	64.5	3,928380	95.4
2010	167,196	89.8	3,746,715	100.0	3,332,689	98.5	88.9	6,090	107.4	3,907,821	95.9
2011	153,613	91.9	3,937,314	105.1	3,383,814	101.5	85.9	7,161	117.6	4,083,766	96.4
2012	149,977	97.6	3,869,993	98.3	3,203,147	94.7	82.8	5,287	73.8	4,014,683	96.4
2013	135,660	90.5	3,999,471	103.3	3,221,682	100.6	80.6	4,569	86.4	4,130,562	96.8
2014	121,677	89.7	3,774,126	94.4	2,858,347	88.7	75.7	5,022	109.9	3,890,781	97.0
2015	109,018	89.6	3,567,712	94.5	2,550,323	89.2	71.5	5,740	114.3	3,670,990	97.2

（注1） 衣料品＝布帛外衣＋布帛下着＋ニット外衣＋ニット下着
（注2） 輸入浸透率＝輸入量÷（生産量＋輸入量－輸出量）×100
（注3） 国内供給量＝生産量＋輸入量－輸出量
（出所） 日本繊維輸入組合「日本のアパレル市場と輸入品概況2016」より引用

ベースで 90％ を超えた時期もあり、リスク管理の観点からも好ましい状態ではありませんでした。

表 5-3　ASEAN からの衣料品の輸入状況（単位 100 万枚）

		2008 年	2010 年	2012 年	2014 年	2015 年
中　国	布帛製品	1,014.1	983.6	1,003.4	889.1	811.4
	ニット製品	2,344.5	2,349.0	2,199.8	1,969.2	1,739.0
	合　計	3,358.6 (100.0%)	3,332.6 (99.2%)	3,203.2 (95.4%)	2,858.3 (85.1%)	2,550.4 (75.9%)
ベトナム	布帛製品	37.1	42.8	75.0	106.1	123.5
	ニット製品	55.3	97.5	146.7	215.8	234.5
	合　計	92.4 (100.0%)	140.3 (151.8%)	221.7 (239.9%)	321.9 (348.4%)	358.0 (387.4%)
バングラデシュ	布帛製品	4.7	17.8	32.6	43.7	51.6
	ニット製品	4.3	28.4	60.7	86.3	103.0
	合　計	9.0 (100.0%)	46.2 (513.30%)	93.3 (1036.7%)	130.0 (1444.4%)	154.6 (1717.8%)
インドネシア	布帛製品	20.5	22.9	44.5	55.4	55.3
	ニット製品	5.1	9.2	46.1	70.8	74.3
	合　計	25.6 (100.0%)	32.1 (125.4%)	90.6 (353.9%)	126.2 (493.0%)	129.6 (506.3%)
タ　イ	布帛製品	5.9	9.4	13.7	16.2	16.7
	ニット製品	36.4	39.5	50.1	62.7	63.7
	合　計	42.3 (100.0%)	48.9 (115.6%)	63.8 (150.8%)	78.9 (186.5%)	80.4 (190.1%)
カンボジア	布帛製品	0.7	7.1	13.8	29.8	43.5
	ニット製品	3.2	5.5	9.8	30.7	51.2
	合　計	3.9 (100.0%)	12.6 (323.1%)	23.6 (605.1%)	60.5 (1551.3%)	94.7 (2428.2%)
ミャンマー	布帛製品	15.6	18.0	29.2	46.1	47.8
	ニット製品	0.1	0.0	2.2	9.6	13.4
	合　計	15.7 (100.0%)	18.0 (114.6%)	31.4 (200.0%)	55.7 (354.8%)	61.2 (389.8%)
フィリピン	布帛製品	1.8	1.4	1.7	3.0	2.4
	ニット製品	3.1	3.2	11.8	13.9	15.6
	合　計	4.9 (100.0%)	4.6 (93.9%)	13.5 (275.5%)	24.2 (493.9%)	18.0 (367.3%)

（注）（　）内の数字は 2008 年に対する増減率
（出所）日本繊維輸入組合「日本のアパレル市場と輸入品概況」2016 より筆者作成

ちなみに、2015年の日本の衣料品の輸入額は、ニット製衣類、布帛製衣類、衣類・付属品類合計で、前年比4.7％増の3兆3,132億円、4年連続の増加で史上最高を更新しましたが、ドルベースでは円安の影響を受けて、前年比7.6％減の274億ドルと3年連続して減少しています（表5-3）。

日本繊維輸入組合の「日本のアパレル市場と輸入品概況2016」で、わが国の衣料品小売業界の現状を俯瞰してみますと、

① 情報が高度化し、成熟した消費社会であり、商品供給は少量、多品種、短サイクルになっていること
② 消費形態が多様化し、慢性的な供給過剰にあり、街には商品があふれていること
③ 競争の激しいオープンマーケットであること
④ 消費者から極めて高い品質基準が要求されていること
⑤ 委託取引という独自の習慣も一部残っていること
⑥ SPA企業（製造小売企業）が増加していること

を、あげることができます。

5.3 繊維製品の生産管理

ASEAN各国の衣料品の輸出先は、日本及び欧米諸国が主で、世界のなかでも最も安い賃金レベルの労働力を武器に成長を続けています。日本の高度で繊細な技術指導を背景に、欧米への輸出も加速がかかり、好循環な状態を生み出しています。

衣料品業界は典型的なバイヤー（買主）主導による「バリューチェーン」が構築されており、その国際的な生産管理と流通ネットワークは海外バイヤーによってコントロールされていて、その管理方式には、① 商社管理方式（日本式）、② バイヤー（買主）管理方式（欧米式）、の2とおりあります。

まず、欧米向けと日本向け衣料品の発注、生産方法の違いは、欧米向けは仕様が比較的単純で、品質基準も低く、発注単位も最低でも一型5,000枚、多ければ100万枚単位で大量発注されているのに対して、日本向けは一部の大手SPA企業（製造小売企業）を除いて、多くても3,000枚、少ない場合は数100枚単位での発注と数量が小さいわりに仕様も複雑で、品質基準に対する要求が極めて高いことです。

また、ミャンマー、ベトナム、バングラデシュなどからの日本向け衣料品全

5.3 繊維製品の生産管理

般についていえることですが、生産管理は長年商社が担ってきました。しかし、欧米には日本の商社に相当する機能がないため、物流事業者がその業務の一部を代行しています。たとえば、欧米向けの場合は、バイヤーズ・コンソリデーションなどに基づく物流事業者からの納期情報などを参考にしながら、メーカーの優劣の選別などを行っています。一方、日本向けは、小売業者と交渉して、デザイン、仕様書、サンプルなどに基づく提案が終わると、工場選定を行い、数量を決定し、発注書の発行といった業務は商社がその責任を担っています。さらに、生地及び副資材（芯地、ボタンなど）の手配、素材の品質・納期管理、染色、生産などの進捗スケジュール管理、縫製などに関する技術指導、物流、生地・製品の違約品・納期遅れなどに対するクレーム処理なども商社の担当です。すなわち、日本向けの場合、生産管理だけでなく、その前後の企画、生産、後処理工程、ファイナンス、機械のリースまでをも含めて、商社が一貫して責任を負っているわけです。そこで商社は無駄を省き、安価で、かつ最短の時間で顧客に納品するための原材料の調達、人件費の安い地域での生産、マーケティング、ファイナンス、ロジスティクスを同期化させた「バリューチェーン」と称するグローバル・サプライチェーンマネジメント（GSCM：Global Supply Chain Management）機能の提供だけでなく、ミャンマーやバングラデシュの現地工場での検反、検品、裁断、縫製時での検針を含む検査（図5-2）、品質管理、技術指導などで、そのために、商社の品質管理部門の専門家を工場に常駐させ、きめ細かな面倒見をセールスポイントにしています。さらに、小売業者へのデザインや工場選定時の提案、マーケット情報の提供、与信管理などの周辺業務も商社が担っています。

すなわち、検査や品質基準が厳しい割に発注数量が少なく、しかも納入期限に厳しい日本市場に興味を示さない地場企業が多いなかで、日本の小売業者の要望に、緻密な気配りとサービスで応えようとしているのが商社であるといっても過言ではありません。

（出所）石原撮影

図5-2　ミャンマーでの検品風景

ただし、最近の一部小売業者の動きとして、品質とデザインによる差別化を図るために、従来の商社主導によるのではなく、小売事業者自らが商品の企画、買付けを行う量販店のケースも生まれてきています。

そこで、商社の今後の方向性としては、アジア最大の衣料品製造商社であるLi & Fung（1937）Ltd.[④]にみられるような、マーケティング、ファイナンス、ロジスティクス機能を同期化させたGSCMを提供していくことでしょう。同社のGSCMに関する基本的な考え方は、無駄を省き、安価で、かつ最短の時間で顧客に納品することで、そのために、素材及び各製品パーツを最適国で生産し、それを人件費の安い地域に集約して生産（Borderless Manufacturing）しています。

2012年8月の同社での聞取りによりますと、日本向けは検査基準が厳しい割に発注数量が少ないため、あまり興味がないとのことでした。ちなみに、同社の北米の主な顧客はウォルマート、PUMA、NIKE、JC Penny、P&G、AMAZON、ディズニー他、欧州はAdidas、Laura Ashley、ZARA他、日本はサンリオ、イオン、西友、良品計画他で、顧客数は合わせて最大2,500社あるとのことです。2012年四半期の生産数量の多い国ベスト10は、① 中国、② バングラデシュ、③ ベトナム、④ インドネシア、⑤ インド、⑥ トルコ、⑦ カンボジア、⑧ フィリピン、⑨ タイ、⑩ ガテマラの順で、生産量では、① 中国56％、② その他アジア36％、③ 欧州5％、④ 米国2％、⑤ アフリカ1％で、中国が圧倒的に多いようです。

同社は、さらに、この機能にマーケティング、ファイナンス、ロジスティクス機能と同期化させた「SCMコンセプト」が基本となっています。

これはまさに、日本の商社が目指している「グローバル・バリューチェーン」であるといえましょう。

5.4　主要国における繊維製品の生産概況

日本の繊維製品の生産委託エリアは、中国、ASEAN、南西アジアの大きく3地域に分類されます。なかでも最近急激にその存在を強めているのが

[④]Li & Fungは香港にある中国最大の衣料品の製造商社で、事業内容は貿易・物流・流通・小売りで、主な取扱商品は衣料品・靴・消費財関連である。2011年の売上は200.3億ドルで、2012年四半期にみる販売先市場比率は、北米62％、欧州18％、アジア13％で、欧米向けが圧倒的に多く、日本向けは少ない。

ASEAN5か国とバングラデシュです。各国の概要と繊維製品生産に際しての分析内容は巻末資料をご参照ください。専門的なことも記載されており、読者には読みづらい点もありましょうが、治安や保険など幅広く分析した資料となっています。中国から生産拠点をシフトさせる際も係る資料が判断材料のひとつになっています。

ところで、最近の中国からの生産シフト先として注目されているのは、ベトナム、インドネシア、ミャンマー、ラオス、カンボジアの5か国です。

(1) ベトナム

ベトナムとの取り組みは1990年代半ばに当時の橋本龍太郎総理大臣が同国を訪問したのを機に、地場の繊維業者とのタイアップを各商社が模索しはじめ、一気にその存在が注目されるようになりました。いまでは日本において中国に次ぐ第2位の衣料品の輸入相手国にまで成長してきています（表5-3）。

ベトナムが注目された理由は、1976年のベトナム戦争終結後、西側諸国による経済封鎖などの影響を受けて国内経済は低迷し、国民生活も困窮度を極めていました。そこで、こうした経済危機的状況を打開するため、ベトナム政府は1986年12月の共産党大会で、① 市場メカニズムの導入、② 経済の対外開放を2本柱とする「ドイモイ（刷新）政策」を導入し、中央集権的な計画経済から市場経済へと政策転換を図りました。さらに、1995年にASEAN、1998年にはAPEC（アジア太平洋経済協力）、2007年にはWTO（世界貿易機関）にそれぞれ加盟しています。

ベトナムの魅力は、① 安くて、勤勉で、優秀な労働力が豊富にあること、② 政治的安定性、③ 期待される購買力（人口約9,000万人）、④ 親日的であることなどです。

現在中国、韓国系の繊維関連企業だけでなく、三星電子（携帯電話）、キヤノン（インクジェットプリンター）などの労働集約型産業の一大生産拠点となっています。

チャイナプラスワンまたはポストチャイナと期待されるベトナムですが、課題は、ベトナム人は中国人と違って出稼ぎ労働者が少ない（自宅からの通勤者が多い）ことです。そのため、人件費の高騰と労働力不足が始まっています。

ところで、ベトナムは素材の無い国ながら、縫製に特化して、レベルアップを図り、高級ブランドやセレクトショップ向け生産も2000年前後から実現し

始めています。

そこで、まずベトナムから説明します。

中国はなぜ低価格で繊維製品生産を実現できたのか。答えはさほど難しいことではありません。

それは、素材生産、紡織、染色、生産（縫製）に至るまでの4つの全工程を自国で行えたからです。この4工程を自国で賄えるというのが中国の強みですが、ベトナムに目を転じますと、そのままベトナムの弱点につながります。

ベトナムの繊維業界では、「綿を手に入れるのが最も難しく、布を織るのが次に難しい」といわれています。現在ベトナムは綿原料の95％を輸入に頼り、化学染料や繊維機械に至っては100％輸入に依存しています。このため、ベトナムの衣料品は中国製と比べて約50％も高いわけです。ベトナムの現地企業が生産している生地は国内消費向けが主で、輸出される生地は全生産量の32％にすぎません。素材供給企業と縫製企業との間に協力体制がなく、また、素材供給企業は市場調査や新規開拓にも消極的で、単に輸入生地の卸売を担っているだけの企業もあります。ある展示会において、素材供給企業が輸入生地をまるで自社製品のように展示していることもありました。こうした状況を打破するため、地場の大手縫製事業者の中には、各業者に使用予定原材料を公表し、優れた供給企業に対しては「報奨制度」を考えている企業もあるようです。また、ホーチミンとハノイに素材取引センターを設立し、それらの各供給企業に対して、工程や機械などに関する技術指導を検討している企業もあるようです。ベトナムの縫製企業の中には「ベトナム市場は常に中国製品に脅威を感じている。素材供給業者、縫製品業者がもっと協力し合い、製品原価を抑える有効な手段を探るべきではないか」と指摘する声もあります。

(2) インドネシア

インドネシアは昔からの素材供給大国で、世界有数の紡績錘数を誇る国です。日本からも東レをはじめとする名だたる大手紡績企業が進出して、古くから工場を運営し、長年にわたり同国の繊維産業のベースを支えてきました。現在、同国の繊維産業が拡大し続けているのは、素材（原材料）から製品まで一貫して生産できるメリットをフルに活用しているからです。インドネシアのユニークな点は、大国でかつ島々の集まりである特徴を活かして、最低賃金を西部、中央部、ジャカルタ近郊、東部と各エリアに分けて設定していることです。

他国でもみられる現象ですが、一番怖いのは首都近郊の人件費の高騰につられて国全体の最低賃金が上昇して、競争力を失くすことです。その点、インドネシアの場合は、賃金の最低水準を地域ごとに分けることで、特異な競争力を維持することができています。中部ジャワのスマランを中心とする地域に点在している繊維企業の2014年の最低賃金は月額100～110ドルという2015年のカンボジアやダッカと同じ水準で、そのアドバンテージは計り知れないものがあります。多くの日本人専門家でもかかる事情まで把握している人は限られており、インドネシア繊維産業の大きな魅力のひとつになっています。首都近くに工場を有する日系大手紡績メーカー、ダイワボウのように、中部地区に分工場を建設し、試行錯誤しながら競争力の維持を図っている企業もあります。何もなかった幹線道路沿いのサトウキビ畑の中に工場建設をしたというチャレンジぶりです。自然環境は厳しく、大雨による冠水で通行止めになることも多々あります。最低賃金が低い分、苦労も多いと考えられます。

なお、日系大手素材メーカーは紡績を中心に歴史の長い操業を続けており、販売先領域の相当部分についても現地企業に頼っています。

(3) ミャンマー

ミャンマーは5か国の中で、工業団地がようやく整備される段階に至った最も新しい国です。人件費の安さから、最近マスコミなどでも「ラスト・フロンティア」として取り上げられていますが、繊維製品の生産でも同じことがいえます。大手ではすでにワコールが操業を始めており、2020年には200万枚のブラジャーを生産する予定です。ミャンマーで生産されている製品は、ダウンジャケットのような手間がかかる重衣料、紳士シャツ、ズボン、ユニフォーム、ジャンパーなどの低価格帯の汎用性の定番製品が中心となっています（図5-3）。

また、日本政府の支援を受けて、現在ティラワ工業団地が開発されており、今後の躍進が期待できる国です。

ところで、ミャンマーにとって、事実上唯一の輸出志向型工業製品である縫製産業は非常に重要で、海外から支給された生地を縫製加工して手数料のみを収受する委託加工型の貿易取引形態は"CMP"（Cutting, Making and Packing）と呼ばれています。

ミャンマー製衣料品の日本への輸入は、2014年4月にニット製品の特別特恵関税の規制緩和がなされたことから近年増大傾向にありますが、川上の紡

織・編立、染色産業がないことがデメリットとなっています。

　ミャンマー縫製業界の課題は、① 生地や副資材産業がないこと、② 電力供給が不安定なため、品質が安定しないこと、③ デザインの企画力がないことから、製品の企画から日本の市場投入まで中国なら30〜40日で可能なものが、ミャンマーでは6か月もかかること、④ 離職率が高いこと、⑤ 真面目だが、いわれたことしかできない作業効率の悪さなどです。また、川上の繊維産業部門が著しく脆弱なため、梱包用のダンボールとポリ袋を除いて、生地や裏地・糸・ボタン・芯地などの副資材が一切ありません。そこで、それらの60〜70％は中国から、残りは日本、インドネシア、タイから輸入されていますが、保税倉庫がないうえに、貨物の在庫・進捗管理などができていないために、過剰在庫、欠品、通関遅れによる生地の到着遅れ、それに伴う操業停止や納期遅れなどが頻発しています。

　しかし、2015年8月にミャンマーのコーカレイ／ティンガニーノ間に新たなバイパスが開通し、デイリーでのトラックの相互通行が可能となったことから、シンガポール経由の海上輸送の場合と比べてタイ経由の輸送時間が大幅に短縮され、従来中国から輸入されていた生地がタイからの調達に変更されつつあります。タイの生地は高いですが、輸送時間が短縮されたメリットの方が大きいということです。現在ミャンマー活用のメリットは低廉な労働力を使って縫製するという競争優位性は確かにありますが、生地や副資材に関する物流費、高い電力代、曖昧な通関費、納期遅れなど、トータルで考えた時に、必ずしも競争力があるとはいい切れないだけでなく、発注から納入までの長いリードタイムを考えると、短サイクルでの生産・納期が要求されているファッション製品は中国に勝てないというのが現状です。

(4) ラオス

　ラオスはまだまだ未開で、日本の大手商社や繊維専門業者が先鋒となって、調査を始めている段階

（出所）石原撮影

図 5-3　ミャンマーの縫製工場

です。巻末に添付した資料にあるとおり、人口が 600 万人と少なく、港を有しない内陸国であることから、高い物流費、輸送時間の長期化、日本にとって馴染みが無い国であることなどとも相まって、開発までにはまだ時間がかかりそうです。ラオス人は真面目で識字率も高く、コミュニケーションは筆談でも OK とのことで、国の規模の割には意外に大きな成長を遂げるポテンシャルを持っているように思われ、今後の発展に期待がかかります。

(5) カンボジア

　カンボジアも新たな生産国候補として着目されはじめた国で、ラオス、ミャンマーと比べて、もっとも縫製業の支援が進められている国です。シアヌークビル港 12 km に位置する中国系のシアヌークビル SEZ（特別経済区）には、すでに中国系繊維業者が進出し、その後を日本が追いかけているという段階です。タイと国境を接しているため、タイから生産委託を受けている工場なども出始めています。日本の大手肌着メーカーの生産を引き受けているタイ企業もこの地域に最新鋭の設備投資を行っています。プノンペン市内でも 10 年前までは米国向け大型工場しかありませんでしたが、いまは小型の新しい設備を揃えた日本向け工場も建設されています。また、これらの工場は中国企業の技術指導を受け、あるいは経営自体が中国の縫製企業である場合も珍しくありません。したがって、カンボジアにおける縫製業は今後飛躍的な発展が期待できますが、課題は欧米志向が強いことです。

(6) タ　イ

　1980 年代、タイは日本の繊維産業が国産から海外にシフトした際に真っ先にその候補に上がった国です。当時まず台湾・韓国・香港が生産拠点となり、その後すぐにタイが大きな生産を引き受けるようになりました。昨今のタイの人件費の高騰（2016 年 5 月末現在の賃金ベースは優に月額 500 ドルを超えている。最低賃金は全国一律 1 日 300 バーツ）を考えると、繊維産業の生産拠点としては厳しい環境下にあり、近隣諸国での生産を余儀なくされています。1980 年代後半、まずは肌着や靴下が日本・韓国からタイに生産シフトされ、その後、中国にシフトされたとはいえ、消費者に与えたメリットは計り知れないものがありました。「バナナと肌着は戦後から値段が変わっていない」と巷でよくいわれますが、これも関係する製造業者のたゆまぬコスト削減の尽力が

あったからだといえます。

ところで、当時タイが生産拠点の第一候補地となった理由は、賃金の安さといまでも変わらぬ女性を中心としたフレンドリーな国民性にあると思います。縫製業は労働集約的産業であるため、技術指導が大事です。日本の技術指導者が教えやすいか、という点も重要な判断基準となると思います。また、私たち日本人にとって馴染みやすい食事、不謹慎ながら、夜の軽く一杯や娯楽も海外に拠点を移す際に考慮すべき大事なポイントとなるのではないでしょうか。

(7) バングラデシュ

少し脇道にそれましたが、最後にASEANの繊維製品輸出のライバル国として急成長しているバングラデシュについて、少しだけ触れておきたいと思います。

2015年11月下旬、中国紡織品進出口商会の主催で、浙江省蘭溪市において「中国アパレル輸出企業フォーラム」が開催されました。この会議で、バングラデシュ縫製業者・輸出業者協会（BGMEA：Bangladesh Garment Manufacturers and Exporters Association）の代表者がバングラデシュの衣料品産業の現況について紹介しました。バングラデシュのアパレルの輸出額は、2004年度（会計年度は当該年の7月から翌年の6月まで）の64億ドルから2014年度は255億ドルまで増加し、輸出商品額全体に占めるアパレルのシェアは82％になったとのことです。

全世界のアパレル輸出全体に占めるバングラデシュのシェアは2000年の2.6％から2014年は5.1％に上昇しました。また、バングラデシュは2020年度の輸出額を500億ドルにまで引き上げる目標を立てています。

2014年のバングラデシュからのアパレル衣料の上位輸出国は、フランス（22％）、アメリカ（21％）、ドイツ（17％）、イギリス（11％）です。

現在、バングラデシュには縫製企業が4,000社余あり、440万人の就業機会を創出しています。縫製品業界の従業員の最低賃金は月額100ドルで、アジア諸国の中でも人件費が最も安い国です。また、バングラデシュの労働力人口は5,670万人で、このうち76％は40歳以下です。英語が通じる労働者が一定のシェアを占めており、英語によるコミュニケーションが比較的容易であり、まだまだ成長過程にあるといえましょう。

ところで、バングラデシュの縫製業界に大きな影を落としている要因のひと

つに、2013年4月にダッカ郊外北西部のサバールにある縫製工場が入居していたラナプラザビルの倒壊事故（死者1,127人）があります。この現場に同年8月に訪問しましたが、その当時従業員は倒壊したビルに埋まったままの状態で一人の遺体も収容されてはいませんでした（図5-5）。

この倒壊事故では、欧米や国内から建築物の耐震強度や安全性だけでなく、幼児労働者の使用の禁止、ワーカーの労働環境、待遇、福利厚生などを改善すべきとの議論が起き、H&M、ベネトン、カルフール、ユニクロなど主に欧州系の企業70社が法的拘束力のある「バングラデシュにおける火災予防及び建設物の安全に関わる協定」を2013年6月までに締結しました。また、米国政府は事件後、バングラデシュの劣悪な労働環境を問題視し、2013年8月末から特恵関税の適用を停止しましたが、米国の同関税の対象品目は全品目の60%しかなく、バングラデシュからの主要輸出品である衣料品は従来から対象外であるため、影響は軽微であるといわれています。さらに、バングラデシュ政府も事態を深刻視し、同年7月15日に労働法を改正して縫製業に従事しているワーカーの最低賃金を引上げただけでなく、① 労働者が経営者の承認なしに組合を創設できること、② 工場の骨組み構造の改築を禁じること、③ 製品をバングラデシュ国内に出荷する工場は利益の5%を福利厚生基金として積み立てることなどを規定しました。これらのこと

（出所）石原撮影

図5-4 ダッカのニット工場

（出所）石原撮影

図5-5 ラナプラザビルの崩壊現場

は、労働者側からも労働環境の改善や安全性への投資を求めていることから、将来的には生産コストの上昇につながる要因となるように思われます。

ところでバングラデシュの魅力は、親日的で、人件費がASEAN各国と比較しても一番安いことですが、一方で課題は、① 英語しか通用しないこと、② 日本と距離的に遠く離れていること、③ 異なる宗教感（イスラム教）に基

（出所）石原撮影

図5-6 主食のカレーによる食事

づく商慣習の違い、④ 食事（カレーが主食）を含めた劣悪な労働環境、⑤ 駐在を希望する人材不足、⑥ 長いリードタイム、⑦ 生産工程での補助工問題（生産工程に2人に1人補助工が必ずつくため、一人当たりの人件費は安くても、生産コストは高くなる）、⑧ 劣悪な工場環境、⑨ バングラデシュ政府による地場企業優遇政策、⑩ 5年ごとに替わる政治的な不安定さ、⑪ 昨今の厳しい賃上げ要求とハルタルと呼ばれる抗議ストライキの頻発及び道路封鎖、⑫ 激しい道路渋滞、⑬ 労働品質のレベルの低さなどに加えて、インフラ（電力、物流、通信など）の未整備と工業団地不足、川上の素材産業の未整備、高い電力料金などです。したがって、川上の産業集積がない現状や自動車産業等のSCMルートから外れている現状をみますと、バングラデシュでは繊維産業以外に考えられないわけですが、安い人件費による委託加工だけのメリットでは「コスト競争力」という観点からみると今後の発展は難しく、どこまで付加価値の高い技術の習得と品質の高い生産ができるかが今後のカギになるものと思われます。

5.5 主要国における繊維産業の将来性

中国の繊維産業は、人件費の高騰と日本国内の市場価格の低迷による軋轢を受け、従来の成長路線に修正を余儀なくされています。その結果、大きな流れとして、東南・南西アジア諸国への生産シフトと一部商品の国産回帰がみられます。その際の主な対象国は、ベトナム、インドネシア、ミャンマー、カンボ

ジア、バングラデシュの5か国があげられます。特に人件費の安さを考えて少し長いスパンでみますと、なかでも人件費が最も安いカンボジア、ミャンマー、バングラデシュと素材産業が揃っているインドネシアの4か国が有利でしょう。

最近の日本のバイヤーはJIT（Just in time）による多頻度少量納入、リードタイムの短縮とクイック・レスポンス、SCMの強化などへの対応を強め、品質、費用、納期、すなわちQCDを重視しています。技術、製品品質、充実した素材産業及び輸送リードタイムという基本的な要素で中国に優るのは国産製品だけです。高品質少量生産、短納期を求められる付加価値の高い製品については、今後国内回帰を目指すのが本来の姿でしょう。

ただし、チャイナプラスワンまたはポストチャイナと称して、人件費の安さだけを求めて産地移動すると、需要が高まったときに人口の少ない国ほど人件費の上昇は早く、すぐに別の国を探さねばなりません。しかし、インドネシアの人口は2億人、バングラデシュは1億5,000万人、ミャンマーも5,000万人を超えており、多少大きな投資がなされても、賃金上昇を緩やかに抑えられる懐の深さがあります。今後ASEAN4か国やバングラデシュへの進出を検討している企業は、人件費の安さのみを追求するのではなく、欧米的なチャイナプラスサムという考え方に基づき、技術移転、生産・工場管理などマネジメントなども含めたノウハウの移転、人材育成、福利厚生の充実なども視野に入れ、パートナー（アソシエイト）として共存共栄を図っていくことが重要でしょう。

一方、これらの国のロジスティクスに関する課題は、① 港湾が河川港で水深が浅いため、貨物がシンガポールなどでトランシップされること、② 道路渋滞や道路インフラが未整備なこと、③ カーゴトレースなどの進捗管理ができていないこと、④ 輸出入通関の不明朗さと賄賂の横行、⑤ 素材（原材料）の支給から納品までのリードタイムが長いことなどです。

現在の日本の衣料品小売業界は、販売機会損失の回避、売れ残りによる値引き、廃棄ロスなどを恐れて、衣料品メーカーに厳しい品質管理、納期管理を求め、SCMを強化しています。そこで、中国などから生地などを支給している日本の衣料品メーカーにとって、生地の支給、縫製、市場投入までのリアルタイムできめ細かなカーゴトレースや納期などのロジスティクス管理、品質管理がますます重要になっているわけです。

最後に日本の大手SPA企業である1社が、2008年いち早くリスクヘッジを

目的に、生産の3分の1を中国以外の国にシフトさせたように、人件費の高騰のみならず、政治リスク、国民感情までをも考慮した対応は繊維業界にも突きつけられた課題といえるでしょう。また、言語や風土、言葉、食事など生活環境の違いの壁を乗り越え、安い人件費を求めて生産拠点はCLMV各国やバングラデシュにシフトしていく必要性は今後ますます高まってくると思われます。そこで、これらの国の将来性について、最後に簡単にまとめておきたいと思います。

まずタイですが、中国より一足早く、メコン川地域を中心に工場を設立、外注先として起用してきたメリットが人件費の高騰や人手不足もあり、現在中国の攻勢を受けて次第に薄れつつあります。タイ国内の人件費は、近年大幅にアップしており、労働集約型の縫製産業で優位性を発揮し続けるには限界にきているようです。したがって、ASEAN地域のハブとなって、近隣国のカンボジアやミャンマーの安い人件費を活用しながら、品質・納期管理を高いレベルで実施しながら、メコン域内への外注方式を続けていくのがベストでしょう。日本の肌着メーカートップのオーダーを受けている某企業は、タイで受注・生産・納期管理を行いながら、バンコクから車で最低でも5時間はかかるカンボジアとの国境沿いに最新鋭の大型工場を設立しています。タイとの行き来の幹線道路をカンボジア側に少し入ると、戦争時代の名残の地雷が今でも埋まっており、手洗いのために少しでも脇道に入ることは考えられないとのことです。

ところで、繰り返しますが、タイのいまの最大の悩みは縫製工レベルのワーカー不足です。そこで、現在タイでは出稼ぎにきたミャンマー人やカンボジア人が縫製を担当する一方で、タイ企業もミャンマーなどの国境近く（メソッド）に工業団地を造成して、彼らを使って縫製業を営む企業も増えています。たとえばタイ政府は、ターク（ミャンマー）、ムクダハン（ラオス）、タラート・サゲオ（カンボジア）などのタイ側国境に経済特区を建設し、通行ビザを発行して、ミャンマー人やカンボジア人を使って、生産することを考えています。現在タイ政府は、タイ国内をミャンマーの貨物が通過してタイの港湾から船積みすることを認めていませんが、この国境沿いからの貨物であればタイ製であるため、トラック積み替えなどの問題もなく、シングルモードでの輸送が可能となります。

タイは特恵対象国から外されましたが、AECの発足、ACFTA（中国ASEAN自由貿易協定）、AJCEP（日本ASEAN包括的経済連携協定）、

JTEPA（日本タイ経済連携協定）などの発効もあり、繊維製品の中継基地としてのアドバンテージはますます大きくなり、日本、欧米向け輸出が復権してくる可能性は相当高いと思われます。いままで培ってきたノウハウを生かすチャンスが来たといえる状況で、もっとその活躍に期待したい国であるといえます。

　インドネシアは、最低賃金の地域別制度が上手く継続できるならば、これほど生産地として強みのある国はありません。素材を有する強みに加え、安い労働力もあるわけですから、ASEAN の中でベトナムと比べても大差がない生産拠点になると考えられます。人口の大きさを基盤にして、賃金上昇率も相応の安定が見込まれる点が大きなメリットです。ただし、首都ジャカルタ近郊の集中度はすでに限界にきており、このあたりでの縫製業は将来性が見込めない状態になっています。同国内での内需も大きく、ASEAN の中では AEC の成功如何にかかわらず、縫製を含む繊維産業の今後より一層の成長が見込まれます。

　食品分野では古くから、「味の素」の地道な営業努力が功を奏し、小さな島々を含むインドネシアのすみずみまで販売することに成功しています。そこで、繊維製品についても、「同国内での販売が順調である」というニュースが一日も早くくることを期待したいと思います。なお、昔から進出している日本の紡績企業も同様の取り組みをしていることを申し添えておきます。

　ベトナムの縫製業はすでに順調な成長を続けており、この流れは今後も変わらないと思います。アパレルではメンズ製品が中心で、それに似合った技術を習得し、相応の地位を確立しています。次はレディースの生産拡大に向けて、どれだけレベルアップが国としてできるかがポイントです。生地生産や副資材類などの手配も国内で順調にできつつありますが、今後川上の充実がベトナム繊維産業発展のキーポイントのひとつであるといえるでしょう。国営や韓国系のメーカーが多く、これに日系の進出が加われば、飛躍のスピードは格段に高まるものと思われます。綿糸や合繊の自国での製造までにはまだ程遠い状況です。実際、外資の合繊メーカーも苦境に立っています。したがって、今後も縫製関連の産業に集中して、強みを生かしていくのが得策といえるのではないでしょうか。今後は人件費の安いハノイとホーチミンの中間地点の遠隔地でも縫製業が発展してくるでしょう。

　ASEAN の中では、インドネシア、タイと並び、器用さと真面目さはトップ

クラスです。主だったオーナークラスは、縫製業がまずは国の経済の礎になると考えており、今後も順調な成長を続けるものと思われます。

最後に、筆者なりに ASEAN 地域での繊維産業の将来性を総括してみますと、大いなる進展がここ数年で実現されると推察します。特に AEC が機能し始めますと、素材が無税または低い税率で域内移動が可能となり、ASEAN10 か国の中での機能分担、役割分担ができるようになります。中国が広い国土でその機能を発揮し得ているのと同様のバックグラウンドが整うことになります。中国の縫製業は、工員同士の競争と歩合制を導入し、効率性を重視し続けてきた結果、すでにワーカークラスの実質最低賃金が月額 500 ドルを超え、繊維産業の主導権が ASEAN 地域に急速にシフトされつつあります。中国から ASEAN へ生産シフトさせたことで、政治的に厭な思いをすることもなくなり、精神的なプレッシャーを受けることが少なくなったとの話を多くの繊維従事者（技術者を含め）から聞くようになりました。繊維で国の GDP の 90% 以上を賄うバングラデシュと並んで、日本だけでなく、欧米各国も今後 ASEAN での繊維製品の生産を目指す傾向が今後も続くのではないでしょうか。

ラオスのナイトマーケット（ルアンパバーン）

【参考文献】
1) JETRO（2014～16）「JETRO センサー」各 5 月号
2) 日本輸入繊維組合「日本のアパレル市場と輸入品概況 2016」

第6章　ASEANの加工食品市場

　2015年12月にAECを発足させたASEAN諸国は、諸外国からの直接投資を呼び込むことに成功し、急速に経済発展を遂げてきました。2015年に国連が発表したデータによると、ASEAN加盟10か国の人口は約6.32億人、名目GDPについては、2015年のIMFデータによると2兆4,250億ドル、一人当たりGDPが3,854ドルに達しています。国民の豊かさを示す代表的な指標である一人当たりGDPはまだ日本の1割強ではありますが、各国の首都及びその近郊の都市圏では優に10,000ドルを超えており、中所得層どころか富裕層に分類される層が急速に増加しています。人口動態的にも若年層が多い国々が多く、今後さらに経済成長と所得水準の上昇が見込まれます。国民のライフスタイルや食生活も徐々にではありますが洋風化が進行している中、加工食品への需要も急速に増加しており、今後、外食産業を含む食品分野は日本企業にとっても魅力ある進出分野のひとつとなると思われます。

　現状、シンガポールと他のASEAN諸国の経済格差は著しく大きく、ASEANの最貧国のカンボジアの一人当たりGDPはシンガポールの50分の1以下という状況です。ただ、現在の、シンガポール、マレーシア、タイといったASEAN先進国の状況は、所得の増加に伴うライフスタイルの変化や電子レンジ及び冷蔵庫といった家庭電化製品の普及、さらにはスーパーマーケット（SM）、コンビニエンスストア（CVS）など近代的小売、いわゆるモダントレード（MT）の発展のスピードという要素などの点から、今後のASEAN全体の経済成長を占ううえで多くの示唆を与えてくれると思われます。ベトナムは現在の成長スピードからしますと10年後に経済規模が現在のタイ並みになっていることは極めて現実的と思われます[1]。ただし、加工食品の市場にフォーカスした場合、ASEAN市場といっても国ごとにカテゴリー別の市場規模、流通形態、もちろん、人びとの嗜好は大きく異なり、国別、あるいは国のなかでもさらにエリア別、所得層別、年齢層別など、きめ細やかなマーケティング戦略を構築するのは、成功のために非常に重要なポイントです。

　これまでASEANに関する産業別のレポートは、自動車や電機中心でした。

---

[1] ㈱大和総研「タイ・ベトナム・ミャンマーにおける食品市場環境調査」平成25年3月

それは、ASEANが日本企業にとって、生産拠点としての色彩が強かったからです。

そこで、本章では、所得の拡大によって今後、急成長が期待される内需型の産業の代表である加工食品市場に焦点を当て、ASEAN10か国でGDPの約80％以上を占めるインドネシア、タイ、フィリピン、ベトナム、マレーシアの5か国を中心に、加工食品市場に大きな影響を与える周辺情報を紹介しながら、将来予測を含めた同市場の動向と日本企業の動き、そのロジスティクス上の課題などについて説明することとします。

6.1 加工食品市場をとりまく環境

まず、ASEAN主要国の加工食品市場に影響を及ぼす要素について、いくつか、情報を紹介します。

(1) 人 口

食品の市場規模はいうまでもなく、「口の数」つまり人口の規模が大きな要素となります。まず、人口の規模とその2030年までの予測を眺めてみますと表6-1のようになります。

巷間いわれていますように、ASEAN諸国の人口は未だ増え続け、2030年には7億人を超えると予想されています。ただし、注目していただきたいのは、2010年から2030年にかけての伸び率です。表6-1から明らかなように、ASEAN諸国とひと口にいっても人口の伸びについては国ごとに大きく異なる

表6-1 人口推移及び将来予測

	1980年	2010年	2030年	2010／2030年
World Total	44億人	69億人	83億人	120％
ASEAN Total	3億5,843万人	6億477万人	7億600万人	117％
インドネシア	1億5,082万人	2億3,767万人	2億7,966万人	118％
マレーシア	1,383万人	2,896万人	3,727万人	129％
フィリピン	4,706万人	9,583万人	1億2,632万人	132％
タ イ	4,748万人	6,759万人	7,332万人	108％
ベトナム	5,402万人	8,784万人	1億148万人	116％

（出所）「ASEAN Information Map：日本アセアンセンター」より筆者が抜粋、作成

ことがわかります。フィリピンは132％と引き続き高い伸びが期待されるのに加え、すでに先進国入りしているマレーシアも129％と高い値を示している一方で、タイはこの間わずか8％しか伸びないと予測されています。この事例ひとつをとってみてもわかるように、ASEANというエリアをひとつの市場としてみると判断を誤ります。あくまで国によって事情は大きく異なるということです。さらにいうと、同じ国の中でも大都市圏と地方では大きく異なります。たとえばタイの一人当たりGDPは約5,700ドルですが、バンコクエリアではすでに14,000ドルを超えています。マレーシアやインドネシアでも同様の傾向がみられます。したがって、市場の規模や成長率が人口や所得の影響を受けるのは食品に限らずどの産業にもいえることだと思いますが、特に小売りや外食を含めた食品関連産業の場合はより顕著であると思われ、よりきめの細かなマーケティングが必要であると考えています。

　人口に関連して各国の出生率をみますと興味深い事実が浮かんできます。世界銀行の2013年のデータによりますと、日本の1.43に対して、フィリピン3.043、インドネシア2.338、マレーシア1.964、ベトナム1.743、タイ1.399となっています。何とこの5か国の内、人口を維持するために必要な出生率といわれている2.1以上を維持できているのはフィリピンとインドネシアのみで、タイに至っては極端な少子高齢化に悩む日本をも下回っているのです[2]。ベトナムもまだ国全体の平均年齢が低いため、いまのところ少子高齢化問題がクローズアップされていませんが、何らか手を打たないと将来的には人口が減少して行く局面を迎えるのは間違いありません。当然ですが、これらの数字が先程の人口伸長率予測にも反映されています。タイはすでに失業率が0.8％と極端に低く、深刻な単純労働力不足に陥っていますが、今後は労働力人口の高齢化が急速に加速し、いかに若年労働力を確保するか、あるいは単純労働を省力化するか、また労働集約型産業からハイテク・先端産業の構造変化をいかにスムーズに進めるかがタイ経済にとって極めて重要であることはいうまでもありません。食品マーケティングの視点からみますと、人口の年齢間バランスも良く、高水準の出生率も維持できているフィリピン、インドネシアは今後も若者が消費をけん引して行くものと思われますが、タイのような高齢化が進行していく国では、すでに兆候が表れていますが、高所得者や高齢者向けの健康志向

---

[2] 日本経済新聞「経済教室：アセアンに広がる少子化」上2016年1月28日付朝刊　明治大学加藤久和、同下2016年2月1日付け朝刊　日本総合研究所　大泉啓一郎

の高い商品のニーズが高まっていくものと思います。

(2) G D P

いうまでもなく、国の経済規模を表す名目GDP、豊かさを表す一人当たりGDPは、食品関連産業にとって今後の進出計画や拡張計画を作成するうえで重要な指標となります。

表6-2に名目GDPと一人当たりGDPの推移を掲載しました。これによると伸び率として最も顕著なのがベトナムです。他の4か国に比べまだまだ名目GDP、一人当たりGDPともに水準的には低いですが、すごい勢いで追い上げているのがわかります。

次に、注目されるのがフィリピンです。2016年には一人当たりGDPが自動車や冷蔵庫が急速に普及し始める水準といわれる3,000ドルを超え、名目GDPでもタイやマレーシアに迫る勢いです。表6-2はBusiness Monitor International（BMI）という調査会社のデータですが、IMFは2019年にはフィリピンの名目GDPは5,000億ドルを超え、タイを凌駕すると予測しています。2016年の

表6-2 GDPの推移
名目GDP推移（単位：10億ドル、Fは予測）

年	2010	2011	2012	2013	2014 F	2015 F	2016 F	2017 F	2018 F	2018F/2010
インドネシア	755.3	892.6	919.0	912.5	888.7	872.6	875.8	950.4	1,193.9	158%
マレーシア	246.8	289.2	304.8	312.5	335.7	346.6	344.9	406.6	490.2	199%
フィリピン	199.7	224.2	250.4	267.3	287.5	323.4	362.5	400.6	440.9	221%
タ　イ	318.6	345.7	366.2	387.3	373.8	390.8	420.6	463.6	505.2	159%
ベトナム	112.9	134.6	155.5	170.4	185.8	199.3	220.6	248.4	280.0	248%

一人当たりGDP推移（単位：ドル、Fは予測）

年	2010	2011	2012	2013	2014 F	2015 F	2016 F	2017 F	2018 F	2018F/2010
インドネシア	3,178	3,688	3,744	3,667	3,524	3,415	3,384	3,625	3,845	121%
マレーシア	8,729	10,054	10,422	10,514	11,121	11,309	11,088	12,887	15,321	176%
フィリピン	2,137	2,358	2,588	2,716	2,872	3,176	3,501	3,806	4,122	193%
タ　イ	4,797	5,193	5,482	5,779	5,561	5,797	6,227	6,852	7,458	155%
ベトナム	1,496	1,712	1,859	2,007	2,133	2,341	2,616	2,925	3,266	218%

（出所）Business Monitor International Dec 29, 2014 より筆者作成

大統領選挙の結果、大統領に就任したドゥテルテ氏がどのような政治・経済政策を打ち出すのか不透明な部分はありますし、交通インフラが貧弱なうえに島国というハンディはあるものの、英語力の高さと質の高い労働力で今後の投資拡大が期待されます。

一方、マレーシアも人口の伸び同様に、高水準の成長が予想されています。政治の面での不安定さが若干垣間見られるものの、経済面ではすでに先進国入りしているのに加え、まだ伸びしろがあり、今後、高品質で付加価値の高い商品が求められるようになると思われます。また、この表中のインドネシアの数字の伸びが低くみえますが、これは現地通貨（ルピア）安によるもので、現地通貨ベースにすると、2010年から2018年までの一人当たりGDPの予想伸び率は207%となります。購買力の伸びという観点からすると、依然大変な成長市場であるといえます。

(3) 耐久消費財普及率

表6-3は耐久消費財の普及率を示しています。一般に食品メーカーが注目するのは自動車と冷蔵庫と電子レンジ、中でも特に冷蔵庫です。一人当たりGDPが3,000ドルを超えると冷蔵庫や自動車の普及率が急速に上がり、消費行動にも、その日必要なものだけを購入する生活スタイルからまとめ買いをして保存するようになるという変化が起きるといわれています。

この表を見てまず興味深いのがインドネシア、フィリピン、ベトナムです。これらの国々では、まだまだ冷蔵庫の普及率は低いものの、この中ではGDP

表6-3　耐久消費財普及率（2012年）

	冷蔵庫	洗濯機	エアコン	カラーTV	電子レンジ	掃除機	パソコン	乗用車
マレーシア	97.2%	89.8%	34.2%	98.8%	27.4%	76.7%	65.8%	63.2%
タ　イ	90.1%	55.8%	14.6%	93.1%	39.9%	14.0%	26.3%	14.8%
インドネシア	30.6%	30.5%	7.6%	73.4%	3.0%	38.6%	13.2%	7.4%
フィリピン	41.4%	32.1%	12.9%	72.9%	31.8%	41.2%	17.2%	10.9%
シンガポール	99.2%	97.3%	78.8%	99.5%	68.1%	70.1%	87.6%	40.6%
ベトナム	50.0%	22.5%	9.5%	89.5%	20.9%	35.2%	19.5%	1.5%
中　国	77.0%	73.2%	53.0%	96.8%	33.7%	33.7%	39.3%	6.1%
日　本	98.9%	99.6%	89.6%	96.5%	97.6%	99.1%	87.7%	83.9%

（出所）日本アセアンセンターASEANInformationMapを基に筆者作成

が最も高いインドネシアで冷蔵庫の普及率が最も低く、ベトナムが比較的高いことが注目されます。後述しますが、ベトナムはまだ流通構造はトラディショナル・トレード（TT）が圧倒的であるものの、小売業の外資規制の緩和もあり、今後、SM、CVSなどのMTの市場が急拡大することが期待されており、コールド・チェーンのニーズが急速に高まると予想されます。商品的には要冷蔵品や冷凍品、具体的にいうと乳製品、デザート類、調理済み冷凍食品などの需要が徐々に拡大することが期待されます。ベトナムは国民の平均年齢も低く、欧米型の文化の受容度も高いことからも、この比較的高い冷蔵庫普及率が裏付けられ、筆者は今後ベトナムの加工食品市場が大きく変貌していくのではと予想しています。

　すでにベトナムには鴻池運輸、名糖運輸など日系の低温系物流事業者も進出しており、冷凍冷蔵倉庫等のインフラも整いつつあります。

　一方で、タイは別の意味で興味を惹かれます。冷蔵庫普及率はすでに90％となっており、小売市場におけるMT比率もすでに50％前後を占め、さらに横浜冷凍、鴻池運輸、五十嵐冷蔵等日系企業が運営するハイスペックな冷凍倉庫が整ってきているものの、後ほど詳述しますが、冷凍冷蔵品、特に冷凍食品の市場は意外なくらい、まだブレイクしていません。ただし、家で調理しないといわれていたタイの人びとの生活習慣にも変化がみられていることから、冷凍冷蔵品の魅力をマーケティング的にきちんと伝えることと、流通段階での管理ノウハウをサプライチェーン全体に浸透させられると市場は爆発的に急拡大すると思われます。

(4) 流通構造

　流通構造の話になったので少し数字をご紹介します。

　Euromonitor（2012）のデータによると、小売市場のなかのSM、HM（ハイパーマーケット）、CVSなどのいわゆるMTの市場規模とトータルの小売市場における割合は、マレーシア、タイがMT比は非常に高く、それぞれ53％、42％となっており、次いでフィリピンが25％、インドネシアが14％、ベトナムは4％と極端に低い数字となっています。

　しかし、これを加工食品に限ってみると様子は大きく異なり、マレーシアは30％まで低下、逆に他の4か国は大きく上昇し、タイは65％、フィリピンでも50％、インドネシアとベトナムがそれぞれ36％、18％となっています。な

ぜ、このように食品小売全体と加工食品で差が生まれるのでしょうか。

　これはあくまで筆者の推定ですが、まだ冷蔵庫普及率の低いインドネシア、フィリピン、ベトナムなどでは、生鮮品はその日に食べるものを昔からの市場などのTT（Traditional Trade）で購入する傾向が高いのに対し、加工食品の場合は品揃えの多いMT（Modern Trade）であるスーパーマーケットなどで購入する傾向が高いためと思われます。マレーシアの加工食品のMT比が30％となっていて食品全体のMT比より低いのは理解に苦しみますが、ドラッグストアなどの非食品系の店舗がこのデータではMTにカウントされていないことが理由のひとつと思われます。

　商品の品揃えが豊富で冷凍冷蔵品の保存機能のあるMTの動向は、加工食品市場には大きな影響を与えます。ASEAN各国はシンガポールを除き、まだまだ伝統市場であるTT中心の市場ですが、タイ、マレーシアをはじめとしてMTの比率が徐々に高まってきていますが、その速度は国ごとでかなり状況は異なるのです。

　タイはチャランポカパングループのCP ALLが経営するセブン-イレブンが現時点でも8,500店舗を有し、圧倒的な強さを誇っており、2020年までには10,000店舗を目指すとしています。また、Central Groupが展開しているファミリーマートも今後出店を加速し、2025年には3,000店舗を目指すとしています。一方、TESCOは小型量販店のTESCO Lotus Expressが出店を拡大しており、CVSとしのぎを削っています。

　インドネシアは小売業への外資の参入は小型店舗では厳しく制限されており、インドマレット、アルファマートといった地元資本のミニマートがそれぞれ10,000店前後展開しているのが特徴的です。ただし、これらは「雑貨屋」的な色彩の強い店舗であり、日本流のコンビニとは品揃えも店舗の雰囲気も若干異なります。いまのところ外資規制が緩む気配のないインドネシアですが、TPP等のメガFTAの加盟に動くようであれば、将来的にCVSやミニマートといった小規模店舗への規制も緩和される可能性はあり、今後外資が本格的に参入してくると、市場が大きく活性化していくことが期待されます。

　また、ベトナムはいままで1店舗目までは出店できても2店舗目以降はEconomic Needs Test（ENT）という審査があったため、許可を取得するのに非常に時間を要していました。しかし、TPP加盟という要素もあり、ENTも撤廃の方向となっているため、今後外資主導で市場が急拡大していくものと

思われます。セブン-イレブン・ジャパンが2017年に1号店を出店し、10年以内に1,000店を目指すと発表しています。また、イオンは現在4店舗ですが2020年までに20店舗を目指すとしています。

MTは、① 商品が高品質で偽物がない、② 清潔、品揃えがたくさんあり選ぶ楽しみがある、③ 遅くまで営業している、④ 週末まとめ買いするライフスタイルに合っていることなどの理由から若年層に人気が高く、ベトナムでは今後急速に発展することが予想されます。2020年までにスーパーは1,200から1,300店舗に増えて、MT比は43％～45％まで伸長するという見方もあります[3]。

次に、TTからMTへのシフトで加工食品市場にどういったインパクトがあるのかについて説明します。1点目は既述したように、コールドチェーンの整備が進むことによる冷凍・冷蔵品の普及です。2点目は外資の加工食品メーカーにとっての参入障壁の低下です。TT中心の市場だとアウトレット数が多く、商品を配荷するための販路を開拓するのは容易ではありません。直販しようとすると、多数の営業・在庫拠点と営業要員が必要となる一方で、卸売業のような中間流通に頼ろうとすると余程商品的にも価格的にも彼らにとって魅力がないと拡販してもらえません。しかし、MTの比率が高くなると、基本的に物流は商品を物流センターまで運べば良いわけで、センターフィの高さなど納品条件の厳しさはあるものの、物理的な障壁は大きく緩和されるのです。これは非常に重要なポイントです。

(5) 外食市場

「流通構造」のなかに入れて論ずるべきかも知れませんが、加工食品のマーケティングを考える際に避けて通れないのが、フードサービス、つまり外食産業の分野です。

いうまでもなく、食品は外食産業でも多量に消費され、加工食品も同様です。各食品メーカーは「業務用」または「外食用」という商品を開発し、専門の営業部隊を編成し、マーケティング活動を行っています。

ASEANの国々の外食産業の市場規模をよりわかりやすいように食品小売業と比較しながら示したのが表6-4です。外食産業とひと口にいっても、チェーン店から屋台に至るまで幅広いですが、インドネシアが383億ドルと最大、次

---

[3] ㈱大和総研「タイ・ベトナム・ミャンマーにおける食品市場環境調査」平成25年3月

表 6-4　食品小売業、外食産業売上高比較（2012 年）

	タイ	インドネシア	マレーシア	フィリピン	ベトナム
食品小売業売上高（億ドル）	508	947	111	379	430
外食産業売上高（億ドル）	216	383	96	89	317
合計（億ドル）	724	1,330	207	468	747
一人当たり食品消費額（ドル/年）	1,131.3	551.9	739.3	492.6	839.3

（出所）Euromonitor

いでこの5か国の中で最も一人当たり GDP が低いベトナムが 317 億ドルと大きいことが注目されます。つまり一人当たり外食消費という視点からみると、ベトナムがこの5か国の中では最大ということになります。業態的にはベトナムの場合はチェーン店が未だ非常に少なく、ほとんどが中小の独立店となっています。ここに加工食品と合わせた一人当たり食品消費額という数字を載せていますが、一人当たり GDP とは意外な程、相関性がありません。蛇足ですが、ASEAN の主要国では外食産業もチェーン店の比率が高くなってきており、フィリピンで約 40％、マレーシアで 32％、タイで 25％などと世界平均の 25％と同等かそれを上回る数字となっています。

中でもフィリピンが非常に高いのですが、これは地元ブランドのファーストフードチェーンである Jollibee Food Corporation（JFC）の存在が大きく影響しています。

JFC はコアブランドである Jollibee 以外にも M&A で数ブランドを保有しており、売上高は約 25 億ドルにも達しています。約 50％が国内分としても、フィリピンの外食売上高の約 13％、外食チェーンの約 5％、ファーストフードチェーンの約 52％にも達するまさに巨人です。

食品小売業と外食を合わせ「一人当たり食品消費額」としてみると表 6-4 の最下段のようになり、ベトナムが規模的にも人口一人当たりの市場規模からしても、この5か国の内2位というのは非常に興味深く、中小の独立系外食店が市場で存在感を示しているものと思われます。

逆に既述のようにベトナムの外食店はまだチェーン店はわずかで大半が独立系の中小店舗です。表 6-5 に示すように、ベトナムをはじめ、ASEAN では加工食品が MT を含めて、小売業を通じて中小外食店に流れるケースも多く、HM などに行くと明らかに業務用と思われる大容量の商品が並んでいます。

表 6-5　チャネル別加工食品の出荷比率（2012 年）

	タイ	インドネシア	マレーシア	フィリピン	ベトナム
外食店向け	25%	30%	32%	18%	13%
小売店向け	75%	70%	68%	82%	87%

（出所）Euromonitor

6.2　加工食品市場の状況

さて、ASEAN の加工食品市場についての話に移ります。まず、全体を鳥瞰し、それから、各主要商品カテゴリーの状況について説明します。

(1) 市場規模

ひと口に加工食品といっても、定義は難しいですが、Euromonitor のデータによると、対象となっている商品カテゴリーはベビーフード、ベーカリー（含むシリアル）、缶詰、菓子、乳製品、冷凍食品、麺類、油脂、ソース・ドレッシング類など合計 19 カテゴリーです。清涼飲料やアルコール系飲料は含まれていません。図 6-1 に 2013 年の推定市場規模と 2018 年の予測を示しました。

ご覧のように、やはり人口の多いインドネシアがこの 5 か国では最大で 2013 年の数字では 269 億ドル、次いでフィリピン 137 億ドル、タイ 110 億ドル、ベトナム 80 億ドル、マレーシア 74 億ドルと続きます。

しかし、2013 年から 2018 年までの伸び率はベトナムが最大で 211%、次いでインドネシアの 174%、マレーシアが 124%、フィリピン、タイがそれぞれ 140% 前後となっています。この違いが生まれる要素としては、人口の伸び率、耐久消費財普及率、MT 比率等流通構造の近代化の度合い、外食産業の成熟度などがあげられます。つまり、それぞれがまだ未成熟、また普及していないということは成長への伸びしろが大きいということになります。それでは、どのカテゴリーが市場規模的に大きいのかを示しているのが表 6-6 です。トータルでは調味料・油脂類が 16%、乳製品 15%、菓子 13% とこの 3 カテゴリーで約 44% に達します。しかし、これらビッグカテゴリーの割合も国ごとに著しく異なります。

6.2 加工食品市場の状況

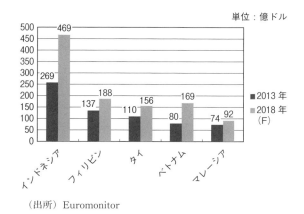

(出所) Euromonitor

図 6-1　加工食品市場規模（2013～2018F）

表 6-6　加工食品市場規模及びカテゴリー別比率（2012）

単位：100万ドル

	ベトナム	フィリピン	インドネシア	タイ	マレーシア	合計	比率
ベビーフード	887	753	2,509	787	479	5,414	9%
ベーカリー	813	1,405	3,337	996	864	7,414	13%
菓子	600	1,555	3,142	1,374	536	7,207	13%
乳製品	1,254	1,636	2,606	2,280	1,091	8,867	15%
冷凍食品	120	692	585	388	170	1,955	3%
麺類	960	542	2,143	637	404	4,686	8%
調味料・油脂類	1,801	1,636	2,776	1,553	1,218	8,984	16%
その他	234	1,816	7,258	1,942	1,547	12,797	22%
合計	6,669	10,034	24,355	9,957	6,309	57,324	100%
比率	12%	18%	42%	17%	11%	100%	

(出所) Euromonitor

(2) 主要カテゴリー別市場環境

それでは、これら加工食品のカテゴリーのなかで特に成長分野と思われる調味料・油脂類、ベーカリー類、麺類、冷凍食品の4つについて、カテゴリー別にその特徴を紹介します。

① 調味料・油脂類

図 6-2 が調味料・油脂の市場です。

このカテゴリーに入るのは、魚醬（ナンプラー）、中華風醬油、インドネシアのサンバルに代表される唐辛子を使用したソース類、「うまみ調味料」などの他、食用油、ドレッシング類です。ベトナムが経済規模の割に存在感が大きいですが、ベトナムでは家庭で調理をする場合、食用油を使用する機会が多いといわれており、このカテゴリーの約半分は食用油となっています。また、ベトナムは世界有数の「うまみ調味料」の消費国でもあります。

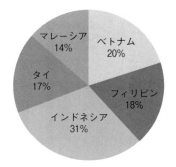

市場規模：8,994百万ドル
（出所）Euromonitor

図6-2 ASEAN主要国 調味料・油脂市場規模（2012）

ASEANの国々全般に健康志向の高まりから、オリーブ油、コレステロールフリー、トランス脂肪酸フリー、ビタミンE配合といった機能性食用油の需要が高まっています。マヨネーズ・ドレッシング類はまだ市場規模は小さいものの、洋風レストランの広がりで、家庭でも洋風メニューが浸透する素地ができあがりつつあり、また、健康志向の高まりもサラダメニューの需要拡大には追い風となると思われます。味の素、キユーピーといった日本のメーカーもマヨネーズ市場に参入しており、今後の市場の拡大が期待されています。

② 麺類

図6-3が麺類の市場です。いわゆるインスタントの袋麺及びカップ麺の市場が伸長しています。麺類が全体に占める割合は7.1％となっています。袋麺は調理時間が短く簡便で単価が安いことから、TTを通じて低所得者層にも浸透しており、人口が多く、さらに人口増加が予想されているインドネシアでのさらなる市場拡大が期待されます。一方で、いままでは袋麺が中心でしたが、経済発展による中所得者層の増加に伴い、カップ麺の市場も拡大してきています。国別ではやはり人口の多いインドネシア市場が抜群に大きく、次

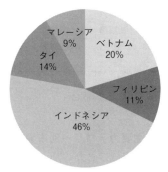

市場規模：4,686百万ドル
（出所）Euromonitor

図6-3 ASEAN主要国 麺類市場規模（2012）

いでベトナムです。ベトナムは日本のエースコックがトップシェアで、いまや7拠点で11工場を展開しており、マーケットシェアは55％近くに達するといわれ[4]、市場拡大に大きく貢献しています。両国ともに今後、さらに市場が大きく拡大していくことが期待されます。

③ ベーカリー類（パン・シリアル類）

図6-4はベーカリー類の市場を示しています。

これら5か国におけるベーカリー類の市場規模は7,414百万ドルと非常に大きいですが、ご覧のように半分近くがインドネシアです。

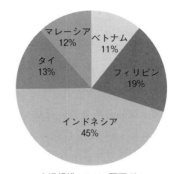

市場規模：7,414百万ドル

（出所）Euromonitor

図6-4 ASEAN主要国 ベーカリー類 市場規模（2012）

インドネシアは米食文化の国であり、既述のとおり麺を食する文化もあることから意外に思われる方が多いと思います。ASEANの国々でも袋入りの調理パンはCVSやSMで販売されるようになりましたが、インドネシアは旧宗主国であるオランダの影響を受け、パンの市場はもともと大きく、SMでもパン売り場を非常に広く確保しています。インドネシアには敷島製パンが地元企業との合弁、ニッポンインドサリを設立し、日本風の菓子パン、食パン等を展開しています。インドネシアに限らず、食の欧米化やライフスタイルの変化で調理時間が少なくて済むパン食は都市部を中心に広がっており、CVSの取り扱いも一般的なことから、今後CVSの拡大とも相まって、パン市場は急速に成長してゆくものと思われます。

④ 冷凍食品

最後に冷凍食品の市場をご紹介します。図6-5に示すように、まだまだASEANの冷凍食品市場は未成熟です。しかし、間食を取り、1日5食（1食当たりの量は少ない）とるといわれる食習慣から、1日3食という欧米型食生活へと徐々に変化してきているなか、簡便に調理できる冷凍食品の需要は、冷蔵庫や電子レンジの普及とともに急速に市場が拡大することが期待されます。

---

[4] ㈱富士経済 「アセアン諸国における食品市場調査2015」より

また、外食産業がチェーン化され、セントラルキッチン化が進行すると、「業務用」の需要拡大も予想されます。冷凍食品はMTでの販売に限られ、しかも、ASEAN各国でCVSの店舗が急拡大していますが、CVSでの冷凍食品の取り扱いは限定的で、販売チャネルとしてはSM、HM等が中心となります。SMが比較的発達しているフィリピンの市場が最も大きいというのはやはり販売チャネルによるところが大きいと思われます。

しかし、冷凍食品の普及には、実は物流インフラも大きな要素となります。近代的な冷凍冷蔵倉庫が整っているのは、いまのところ

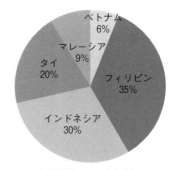

市場規模：1,955百万ドル

（出所）Euromonitor

図6-5 ASEAN主要国 冷凍食品 市場規模（2012）

タイくらいで、タイでも品質管理を末端の配送までを含めたサプライチェーン全体に行きわたらせるのは困難といわれています。冷凍・冷蔵品を適切な温度で管理するマインドをサプライチェーン全体に浸透させるには個別企業だけでなく物流業界も含めた業界全体での取組みが必要と思います。日系の物流事業者の高品質な物流へのニーズは今後ますます高まってくると思われます。

6.3　ロジスティクス上の課題

次にロジスティクスの観点から、ASEANの加工食品市場関連の話題を4点程、述べさせていただきます。これらはあくまで筆者の私見であり、筆者の本籍である味の素㈱または味の素物流㈱の公式見解ではありません。

(1) クロスボーダー輸送の将来

ASEANにおいて、ロジスティクス上、特に注目されているのが別章でも取り上げていますがGMS内での東西経済回廊（ベトナム　ダナン　⇒　ミャンマー　モーラミャイン）、南部経済回廊（ベトナム　ホーチミン　⇒　タイ　バンコク）、南北経済回廊（中国　昆明　⇒　タイ　バンコク）等を活用したトラックによるクロスボーダー輸送（CB）です。（図6-6）

CBはほとんどの場合、コンテナの積み替えが発生すること、特に長距離になればなるほど、往復の荷量のバランス、安全管理、運行管理上の問題などさ

6.3 ロジスティクス上の課題   125

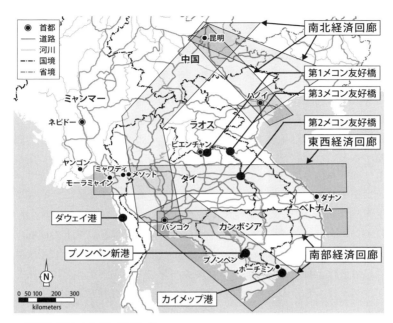

（出所）図 9-1 を基に筆者加筆

図 6-6　経済回廊

まざまな課題から難しい状況になっていますが、詳しいことは第 9 章に任せ、ここでは食品に特化して論ずることとします。

　CB が発展して行くには、カンボジア、ラオス、ミャンマー（CLM）も含めサプライチェーンの国際分業が進み、往復の荷量がバランスしていくことが前提となりますが、筆者が良く尋ねられることなのですが、加工食品業界でも国際分業が進むのでしょうか。たとえば味の素でいうと、風味調味料はタイで、メニュー調味料はベトナムで集中生産し、域内、特に GMS 圏内に CB で輸・配送するというものです。筆者はその可能性を真っ向否定するものではないし、あくまで私見ですが、以下の 2 つの理由で可能性は非常に低いと考えています。

① 味の素やエースコックの成功にみられるように、加工食品は同じカテゴリーの商品でも国ごとに味が異なる、レシピが異なるなどのケースが多く、生産効率や原料調達面からして集中生産のメリットが出しにくい。

② そもそも加工食品は付加価値が低く、CB輸送の様な遠距離の陸上輸送はコスト的に合わない。（既述のとおり、エースコックはベトナム国内だけで7拠点11工場を展開）

ただし、加工食品でも冷凍食品は別です。生産設備、保管設備にかかる投資が大きく、すでに述べたように、まだまだ市場規模が小さい現在、常温加工食品のような多工場生産体制はとりにくいため、畜肉、水産品等で原料面のコスト優位性があり、輸送インフラが比較的整っているタイで集中生産し、周辺国へ供給するというサプライチェーンは十分あり得ると思われます。しかし、それでも、回廊を使ってトラックで運ぶよりも、インフラが比較的整っていて海路でコンテナ輸送ができ、ある程度の市場が見込めるベトナム、マレーシア、インドネシアあたりではないかと思います。

現にバンコク⇒ハノイ、バンコク⇒ホーチミン間では、コストの問題に加えて、カンボジアを通過する際のトランジットに時間がかかるためにCBは食品の輸送にはさほど利用されておりません。バンコク⇒ホーチミンは海路を使った方がコストはもちろん、利便性の点からもはるかに有利です。

すなわち、この東西経済回廊、南北経済回廊、さらに南部経済回廊も短い距離を運ぶのであればトラック輸送の選択肢はあると思いますが、1,000 kmを超えるような長距離となるとトラックでは運行管理、安全管理面で所詮無理があると思います。筆者は南北経済回廊のように貨物鉄道を敷き、国際規格の40 ft・20 ftでの鉄道コンテナ輸送を検討すべきと思います。筆者の知る限り、日本の鉄道輸送はその速度、定時性に於いて世界一です。是非、日本の技術をこの各経済回廊に応用して欲しいと考えています。

(2) コールドチェーンの整備の必要性

次にASEANでのコールドチェーン整備の必要性について説明します。まず、図6-7は冷凍食品だけでなく、冷凍総菜、チルド食品、アイスクリームなどの年間一人当たり消費量をまとめたものです。

これによりますと、欧米各国は200 kg／人・年に対し、日本は119 kg／人・年とその6割程度です。しかし、ASEAN各国は、タイが33 kg／人・年、マレーシアが30 kg／人・年、ベトナムが13 kg／人・年、フィリピンが8 kg／人・年、インドネシアが6 kg／人・年で、チーズ、ヨーグルトなどの乳製品を日常的に消費する欧米とは比べるべくもありませんが、日本や韓国と比べて

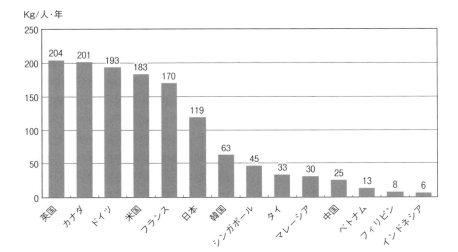

※冷凍食品、冷凍総菜、チルド食品、アイスクリームの合計

(出所) Euromonitor

図6-7 冷凍・冷蔵品の一人当たり市場規模比較 (2013)

も ASEAN 各国の消費量は少なく潜在需要は巨大です。

しかし、冷蔵・冷凍品の場合、「鶏と卵」的な話になりますが、インフラが整わなければ需要があっても届けられません。したがって、冷凍・冷蔵品の普及には、保管・輸送インフラを整えて行くことが非常に重要なのです。

表6-7にタイ、表6-8にベトナムやミャンマーでの冷凍冷蔵倉庫の状況、あくまで日系だけですがまとめたものです。

タイはこれら日系の倉庫だけでも保管能力はすでに222,300トンに達しています。Thai Yokorei だけでも71,500トンもの規模になります。まだ、保管品は水産品が主体のようですが、Konoike や SCG Nichirei は小売りへの配送も始めています。

一方、ベトナムにも鴻池運輸、チルド専業の名糖運輸も進出し、それ以外の国々でも徐々にではありますが、ハード面は整いつつあります。

一方、冷凍冷蔵品は出発点から最終納品先までサプライチェーン全体が切れ目なく温度管理を徹底させることが重要なため、配送ではGPS、デジタコ、

表 6-7 タイにおける主な日系冷凍・冷蔵倉庫の営業状況

会社名	Bangkok Cold Storage (BCS)	Thai Yokorei	Thai Max Cold Storage	Konoike Cool Logistics	JPK Cold Storage	SCG Nichirei Logistics
親会社	川崎汽船グループ	横浜冷凍 タイ商船三井 Best Cold Chain 他	五十嵐冷蔵 タイ商船三井 他現地陸運企業	鴻池運輸 ソーダス (現地農薬製造大手)	JWD Pacific Kingfisher (マルハニチロの水産物加工会社)	SCG Logistics Management (サイアムセメントグループ) ニチレイロジスティクスグループ
設立年	1988 年	1989 年	1990 年	2011 年設立 2012 年稼働開始	2014 年 5 月稼働	2014 年 11 月稼働
立地場所	サムットプラカーン	Samrong Wang Noi (アユタヤ) Bangpakong (チャチェンサオ)	サムットプラカーン	サムットプラカーン	サムットプラカーン	サムットプラカーン
保管能力 (トン)	第 1 倉庫：6,000 第 2 倉庫：10,000	Samrong 19,600 Bangpakong：9,800 WangNoi：15,000 Wangnoi2：27,100	第 1 倉庫：5,000 第 2 倉庫：12,000 第 3 倉庫：16,000	約 25,000	54,000	22,800
主要取扱品目	食品添加物、果物、医薬品、畜産品、米、ミルクパウダー、生鮮野菜等	水産食品 (70%) 食肉 (12%) 果物・野菜 (10%) その他 (8%)	畜産物、農産物、アイスクリーム、冷凍食品等	コンビニ、Central Restaurant Group (大戸屋、KFC 等) 向けの食材	水産加工品原料	アイスクリーム、チルド食品等の配送を手掛けている

(出所) ㈱日本政策投資銀行「今月のトピックス 2015 年 4 月 20 日」を参照し筆者が作成

表6-8 タイ以外でのアセアンにおける日系冷凍・冷蔵倉庫事業進出事例

社　名	進出都市	時　期	規 模 等
名糖運輸	ベトナム・ホーチミン	2014年6月	現地法人を設立し、ホーチミン北部の既存冷凍・冷蔵倉庫 6,200 m^2（7,400 トン）を取得。
鴻池運輸	ベトナム・ホーチミン	2014年6月	ホーチミンで冷凍冷蔵倉庫 10,000 m^2 を運営する現地企業アンファAGを買収。
国　分	ミャンマー・ヤンゴン	2015年夏（予定）	現地財閥 SPA グループとの合弁で、ヤンゴンに3温度帯倉庫を開設。
双日／双日ロジスティクス	ミャンマー・ヤンゴン	2015年夏（予定）	現地流通大手シティマートとの合弁会社が、低温専用の第2倉庫をヤンゴンに整備
日本ロジテム／川崎汽船	ベトナム・ホーチミン	2016年1月（予定）	クールジャパン機構と合弁で冷凍冷蔵倉庫 9,300 m^2 を新設。

（出所）日刊 CARGO July 2015 臨時増刊号を参照し筆者が作成

温湿度計等の装備への投資が必要です。また、倉庫作業員やドライバーなどへの品質管理教育も重要で、タイでもまだまだ管理ノウハウ、管理マインドといったソフト面は不十分といわれています。しかし、タイではチャランポカパン（CP）と明治の合弁会社である CP Meiji が乳製品事業で成功しており、日本流の高度な品質管理と物流管理技術を持ち込み、タイ国内の MT に配送しています。また、ベトナムでは Vietnam Dairy Products（ビナミルク）が同様に乳製品で大きな市場を築き上げています。しかし、① これら超大手も早晩自家物流が限界に来て、アウトソーシングニーズが高まるであろうこと、② CVS の店舗数増加で要温度管理品の需要も高まることなどの理由から、コールドチェーンは温度管理輸送のノウハウの豊富な日系物流事業者にとっては大きなビジネスチャンスになっていくものと思われます。

(3) ASEAN における一貫パレチゼーション

次に ASEAN での一貫パレチゼーションの普及の必要性について説明します。

筆者が各国を回ってみたところ、ASEAN の物流、特に加工食品の物流では、まだまだ手積み手下ろしによる荷役が主流です（図6-8）。

日本のように、ドライバーが積み下ろし作業する国は筆者が訪問した ASEAN の国々と米国、ペルーにはなく、運送会社が雇った作業員が行うのが一般的でしたが、問題はその作業時間と物流品質です。ASEAN では高温多湿

　　　　　フィリピン　　　　　　　　　　マレーシア

（出所）各国にて筆者が撮影

図6-8　手積み、手下ろしの実態

　な気候ということもあり、包材の強度が概して弱いのです。それに加えて、荒い手荷役で扱われるために荷痛みが激しいわけです。荷受側が日本とは比較にならないほど、荷痛みには寛容であるものの、それでも限度があり、改善すべきと考えています。

　一方、作業時間も数人がかりで行うので大型トラックやコンテナへの積み込みや荷下ろしに何時間もかかることは少ないのですが、やはり1台当たり2時間から3時間かかります。その間、出荷バースを専有されてしまうのは明らかに倉庫作業の効率性を落とすことになります。

　ASEANでも国によって事情が大きく異なりますので一気に広めるのは不可能と思いますが、極端な人手不足に陥っているマレーシアやタイでは流通を巻き込んだ一貫パレチゼーションをもっと普及させる必要があると考えています。幸いASEANのパレット・サイズは1,000 mm×1,200 mmが主流で、ほぼ標準化できているため、後は回収のスキームだと思います。既存のレンタルパレット業者の仕組みを利用するか、彼らと協働した新たな仕組みを作るか、検討する時期に来ていると思います。ちなみに味の素の海外法人のひとつである味の素マレーシア（AMB）の物流センターでは、2015年8月から実施した物流改革の一環として、従来の手積みによるバラ輸送からパレット輸送に移行しています。物流事業者と協働で物流事業者の配送ルート別にパレットに積み付ける方式を採用し、物流事業者の中継拠点でもパレットの積替えは発生させず、フィーダートラックに積み替えるだけという方式です。パレットでの納品を希望する納品先にはAMBが契約しているレンタルパレット業者と契約してもらい、納品以降のレンタルパレット費用は納品先が負担する仕組みになって

積み込み風景　　　　　　配送ルート別パレット積み付け

（出所）マレーシアにて筆者が撮影

図6-9　味の素マレーシアでのパレット輸送

います。「パレット伝票」による受け渡し管理と総数管理によって心配したパレットの紛失もいまのところ全く発生していません（図6-9）。

　何より驚くのがその積み込み作業の速さです。工場併設型の物流センターのため、トラックを場内に留め置く時間を極小化したいことから、入場（受付）から退出までの時間をKPIのひとつとして管理することとしました。全車両を2時間以内、50％を1時間以内という目標を立てたのですが、2時間以内100％はスタート時から問題なく達成し続けており、また1時間以内に退出する車両も徐々に増え、直近の実績は何と85％にまで達しています。積載率は若干犠牲にしている感はありますが、物流事業者側の効率も向上することで料金に反映してもらっています。

　このような取り組みを物流事業者、納品先側、レンタルパレット業者も巻き込んで、より拡大していきたいと考えています。

(4) HALAL（ハラル）物流への対応

　次にハラル物流に関して説明します。

　「ハラル」とはアラビア語で「許されたもの、合法である」という意味で、イスラム教徒が使用することを許されたものを意味します。反対の概念はHARAM（ハラム）であり、代表的なのが豚肉、豚脂、アルコール飲料、調理用みりんなどです[5]。

　一般論として、イスラム教徒達は、ハラル以外の物は口にしませんが、その

---

[5] 日通総合研究所　ロジスティクスレポート　No22 2015.7 より

厳しさや度合いは国や人びとの考えによって大きく異なります。

　たとえばサウジアラビアのようにイスラム原理主義の強い国では、ハラルでない食品の流通が厳格に禁止されており、ハラルでない食品をハラルと偽った場合には「犯罪」となります。また、一般的にも食品だけでなく、肌に直接触れる化粧品にもハラル性が求められます。一方で、トルコのようにほとんどの国民がイスラム教徒の国であっても平気で豚肉を食べ、ワインを楽しむ人びとが多い国もあるのです。一方で、加工食品メーカーは、商品がハラル性を認められたものでなければ、事実上イスラムの国々で販売するのは極めて困難です。しかし、この認証も統一された基準があるわけではなく、認証を司る機関も国ごとに違い、認証を受ける側は非常に複雑な対応を強いられています。マレーシアであればマレーシアイスラム開発局（JAKIM）、インドネシアではインドネシア・ウラマ評議会食品・薬品・化粧品審査会（MUI）の認証を取得するのが一般的です。

　このように結構ややこしい規則がこのハラルの世界にはありますが、何しろ世界でイスラム教徒は18億人もおり、さらに増え続けていて、しかも、その約6割がアジアに住んでいるのです。また、日本を訪れる人びとも日本政府観光局のデータによると、マレーシア、インドネシアからの観光客だけでも2016年は60万人に達する勢いで、ここ4年間でほぼ3倍に増加しています。イスラム教の人びと、いわゆるムスリムの市場は、加工食品メーカーにとって無視できないどころか、重要なマーケットになりつつあるのです。マレーシア・プトラ大学の調査によると、2015年の世界のハラル市場は約100兆円で、食品は約60兆円、化粧品は10兆円にも達するとのことです[6]。

　数ある日系加工食品メーカーのなかでも、イスラム圏でもっとも活躍しているのは味の素です。味の素はマレーシア、インドネシアに法人を持ち、商品を製造、販売しています。いうまでもなく、商品はすべてハラルの認証を受けて、一部の商品をサウジアラビア他の中東・イスラム諸国にも供給しています。

　一方昨今話題になっているのがハラル物流です。

　マレーシアのハラル認証機関であるJAKIMは屠殺場、食品の製造工程、レストランなどの施設に認証するMS1500、化粧品などを認証するMS2200-1などに加え、輸送に関してのMS2400-1、保管に関してのMS2400-2、リテール

---

[6] 2016年1月19日付け　日本経済新聞朝刊より

に関しての 2400-3 などを 2010 年に制定し、2014 年から運用を開始しています。これら物流ハラル認証では、輸送や保管における一連の業務フローにおいて、宗教的な汚染のおそれのあるリスクをコントロールできるように業務を設計し、日々 PDCA を回すことが求められています。厳密にいうとトラックなどの輸送用具、倉庫もハラル専用であることが求められます。ハラル品以外のモノを、ハラル認証を受けたトラックに積載した場合は、指定された方法で洗浄しなくてはいけない、というのが原則です。マレーシアでは日本通運、郵船ロジスティクスの現地子会社である TASCO がすでに認証を取得しています。筆者の懸念は、これがマレーシア国内の輸送やマレーシアと日本の輸出入、あるいは他のイスラム諸国での物流にどう影響が出ていくかという点です。いいかえれば、将来的にハラル品の日本での輸送にも物流のハラル認証を持つ物流業者が運ぶことが求められる、あるいは義務付けられる可能性はあるかということです。

　日本のハラル認定を受けた食材をイスラムの国々に輸送するのにハラル性が求められるようになるのはもはや疑う余地はなく、日本通運や郵船ロジスティクスなどは体制を整えています。一方、すでに日本国内でも、ナカムラエアーエクスプレスの成田蔵置場、兵機海運の神戸物流センター、鈴江コーポレーションのお台場流通センターなどがハラル認証を取得しています。さらに日本通運は 2016 年 1 月下旬に東京食品ターミナル事業所がハラル認証を取得したと発表しています。イスラム圏から輸入した食材を日本でハラル性を担保して輸送する体制も、まだ小さな動きではありますが徐々に整いつつあります。

　ただし、日本国内での輸送・保管の運用については、物流事業者と日本国内のハラル関連団体とで現実的な運用の構築に向けて連携を密にする必要があると筆者は考えています。要はいたずらに厳格な運用にしないということです。

　すでに述べたように、マレーシアやインドネシアからの観光客は急速に増加しておりますが、「食」の面で十分彼らをもてなせているかは甚だ疑問です。リピーターを増やすためにもムスリムの人たちが安心して食べられる環境づくりが必要と思います。

　一方で、日本政府も 2020 年の東京オリンピックに向けイスラム圏からの観光客を呼び込むことに非常に熱心なため、今後ハラル品を提供する店舗やレストランが増えて行くことが予想され、また、増やさなくてはいけません。ハラル品をそれらのアウトレットに輸送する物流事業者がハラル対応を求められる

(出所）横浜市内の量販店で筆者が撮影
図6-10　日本国内で流通するハラル食品

ことは必然であると考えられます。しかし、ともすると物流におけるハラル対応はただでも人手不足、ドライバー不足が叫ばれているなか、トラックの積載効率や倉庫効率を下げる方向に向かいかねず、大きな懸念材料であると考えています。その一方で、ハラル品の需要は国内でも着実に増えており、実際に流通しはじめています。図6-10の写真は筆者が自宅近くの量販店で撮影した商品です。ハラルフードについて説明したPOPまで取り付けられていました。

　しかし、ハラル性を担保した物流を日本で普及させるには課題は多いです。筆者は味の素で三十数年働き、インドネシアにも駐在し、調達部門に在籍していたころはハラルの認証取得に悩まされた経験がありますので、それなりの知識はありますが、日本人の大半はハラルを知る機会は皆無に近いのが実情だと思います。正しいハラルの知識をまず、日本社会に広めること、もっというと、「イスラム国」のせいでとかくネガティブに捉えられがちなイスラム教のことを、もっと知らしめる努力をすべきだと思います。中途半端あるいはいい加減なハラルレストランが林立するようになることは絶対に避けなければなりません。下手をすると外交問題になりかねません。

　ハラル物流も同様です。まずは啓発活動と思います。また、管理手法などは日本にあるハラル団体と連携を密にしながら、いたずらに厳しい運用にして物流が非効率にならないように、ハラル性を担保する現実的な運用を検討すべきだと思います。日本で流通している商品の大半がハラムであるので、ハラル認証を受けた商品は少なくとも、明確に分けて管理する必要はあると思います。

　筆者として提案したいのは、まず、ハラル認証取得品はハラルマークを外装

に目立つように表示すること、そのうえで、保管に関しては、ハラル品のゾーンあるいはラックを明確に分けること、輸送に関しては、ダンボール等で中身が保護されているものはハラル品以外との混載を認めること、外箱の無いものはハラル品専用のケース、カゴ車などに入れてハラル品以外と混載することなどです。

重要なのは「ハラル品をハラル品としてきちんと扱うこと」だと思います。ハラル認証団体も必要以上に運用を厳しくしようとは考えていないはずです。コストを最小限に抑えながら、イスラム教徒の人びとの不安を取り除ける運用を業界として目指していくべきと考えます。

(出所) 筆者撮影

図6-11　日本通運のハラル品専用カゴ車

【参考文献】
1) ㈱大和総研 (2013)「タイ・ベトナム・ミャンマーにおける食品市場環境調査」
2) ㈱富士経済　「アセアン諸国における食品市場調査2015」
3) 日通総合研究所 (2015)「ロジスティクスレポート」No22
4) 加藤久和 (2016)「経済教室：アセアンに広がる少子化」上『日本経済新聞』(1月28日)
5) 大泉啓一郎 (2016)「経済教室：アセアンに広がる少子化」下『日本経済新聞』(2月21日)
6) 日本政策投資銀行 (2015)「今月のトピックス」(4月20日)
7) 「日刊CARGO」(2015) 臨時増刊号 JULY

第 7 章　ASEAN の小売業

7.1　小売業の概況

　ASEAN 各国の一人当たり GDP をみますと、日本の 1960～1970 年代の水準の国が大半となっていますが、一方で都市別にみると 3,000～10,000 ドルを超えているところも多々あります。一般的に一人当たり GDP3,000 ドルがモータリゼーション到来の基準といわれていますが、モータリゼーションは近代的小売業態の発展のひとつの重要な要因であることが良く知られています。

　その観点で ASEAN 各国の一人当たり GDP をみますと、シンガポールはもとより、2013 年時点で 10,000 ドルを超えているマレーシア、タイはすでにその状況にあり、今後、インドネシア、ベトナムに続き、ラオス、インド、カンボジア、ミャンマーが小売業の近代化を迎える状況にあることがわかります。また、一人当たり GDP を都市（地区）レベルでみますと、タイのバンコクは約 14,000 ドル、インドネシアのジャカルタは約 12,000 ドル、ベトナムのホーチミンも約 4,500 ドルに達しており、数字からも近代的小売業が発展する状況にあることがわかります（図 7-1）。

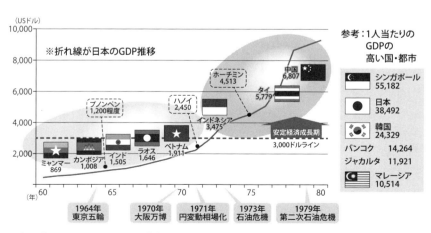

（出所）The World Bank, 三菱東京 UFJ 銀行作成資料等より筆者作成

図 7-1　アジアの国別一人当たり GDP の推移（2013 年度）

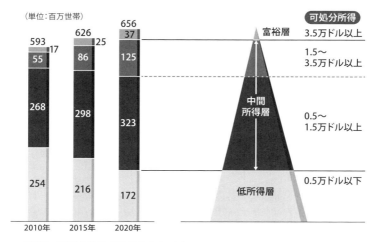

(出所) 経済産業省「通商白書 2013」

図 7-2　ASEAN における中間層・富裕層世帯数

　人口動態的には、ASEAN 各国は今後も人口増が想定されていますが、中でも ASEAN における中間層・富裕層世帯の数は 2010 年から 2020 年にかけて 4.8 億世帯と、10 年間で 1.5 倍近くまで拡大すると見込まれています。一人当たり GDP の増加と中間層・富裕層世帯の増加により ASEAN の消費構造が大きく変化することが見込まれます。なかでも特に都市部での変化が顕著となることが予想されています（図 7-2）。

　そこで、マレーシアを例に小売市場の現状について説明します。

　マレーシアの小売市場は、1980 年頃から日系小売業が進出し、その後、1990 年頃からテスコ、カルフールなど外資系小売が進出、ローカル企業の成長を経て現在に至っています（表 7-1）。

　次に ASEAN の現状をみますと、現在、一部の大都市では、すでにショッピングセンターのオーバーストア化と格差が生じ始めています。それに伴いテナントの空床化や、一部では家賃の低下がみられる状況となっています（図 7-3）。

　たとえば、専門店業態においても、グローバル企業が ASEAN 主要都市部へ進出し、2012 年から 2015 年の 3 年間だけをみても大幅に店舗網を拡大しています。H&M が 6 店舗から 61 店舗へ、ユニクロが 17 店舗から 91 店舗へ、

表7-1 マレーシアの小売業売上高（単位：RM millions）

順位	企業名	業態	店舗数	2013年売上金額	2014年売上金額	伸び率	2014年シェア
1	TESCO	Hyper	54	4,847	4,806	98.6%	1.40%
2	AEON	GMS	33	4,198	4,366	104.0%	1.27%
3	Giant	Hyper	126	3,942	4,342	110.1%	1.26%
4	Econsave	Hyper	54	2,128	2,316	108.8%	0.67%
5	Parkson	Dept	40	2,266	2,197	97.0%	0.64%
6	7-Eleven	CVS	1,745	1,672	1,893	113.2%	0.55%
7	AEON Big	Hyper	28	1,763	1,826	103.6%	0.53%
8	The Store	Dept	74	1889	1,768	93.6%	0.51%
9	Senheng	家電	160	1,425	1,551	108.8%	0.45%
10	Guardian	Drug	440	1,062	1,100	103.6%	0.32%

（出所）Planet Retail, Economic Planning Unit, Company Annual Reports）

ZARAが41店舗から49店舗となっています。

　ASEANでの小売業の競争環境は、国・地域によって異なりますが、市場開放が先行した国・地域については、先行する欧米グローバル企業、日系企業、グローバル企業と提携したASEANローカル企業などが群雄割拠の状況になっています。一方、食の楽しみの提供、ローカル視点での品揃え、商品開発、売場づくり、世界中からの商品調達などにおいて、ASEANの小売業は確実に進化してきています（図7-4）。

　また、都市部を中心として急速にコンビニエンスストア（CVS）、小型店業態が店舗数を拡大しています。図7-5に示しますように、ASEANのトップ3であるインドネシアのアルファマート（Alfamart）とインドマレット（Indomaret）は過去10年間で10倍以上店舗網を拡大し、今や10,000店舗前後まで成長、タイのセブン-イレブンも10,000店舗を窺う勢いとなっています。

　また、マレーシアのセブン-イレブンが今後3年間で600店、タイテスコが10年間で1,000店舗以上拡大するなど、小型店の大胆な出店計画が続々と発表されています。

　ASEANにおけるEコマース（EC）の状況については、全体的に宅配のインフラがまだ整備されていないため、配送などに関するサービス水準が低く、621億ドルにも達する日本のEC市場と比べると発展途上の状況にあります。しかし、2018年には全体の40％ほどを占めると想定されるインドネシアのEC市場の拡大は特に著しく、次いで、タイの伸びが大きくなっています（図

7.1 小売業の概況

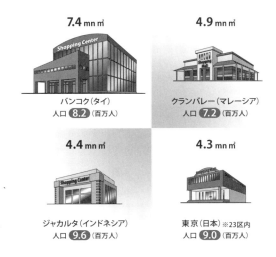

（出所）日本ショッピングセンター協会資料

図 7-3　ASEAN 主要都市のショッピングセンター面積（2014 年）

（出所：イオングローバル SCM ㈱社内資料より引用）

図 7-4　ASEAN の主要小売業

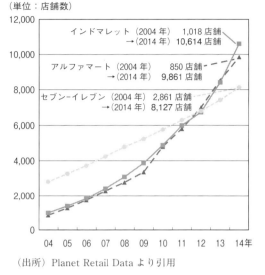

(出所) Planet Retail Data より引用

図7-5 ASEAN エリア内 CVS 業態 店舗数トップ3推移

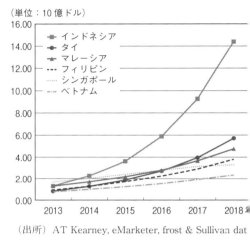

(出所) AT Kearney, eMarketer, frost & Sullivan dat

図7-6 ASEAN 主要国における E コマースの売上推移

7-6)。

7.2 小売業に対する規制

ASEAN 各国では、多くの国が自国の小売業を保護するために、外資の MT への参入を抑えるために様々な規制が敷かれており、これが外資系小売業の参入障壁となっています。

アジア主要国の小売業に関する具体的な参入規制は表7-2 の通りです。

(出所) 石原撮影

図7-7 バンコクのセブン-イレブン

また、ASEAN 各国の規制状況は下記のようになっています。

① **カンボジア**

カンボジアは ASEAN の中では珍しく、外資100%出資による小売業の進出

7.2 小売業に対する規制

表7-2 アジア主要国における小売業に対する外資規制の概要

	小売業に関する外資規制概要
タイ	「最低資本金1億バーツ（約3億1000万円）未満、かつ1店舗当たり最低資本金2000万バーツ（約6200万円）未満の小売業」、「飲食物販売」が外国人事業法で定める外資規制業種の対象となっている（最低資本金1億バーツ以上、かつ1店舗当たり最低資本金2000万バーツ以上の小売業では外資100%出資可能）。但し、同法では外資出資比率50%未満の企業はタイ企業と定義されるため、50%未満までの出資は可能であり、1億円未満の場合で商務省事業発展局の認可取得条件に50%以上の外資出資可能。
マレーシア	「流通取引・サービスへの外国資本参入に関するガイドライン」（MDTCCガイドライン）に基づき、売場面積3000平方メートル未満の店舗、コンビニエンスストア、食品店、雑貨販売店、薬局、ガソリンスタンド等については外資出資が禁止。ハイパーマーケット（売場面積5000平方メートル以上）、スーパーストア（売場面積3000平方メートル以上4999平方メートル以下）については、最低30％のブミプトラ資本の出資が求められる（外資出資比率70%に制限）。一方、デパート、専門店は外資100%出資が可能だが、デパートは2千万リンギ（約6億円）、専門店は100万リンギ（約3000万円）の最低資本金が必要。この他、ハイパー、スーパーストア、デパートでは店頭陳列スペースの最低30%はブミプトラ資本中小企業の商品を取り扱うことが義務付けられている。
インドネシア	インドネシア大統領令2010年36号により、営業床面積400平方メートル以上のミニマーケット、同1200平方メートル以上のスーパーマーケット、同2000平方メートル以上のデパートには外資100%出資が可能（それぞれ同規模以下の外資進出は禁止）。コンビニエンスストアへの外資出資は禁止。外資規制を強化する動きもある。
フィリピン	①最低資本金が250万ドル（約2億5000万円）以上を出資し、かつ1店舗当たりの資本金が83万ドル以上の場合は外資100%出資が可能（250万ドル以下の場合は外資出資禁止）、②国家経済開発庁（NEDA）が指定する高級品を取り扱う業態では最低資本金が25万ドル以上に緩和。但し、親会社の純資産が①の場合は2億ドル以上、②の場合は5000万ドル以上、世界で5件は店舗展開もしくはフランチャイズを展開し、かつその内の1店は2500万ドル以上の資本金であることが求められるなど出資する親会社について厳しい要件が課されている。
ベトナム	2009年1月からは小売・流通業で外資100%の出資が可能となったが、2店舗目以降は許可制となっている。2店舗目以降は、小売店舗数、市場の安定度、地域の規模などの要素を検討するエコノミック・ニーズ・テスト（ENT）に基づき判断される。2013年6月22日に施行された外資企業の商品売買活動のガイドライン（通達08／2013／TT-BCT号）では、ENTの基準が緩和され、500平方メートル未満の面積で2店舗目以降を出店する場合には、ENTの対象外となる緩和措置が導入されている。
カンボジア	外資100%出資が可能。大規模な小売業の場合、投資優遇措置の対象ともなる。
ラオス	「卸売・小売事業に関する商工省決定（No.0977/MOIC.DDT）」（2012年5月18日付）に基づき、2012年5月以降、小売業については一切の外資出資が禁止、外資出資比率は25%まで可能。
ミャンマー	ミャンマー投資委員会（MIC）による施行細則（MIC通達、2013年1月発表）で、2015年以降、投資額300万ドル（約3億円）以上の自動車、オートバイを除く小売業については、外資出資が可能となると理解される。一方、同細則には、小規模小売業、ミャンマー企業の既存店舗から近接した場所への参入が認められないとも明記されており、案件毎に投資企業管理局（DICA）等に確認することが必要。
インド	政府の個別認可取得と一定条件を満たすことを条件に、単一ブランドの商品のみを販売する小売業については外資100%までの出資が可能。但し、51%超の出資には、調達規制（調達額の3割を国内調達、小規模企業からの調達が推奨）が適用。スーパーやコンビニなど複数ブランドの商品を扱う総合小売業は一定条件を満たすことを条件に51%まで出資が可能。一定条件とは、最低資本額1億ドル（約100億円）、3年以内にバックエンド・インフラ（ロジステイクス関係、倉庫、製造等）に投資額の50%以上を投資すること、調達額の3割は小規模企業（工場・機械への投資額100万ドル以下の企業）から行うこと、人口100万人（2011年センサス時点）以上の都市を対象（100万人未満の都市は州政府の許可取得要）を義務付けるなど各種の条件を満たすことが求められる。なお、複数ブランドの小売業は、各州政府が同外資出資を受け入れるか否かを判断する権限が付与されており、2013年12月現在では、全28州・7直轄領中、デリー準州、ハリヤナ州、マハラシュトラ州、アンドラ・プレデシュ州、ラジャスタン州、ウッタラカンド等計12州に留まっている。
バングラデシュ	外資参入を禁止する明文規定はないが、投資庁においてサービス業への外資出資に対して個別に審査が行われるため、投資庁との調整が必要。
スリランカ	外資100%出資が可能。但し、最低資本金100万ドル（約1億円）以上であることが条件（支店の場合は1200万ドル（約2億円）以上）。国内で生産活動を行う企業には、一定の国内小売を認める例外措置もある。
パキスタン	外資100%出資が可能。以前は最低15万ドル（約1500万円）以上の投資要件が課されていたが、2013年2月に撤廃。
中国	「外商投資商業領域管理弁法」（2004年施行）で、小売業は原則として外資100%出資やフランチャイズ経営が可能。しかし、同法第18条により、同一の外国投資者が30店舗超を設置する場合、かつ一部の品目（食料、植物油、医薬品、たばこ、自動車、原油、農薬等）を取り扱う場合には、外資出資比率49%に制限。ガソリンスタンドについては、30店舗超を展開する外資系企業は外資出資比率49%に制限。

(出所) 日本貿易振興機構（ジェトロ）「アジアにおける卸売・小売・物流業にたいする外資規制比較」（2014年2月発行）
ジェトロ各事務所報告、JFILE（ジェトロ）、「アジア主要国のビジネス環境比較」（ジェトロ、2012年3月）、「アジアの新興国のビジネス環境比較」（ジェトロ、2013年4月）、各国政府資料から作成。

を認めています。

そこで、2014年6月にイオンは首都プノンペンに食品、家電、アパレル、雑貨、シネマコンプレックス、ボウリング場、レストラン、アイススケート場などを備えた大型ショッピングモール（敷地面積：約6万8,000 m²、延床面積10万8,000 m²）をオープンしました。

一人当たりGDPが1,168ドルと少ないカンボジアに、同社が20～30代の若い中流階級のファミリー層をターゲットにした大型ショッピングモールを開店させて成功している理由は、プノンペンの一世帯当たりの平均年収は5,000ドルで、中間所得層が60％を超えていることが緻密なマーケティング調査の結果わかったためです。すなわち、プノンペンにおける一世帯当たりの家族の子供の数は4.8人から2.3人と減少し核家族が進んでいますが、所得が高いのは働き手が1世帯当たり2.3人と多いため、購買力があることがわかったからです。

（出所）イオン株式会社ホームページより

（出所）石原撮影

図7-8　2014年にオープンしたカンボジアプノンペンのイオンモール、下は店内

ちなみに、拡大しているプノンペンにおける中流階級のマーケットにおける購買状況は下記の通りです。

- 家　　電　　：冷蔵庫、洗濯機、キッチン家電、炊飯器、大型TV、エアコン
- ベビー子供関連：子供は3～4人から2人に減り、少子化の傾向にある。ベビーフードに人気。
- 車・バイク　：小型車が売れ、女性による運転が増えている
- 外　　食　　：3世代そろって食事（週1回）

化粧品　　　　　：所得の上昇に伴い、基礎化粧品が伸びている（メイクまではいかない）

② **タ イ**

　タイの小売業は「外国人事業法」により、「外国企業との競争力がまだ不十分な事業」とされており、「資本金1億バーツ未満または1店舗当たり資本金2,000万バーツ未満の小売業」は規制対象となり、外資は参入できません。しかし、その資本金のバーをクリアすれば参入可能です。ただし、資本金1億バーツで開業できるのは5店舗までで、その後1店舗増えるごとに2,000万バーツの資本金を上積みする必要があります。

　その一方で、外資企業が小売業分野でタイに進出する場合には、タイ商務省より外国人事業ライセンス（Foreign Business License：FBL）を取得する必要がありますが、タイの社会や経済への貢献度合いも審査基準にあるため取得は困難な状況にあります。

③ **ベトナム**

　ベトナムは、2009年1月からCVS、SM、HMなどいずれの業態も外資100％の出資が可能となりました。しかし、地場の小規模小売店を保護するために、2店舗目以降はエコノミック・ニーズ・テスト（Economic Needs Test：ENT）に基づく審査があり、認可までともすると数年単位の時間がかかることもあります。

　ちなみに、ENTとは外資系企業が多店舗展開する際に、出店予定地域の小売店舗の数、市場の安定性、地域の規模、地域の開発計画との整合性、地域の人口密度などに基づく審査です。また、小売業は環境対策が必要とされていることから、500㎡以上のSMなどを建設する場合は、環境影響評価（Environmental Impact Assessment：EIA）の報告も必要となります。ただし、2013年6月の「ベトナムにおける外資系企業の商品売買及び関連活動を具体的に規定する通達」（通達08/2013/TT-BCT号）において、面積が500㎡未満の2店舗目以降を出店する場合にはENTの対象外とされています。

④ **ミャンマー**

　ミャンマーは、軍事政権時代から外資流通業に対する許認可は発行されてきませんでした。しかし2013年1月に制定された新外国投資法施行細則によれば、2015年以降300万ドル以上の自動車、オートバイを除くショッピングセンター等の大型小売業の進出は許可されることになっていますが、小規模小売

業、ミャンマー企業の既存店舗から近接した場所への参入が認められないなどの細かな規制が設けられています。しかし、2016年3月末に発足したアウン・サン・スー・チー国家顧問が率いる新政府下では、国内経済の開放が加速化しており、DICA（投資企業管理局）は外資小売業の進出を認めつつあります。

そこで、イオンは2016年9月30日に地場スーパー「オレンジ」を展開するクリエーション・ミャンマー・グループ・オブ・カンパニーズ（CMGC）と合弁で、ヤンゴンに2011年の民政移管後初となる外資系小売店舗「イオンオレンジ」（売場面積613 m^2）をオープンしました（2016年10月4日日本経済新聞朝刊）。しかし、ミャンマーでは、外資による貿易業への参入が認められていないために、日本他からのトップバリュなどの商品の輸入は提携相手であるCMGCに委ねています。

⑤ **ラオス**

ラオスでは、2012年5月以降小売業については一切の外資出資が禁止されましたが、2015年5月に「卸売り・小売りに関する商工大臣合意」が発布され、
1) 登録資本金が200億キープ（250万ドル）以上であれば外資100％まで、
2) 100億キープ（125万ドル）以上200億キープ（250万ドル）未満であれば外資70％まで、
3) 40億キープ（50万ドル）以上100億キープ（125万ドル）未満であれば外資50％まで、

という条件で規制緩和がなされ、外資も卸・小売りなどへ参入できると想定されます。

⑥ **インドネシア**

インドネシアでは零細・中小企業保護を目的として、小売業への外資参入は厳しく制限されてきました。しかし、2007年からモダントレードについては若干緩和され、売場面積が400 m^{2}以上のミニマート、1,200 m^{2}以上のSM、2,000 m^{2}以上のHMには外資開放がなされ、外資100％の参入が可能になりましたが、小型店舗については依然保護主義的な政策を取り続けており、CVSについては当面規制緩和がなされる動きはありません。

⑦ **フィリピン**

フィリピンも小売業は保護政策の対象となっており、払込資本金250万ドル未満の小売業はネガティブリストに掲載されています。資本金250万ドル以上であれば外資100％の参入は可能ですが、1店舗当たりの投資額は83万ドル以

上という条件がついています。その一方で、高級品に特化した業態では、資本金が25万ドル以上で外資100％での参入が認められています。ただし、国家経済開発庁（NEDA）の確認または審査を受けることが必要です。

⑧ **マレーシア**

マレーシアはインドネシア同様にCVSへの外資参入を認めておらず、フランチャイズでの展開のみが可能です。HMについては、資本金が5,000万リンギット以上で売場面積が5,000 m^2 以上であればブミプトラ資本を最低30％入れなくてはいけませんが、外資の参入が可能です。SMや百貨店はブミプトラ資本の制約も無く外資100％での参入も可能となっています。

7.3 小売業の将来

全体的な傾向として、市場規模が大きくなると成長率は低下する傾向が窺えます。国別にみると、今後の成長率はベトナムとフィリピンが高くなっています。ただし、CVS、HM、SMのそれぞれの業種によって成長率や市場の成長に影響を及ぼす外部環境の特徴は異なり、一般化を図るのは非常に難しいことです。

まず、小売業の発展（近代化）には、いくつかの条件が必要と考えられます。

近代的小売業の発展過程には、まずは社会の安定が重要です。それにより自由な活動が始まり経済が発展します。経済の発展により社会インフラの整備が進むと、個人所得が増加し購買力が高まり、まず、地域的な近代的小売業としてのスーパーマーケットが展開され、公共交通機関の整備と共に都市部での商業集積としての都市型の百貨店、ショッピングモールができあがります。次の段階では、社会インフラとして道路網が整備され、個人所得のさらなる増加と共にモータリゼーションが始まり、郊外の人口増とともに商業集積としての郊外型ショッピングモールが展開されます。同時に、社会インフラ（物流環境、情報、取引など）の発展に伴い、ディスカウントストア（DS）、HM、衣・食・住各種のスペシャルティストアの展開が始まります。一般的に、経済成長により一人当たり所得が1,000ドルを超えると、旧来の小売から、まずSM等へのシフトが始まり、3,000ドルを超えるとモータリゼーションが始まり、広商圏化と共にショッピングセンター等の商業集積が進み、急速に近代化へのシフトが加速するといわれています。その後、社会の成熟化と共に消費者は多様化（文化、人種、所得、年齢などを反映）し、そのニーズも多様化・複雑化して

いきます。一方で、近代化小売業発展の基本的考え方となっていました標準化と効率化によるチェーン展開、マスマーチャンダイジングから、特にICTの革新により個々の消費者ニーズへの対応、利便性への対応が可能な環境となりつつあり、ECを含んだ新たな業態が出現するのです。

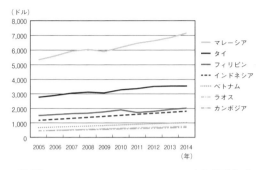

（出所）World Development Indicators より筆者作成

図7-9　ASEAN諸国の1人当たり所得（GNI）推移

そのような観点からASEAN各国の状況をみますと、2014年に一人当たり個人所得（GNI）が既に1,000ドルを超えている国はマレーシア、タイ、フィリピン、インドネシア、ベトナムと考えられ、そこでは、ローカル資本によるSMがすでに展開され、3,000ドルを超えるマレーシア、タイでは、近代化された小売業態としてのHM等の業態や商業集積としてのショッピングセンターも開発されており、後発のエリアでも今後、特に都市部での展開が進むと考えらます（図7-9）。

(1) スーパーマーケット

SM業態はMT（Modern Trade）の初期段階で発展します。

生活必需品を扱うスーパーマーケットは、経済成長の初期段階で、商品機能別の個人商店から生活必需品（生鮮食品、加工食品、日用雑貨など）を集約した業態として、都市部を中心に出現します。その後、経済発展を伴なう生活水準の向上、消費性向の多様化により、大型化、専門化等分化し、一部は広域チェーン化しますが、多くはドミナントでの事業として展開されます。

タイ、マレーシア、インドネシアでは、すでに都市部で多店舗展開を行っているスーパーマーケットが複数存在しておりMTについても外資系企業、国内大手企業を中心に広がっています。一方、ベトナム、ミャンマー、カンボジアなどにおいても地元資本によるスーパーマーケットの展開は既に始まっていますが、MTについては、まだまだ少なく、今後外資系企業の国内進出と主導により広まっていくものと考えられます。

(2) コンビニエンスストア

経済成長による一定の所得水準層の出現、都市化、単身化が進む中でコンビニエンスストアに対する消費者ニーズが発生し、それを実現するための環境（物流、商流（MT）、システム、資本、規制緩和）が整ったときに、事業が展開すると考えられます。タイ、マレーシア、インドネシア、フィリピンなどでは、すでに日系企業と現地の合弁により展開されていますが、外資規制による進出が遅れていたベトナム、カンボジア、ミャンマー、ラオスについては、経済発展による社会変化とともに、外資参入の規制緩和がカギになると考えられます。

(3) ハイパーマーケット

ASEANのハイパーマーケットについては、1994年のフランスのカルフールのマレーシア進出など、外資によりタイ、マレーシア、シンガポール、遅れてインドネシアで展開され、その後、現地企業の参入も加わる状態となっていましたが、2012年以降ヨーロッパ系外資は相次いで撤退する状況となっています。ベトナムなど、その他の国については、今後ハイパーマーケットが拡大する市場があると想定されますが、各国の規制もあり運営ノウハウを身につけた現地企業による展開が主となると想定されます。

(4) ショッピングセンター

ショッピングセンターについては、近代的な商業集積施設として、19世紀前半にアメリカで誕生し、その後車社会化とそれによる郊外居住化を背景として、郊外型ショッピングセンターとして発展してきました。日本でも1970年代以降、経済成長と共に都市型のショッピングセンターから始まり、その後のモータリゼーションと規制の緩和により郊外型ショッピングセンターが急成長し、今日に至っています。ASEAN各国においても、すでに、タイ、マレーシア、インドネシアなどにおいては、都市型のショッピングセンターだけでなく、本格的な郊外型ショッピングセンターや地方都市への展開も始まっています。ベトナム、カンボジア、ミャンマーについては、モータリゼーションが急速に進んでおり、経済発展と外資参入の規制緩和が進めば、成長の環境は整い、今後都市圏から地方都市へとショッピングセンターが発展すると考えられます。

(5) イーコマース（EC）

マレーシアを例にとると、オンラインショップの大手はLAZADA（食品を除くフルライン）、Zarola（ファッション専門）の2社と食品のオンラインショップはテスコがすでに実施中ですが、大手は不在の状況になっています。

現在、ECが成長できていない背景には、

① 商品に対する不信（食品のオンラインが苦戦する理由）
② 決裁方法
   1）クレジットカード保有率が未だ低い。
   2）顧客は代金引換を圧倒的に望むが仕組みが確立されていない。
③ 配送サービスレベル（高品質の宅配業者が不在）
   （子供服、玩具、携帯端末等の利用が多いが、配送について時間指定なのに来ない、ドライバーの態度が悪いなどサービスのレベルが低いのが現状。）
④ 物流、行政等社会インフラの未整備

などがあげられますが、今後、システムインフラの浸透と共に社会インフラの整備が進めば、急速に拡大することが考えられます。

各国・地域で、経済発展と共に小売業が発展していくことは間違いありませんが、従来の欧米・日本等と同様に社会の発展と共に商業も段階を踏んで発展していくかというと、必ずしもそうではありません。近代小売業態の中でも比較的新しい業態としてのCVSや大規模な郊外型ショッピングセンターなどは後発国でもすでに展開が始まっていますし、今後、世界的に伸びているハードディスカウンターや、ECを含めた新たな業態が急速に発展する可能性も十分にあります。ただし、ASEAN全域が同じではなく、国や地域によって成長の段階が異なっており、先行している国・地域と急速に発展している国・地域が複数ASEAN内に存在することに加えて、地域内に多様な文化・宗教が存在することもASEANのビジネス環境の特徴であり、その成長・変化のスピードは極めて速く、他国での成功事例も短命に終わる、もしくはもはや通用しないことも多々あります。消費者についても、情報のグローバル化は進んでおり、欧米や日本と同様に国・地域によっては、健康志向、環境意識やコト消費ニーズが高まっている一方で、各国文化・宗教に根差した"家族・親族"のつながり意識や実際の生活様式やそれに基づく消費行動の変化は、経済成長による変化と必ずしも同期しないと考えられ、ASEANでビジネスをする際に無視でき

ないことのひとつです。

　その変化に速やかに対応することは当然ながら、各国の文化に根差した消費者ニーズを理解し、いかに商品やサービスの差別化や優位性を構築出来るかがビジネス上のポイントといえるでしょう。

ベトナムの市場（ホーチミン）

第8章　ASEANの工業団地

8.1　工業団地を取り巻く環境

(1) 日系企業海外進出の歴史

　日系企業の海外進出は明治時代の工業化とともに始まりました。

　日清戦争（1894年）後には植民地である満州での資源開発、日露戦争（1904～1905年）後には満州だけでなく、中国大陸への資源投資、鉄道投資が進められました。製造業としては紡績業が代表的でしたが、1945年の第二次世界大戦の日本の敗戦とともに収束してしまいます。

　次に、日系企業の海外進出は1960年代から70年代初めにかけて活発化します。80年代までは日系企業にとって海外進出先といえば、欧米の先進国が中心でしたが、1985年のプラザ合意以降、急激な円高となった日本は、安いコストでの製造拠点を求め、ASEANや中国への進出を加速させていきました。

　2000年代に入ると、今度はアジア諸国の中間層の成長が顕著になり、アジアは世界の製造拠点から、消費地としてのアジアへ変貌していきました。また、中国の人件費高騰や政治不安から中国への集中投資を危惧し、そのリスクを回避するために中国以外に拠点を持ち、分散投資をする戦略であるチャイナプラスワンの声が高まり、ASEAN諸国への工場移転が進みました。

　アジアに進出する日系企業を後押しした背景には、日系商社による工業団地事業の存在がありました。

　大手日系商社の住友商事、伊藤忠商事、双日、日鉄住金物産、丸紅、三菱商事がASEAN諸国で工業団地事業を行っています。総合商社の場合、資源開発やインフラ開発などに関する長年の取引を通して現地企業と関係があったことがパートナーシップを組みやすかったといえます。1980年代後半、タイやマレーシアではすでに現地資本が工業団地を整備し、積極的に日系企業を誘致していました。しかし、それ以外のASEAN諸国では、操業に必要な社会インフラ（安定した電力供給、排水設備、物流施設など）が整っておらず、日系企業のニーズを満たす工業団地が存在していませんでした。日系企業の進出が増えるにつれ、日系企業の細かいニーズに応えられる工業団地が求められたのです。

8.1 工業団地を取り巻く環境

具体的には1989年に完成した伊藤忠商事のアマタナコン工業団地（チョンブリ県タイ）と日鉄住金物産によるロジャナ工業団地（アユタヤ県タイ）をはじめ、90年代には日系商社によるASEAN諸国での工業団地開発が続きました。現在、これらの日系商社が開発・運営している工業団地はASEAN諸国で約30か所に上っています。

(2) 近年の工業団地のトレンドと動向
① レンタル工場

これまで日系企業がASEAN諸国に進出する際は、工業団地内に土地（もしくは土地使用権）を購入し、工場を建設するのが通常でした。しかし、現在、ASEAN諸国へ進出する企業は大企業から中小企業にシフトしてきています。大企業と違い、資金面や人材面でリソース不足となりがちな中小企業では、初期投資を抑え、短期で現地生産が可能となるレンタル工場の利用が進んでいます。レンタル工場とは、300～2,000 m^2 程度に区切られた賃貸工場で、デベロッパーの先行投資で造られているため、建設期間を待たずすぐに入居でき、3年程度の契約期間で借りることができます。2012年以降、このようなレンタル工場が、ASEAN諸国の工業団地内外で次々と建設されてきています。

② 都市一体型開発

タイやベトナムでは、現在、工業団地の急増により、現地の労働者不足が問題になってきています。

工業団地は郊外にあることが多いのですが、マネージャークラスの人材は市内に住んでいることも多く、通勤時間が長くなれば人材確保も難しくなってきます。このため、住宅・商業・教育・医療施設などを備えた総合的な都市開発の必要性が認識されるようになってきました。その代表的な事例として、タイの工業団地デベロッパーのアマタは"Perfect City"という構想を掲げ、働く環境のみならず、居住スペースとしても機能するために、教育、医療、娯楽施設などを含めた複合都市一体型の開発を目指しています。そして、その地域で家族を作り、生まれた子供がその地域で教育を受け、学校卒業後はまた近隣の企業で働くという姿を描き、工業団地の持続的な発展を目指しています。

③ ITサポート

これまで、工業団地では人材雇用や行政への各種申請、物流などのワンストップサービスを提供している所は多く見受けられましたが、通信・ITイン

フラのサポートも提供され始めてきています。いまやIT無しでは業務が成り立たない企業も多く、工業団地がある郊外では、市内からの技術者の到着に半日かかるケースもあります。そこで、通信・ITインフラサポートを提供している、たとえばベトナムのロンドゥック工業団地内では、KDDIベトナムが入居時から工場の稼働が可能なITインフラを構築し、稼働後もIT業務のサポートを提供していますが、このような工業団地では自社内でIT技術者を抱えられない企業から歓迎されています。

8.2　主要国の工業団地の概況

(1) タ　イ
① 優遇政策

　タイにおける工業団地には大きく分けて、タイ投資委員会（BOI）の奨励を受けて民間企業が造成・管理するものと、工業省の直轄部門であるタイ工業団地公社（IEAT）が管理するものがあります。前者は「インダストリアル・パーク」、後者は「インダストリアル・エステイト」との呼称で区別がされています。

　IEATの恩典は税制に関するものはなく、外国人による土地所有の権利や本来工業省工場局が行う業務をワンストップで代行するサービスを提供しています。また、BOIとIEATの両方の優遇を受けることもできます（表8-1）。

　BOIの政策は、1997年から2014年までは、「ゾーン制」でした。ゾーン制とはタイ全国を、首都バンコクを中心にして3つのゾーンに分け、税制上の恩

表8-1　拠点の立地と享受できる優遇策

	工業団地	インダストリアルパーク/ゾーン	工業団地外
BOI認定企業が土地を購入できるか？	Yes	Yes	Yes
BOIの認定を受けていない企業でも土地を購入できるか？	Yes	No	No
各種申請サポート	Yes	Yes	No
電気・ガス・水道などのインフラ	Yes	Yes	No
輸出加工区	Yes	No	No

（注）工業団地とはIEAT（タイ工業団地公社）が管理する工業団地を指し、Indutrial Estateの名称を用いる
　　インダストリアルパークは民間企業がBOIの奨励を受けて造成・管理するもの。
（出所）筆者作成

典及び非税制上の恩典を各ゾーンで設定し、バンコクから遠くなればなるほど、恩典は手厚くなるシステムでした。しかし、2015年9月、「ゾーン制」は廃止され、「クラスター制」が導入されました。これは、産業の恩典を場所で決めるのではなく、産業自体を対象とし、タイが必要としている特定産業をピンポイントで伸ばすという狙いがあります。

② **インフラ**

タイの工業団地のインフラはASEAN諸国の中でもシンガポールに次いで、マレーシアと同等に整っています。電気の供給は雨季には月数回の停電があるものの安定しています。仮に停電しても復旧は早いのが特徴です。主な電源は天然ガスで、国産ガス田から産出している他、ミャンマー、マレーシアからパイプラインで輸入しています。

2011年秋の洪水以降、その予防対策や緊急措置体制が重要視されており、洪水を経験したエリアの工業団地の周辺等では洪水防止用の堤防が建設されています（後述の図8-4参照）。

③ **生活環境**

アマタナコンのように日系企業の多い工業団地では病院の他、複数の日本食レストランやコンビニエンス・ストア（セブン-イレブン、ファミリーマート）、ゴルフ場もあります。

バンコクの中心部に行けば伊勢丹、東急などの日系百貨店もあり、イオン系のマックスバリュや地場のフジスーパーでは日本の食材が手に入り、日本人駐在員はアパートメント、コンドミニアム、サービスアパートメントに住んでいます。なお、日本人学校は工業団地内にはありませんが、主要都市のバンコクとチョブリ県のシラチャにあります。

(2) インドネシア

① **優遇政策**

インドネシアでは、特定業種・特定地域への投資に対して、税制上の優遇措置、保税優遇措置、資本財（設備機械等）輸入時の関税などの優遇措置がありますが、諸外国と比較し不充分との指摘がありました。そこで、2007年1月にインドネシア政府は「投資に対する税の優遇措置」を制定し、税制上のインセンティブを認めました。保税地域の他、経済発展が遅れている東部地区の13か所に経済統合開発地域（KAPET）を設け、税制面の優遇を行っています。

2007年からは、バタム島、ビンタン島、カリムン島を自由貿易地域（FTZ）に定め、原材料に対する付加価値税免除、機械設備の輸入税免除などの税務インセンティブも受けられます。

② **インフラ**

主要工業団地は現地の民間電力業者やPLN（国営電力会社）と優先供給契約を締結しており、電力不足・停電は深刻ではありません。ただし、時折電圧が不安定なため、企業によっては電源の安定化装置や非常用電源装置を導入しています。

深刻な問題は、港湾の混雑により物流が停滞していることで、これは近年取り扱い貨物量が増大しているなか、港湾の容量不足のために引き起こされています。

また、ジャカルタ市内は慢性的な渋滞問題があり、物流にも影響を及ぼしています。そこで、インドネシア政府は渋滞緩和のために2015年に高速鉄道計画を発表し、将来的には首都ジャカルタから東ジャワ州スラバヤまでの延伸が計画されています。

③ **生活環境**

日系企業の多い工業団地では、日本食レストランや日系銀行があり、コンビニや体育館、ゴルフ場、そしてガソリンスタンドもあります。工業団地付近に日本人向けの商業施設・駐在員用の住居も建設が進んでおり、渋滞の激しいジャカルタ市内からの通勤ではなく、工業団地付近のサービスアパートメントに居住する駐在員も出てきています。日本人は公共バスや鉄道に乗ることはあまり無く、運転手付の車が唯一の移動手段となっています。全体的な医療水準は決して高くありませんが、日本人を含め外国人が利用する私立病院は近代的な設備が整っているだけでなく、日本人医師が居るなどサービスも充実していま

（出所）筆者撮影

図8-1 丸紅が開発に参加したインドネシア「MM2100工業団地」のエントランス
100社以上の日系企業が入居している

(出所）筆者撮影

図8-2　MM2100工業団地内の日本食レストラン（左）、MM2100内の建設中のホテル（右）

す。なお、日本人学校はジャカルタ、スラバヤにあります。

(3) ベトナム
① 優遇政策
　ベトナムでは、投資奨励を行う「業種」及び「地域」の優遇政策を行っており、法人税の減免、輸入関税免除、付加価値税免除等の税制優遇が受けられます。

　投資奨励分野は、新素材、新エネルギー、電子部品、自動車等の製造業の他、医薬品の研究・生産、教育や老人ホームなどのサービスなどの分野も含まれています。

　投資奨励地域は、経済・社会的に困難な状況にある地域と、工業団地、輸出加工区、ハイテクパーク、経済区が定められています。これらの優遇政策はプロジェクトの場所に応じて、地方人民委員会や産業管理局が管轄しています。

② インフラ
　インフラ整備状況は個々の工業団地でかなり差がありますが、外国企業が資本参加している工業団地ではインフラ整備も進んでいます。特に電力については、団地として自家発電装置を保有し、停電に対する対応もできています。急速な都市化・工業化の進展に伴い、全体的に生活排水や工場排水処理、上下水道のインフラ設備の整備の遅れはありますが、工業団地では整備されています。

ハノイ、ホーチミンともに、工業団地周辺の道路は整備され、比較的港にも近く、主要工業団地は、道路、空路、海路の面で場所の利便性が非常に高いのが特徴です。

③ 生活環境

ホーチミン、ハノイには日本食レストランが多くありますが、近年日本人数が急増しているハイフォンでも数軒営業しています。

ハノイ、ホーチミンに日本人学校が1校ずつあります。

(出所) 筆者撮影

図8-3 路上で自由自在に行き交うバイクの様子
(ホーチミン市内)

衛生環境に関しては市街でも良いとはいえず、また、病院の設備や医療技術も十分ではありません。ハノイやホーチミンなどの大都市には、外資系の医療機関が数か所ありますが、高度な医療技術を要する手術や入院の際には、シンガポールやバンコクに移送するか、日本に帰国する必要があります。

ベトナムではスリやひったくり事件はありますが、強盗殺人などの凶悪事件はほとんど発生していません。市内でも公共交通手段が発達しておらず、一般市民はバイクで移動するため、通勤時間帯ではバイクと車による渋滞が発生しています。交通ルールも明確でない所があり、交通事故が多発しています。

(4) マレーシア

① 優遇政策

マレーシアでは、奨励業種を対象とした優遇措置と、奨励地域を対象とした優遇措置があります。奨励業種には製造業、農業、観光業、特定サービス業、R&D、職業訓練事業などが含まれ、これらの奨励業種、奨励地域では法人税免除、または投資控除などの法人税に関する優遇措置、関税の免除などが受けられます。

また、2015年からスタートした新制度「プリンシパルハブ・インセンティブ」はグローバルビジネス及びオペレーションを行う拠点としてマレーシアを選択する企業への新しい税制優遇措置で、AEC発足の影響でこれまで以上に

域内の経済が流動化することを見越し、ASEANの地域統括会社を誘致したいという狙いがあります。

ちなみに、プリンシパルハブとは、ASEAN域内他でグローバル事業を展開する際に優遇策を提供して、戦略策定、意思決定、財務、人事、リスク・マネジメント機能などの経営上の高度な意思決定を行う司令塔としての役割を担う法人をマレーシアに誘致しようとする政策です。このプリンシパルハブ法人と認定されるためには、払込資本金が250万マレーシア・リンギ以上、商品売買を行う企業では年間売上が最低でも3億マレーシア・リンギ以上でなければなりません。また、プリンシパルハブ法人にはTier1、Tier2、Tier3という3つのカテゴリーがあり、それぞれインセンティブ（優遇税率等）が異なりますが、いずれにおいても、プリンシパルハブ法人として指定された戦略サービス（経営企画・ブランド／知的財産管理など）、事業サービス（研究開発・マーケティングなど）、シェアードサービス（人材管理・ITサービスなど）のカテゴリーの中から3つ以上の適格サービスを運営しなければならず、うち1つは戦略サービスのカテゴリーに属するものでなければならないとされています。

② **インフラ**

電力・ガス・水道ともに安定的な供給が行われています。特に水については水量、水質の双方において安心・安全で、水道水は、世界保健機構（WHO）の飲料水の国際基準に沿って処理されています。また、道路インフラも整っており、2014年の資料によれば、半島道路の舗装率は有料道路で100％、連邦道では94.8％、州道では87.1％に達しています。さらに、通信面でも最新のデジタル光ファイバー技術を使って、低価格で高品質な通信サービスを提供しています。

東南アジアの中央に位置しているマレーシアは、積替え港として最適な立地条件を備えており、運輸省の管轄下には7つの主要な連邦国際港があります。

③ **生活環境**

日系企業の多い工業団地では、商業施設、教育機関、病院、ゴルフ場など、さまざまな施設が整っています。外国人が入居する住宅は、家族向けの2LDKで防犯設備とプール、テニスコートなどの娯楽設備が整っているコンドミニアムに人気が集中しています。交通機関では、バスや鉄道、タクシーなどの移動手段も発達しており、日本人も利用できるほど安全です。クアラルンプール周辺には日系の伊勢丹、イオンなどが進出しており、日本の食料品も入手できま

すが、値段は日本の1.5倍以上になっています。

8.3 主要国における主な工業団地

(1) タ　イ

タイの各地域の産業は大きく分けると、北部・東北部は農業、食品加工、繊維業などが多く、南部はゴムやパーム油などの天然資源、また海産物等の食品が有名です。北部・東北部は地形の問題から、交通に関するインフラが整わず、工場の集積が進まなかった経緯があります。自動車関係、電機・電子、石油化学などの産業は、平野が多い中部からバンコク周辺、東部に集中しています。

2000年代後半からタイのGDPに占める輸出の割合は50％を超えるようになってきました。輸出額に占める割合のおよそ80％が工業品となっています。特にバンコク周辺、東部で製造・生産される自動車や電機・電子部品はタイの産業発展の中心となっています。

このような事情があり、タイの工業団地は、民間管理のものも合わせると約80か所ありますが、タイの中央部と東部に集中しており、全国の工業団地面積の90％以上を占めるといわれています。

① アマタナコン工業団地

バンコクから1時間圏内に位置し、レムチャバン港にも近いという立地に恵まれたタイ国内最大規模の工業団地です。「ナコン」はタイ語で「都市」を意味しています。600社以上が入居し、15万人が就労している大きな工業団地で、入居企業の約60％が日系企業です。アマタナコンを含む東部沿岸地域では、

表8-2　アマタナコン工業団地の概要

設立年	1989年
地域	チョンブリ県
開発規模	2,400 ha
開発・運営主体	Amata Corporation Public Company Limited、伊藤忠商事
入居企業数	600社（うち日系360社）
主要業種	自動車関連、電気、消費財など
主要企業	トヨタグループ社、デンソー、ブリヂストン、日野自動車、ダイキン工業、花王、三菱電機、日立製作所など

所在地
タイ全土

（出所）筆者作成

自動車関連企業が特に集積しており、当工業団地にも多く入居しています。

開発業者は地場の大手工業団地開発会社アマタコーポレーションで、伊藤忠商事が一部出資を行っています。工業団地の入り口には、大型ショッピングセンターが隣接し、日本食レストランが何軒も入っています。また工業団地内にはゴルフ場も建設され、整備されています。

開発者のアマタコーポレーションは"Perfect City"というコンセプトのもと、工業団地だけでなく、住宅施設や商業インフラを含んだ「街」として、総合的に開発を進めています。同工業団地内外で土地を取得したいという要望は多く、根強い人気があり、アマタナコンでは、現在も用地を取得し拡張を続けています。また、小型化する需要に対応するため、当工業団地内でも、1ユニット320 m^2 からの貸し工場が運営されています。

② ロジャナ工業団地（アユタヤ）

バンコクの北部1時間圏内に位置し、タイ国内でも歴史の古い工業団地のひとつです。アユタヤはかつて山田長政で有名な日本人町やアユタヤ王朝の都でもあったところで、世界遺産にも指定されています。

進出企業は自動車や電子・電気が主な業種である他、水資源が豊富であるため、水の使用量が多い飲料・食品系が多く入居しているのが特徴的です。自動車産業については、ホンダの四輪工場があることから、その関連企業が多く進出しています。この工業団地の入居企業数は約210社、5万人が就労しています。

アユタヤはバンコクから通勤圏内ですが、サービスアパートメントや日本食レストランもあり、日本人の居住者もたくさんいます。

表8-3　ロジャナ工業団地（アユタヤ）の概要

設立年	1989年
地域	アユタヤ県ウタイ郡
開発規模	1,580 ha
開発・運営主体	タイ財閥ウィニットブット家、日鉄住金物産
入居企業数	210社（うち日系131社）
主要業種	自動車、電子・電気、機械系、水の使用量が多い飲料・食品関連
主要企業	ホンダ、ミネベア、ニコン、日本ハム、TDK、パイオニア、コベルコマテリアル、日立など

所在地

タイ全土

（出所）筆者作成

日鉄住金物産が開発・運営主体の1つで、20％弱を出資していることもあり、入居企業の中でも、日系企業が全体の60％以上を占めています。

アユタヤは2011年に洪水で大被害を受けたエリアですが、この時の経験から洪水対策として、工業団地の周りに堤防を建設したり、幹線道路を1メートル深堀するなどの対策を講じています（図8-4）。

（出所）ロジャナ工業団地提供

図8-4　ロジャナ工業団地の洪水対策で建設された堤防（アユタヤ）

また、ロジャナ工業団地は、2014年度にレンタル工場及びレンタル倉庫事業を行う企業「タイコンインダストリアルコネクション」の主要株主となっています。タイコンでは日本人スタッフを配備し、賃貸工場・倉庫を必要としている日系企業へのきめ細かい対応を行っています。

(2) インドネシア

インドネシアは、約2億5,000万人という世界でも第4位の人口を抱え、消費市場としても注目されており、タイに次いで自動車産業の集積が進んでいる国です。自動車の他にも、二輪、電機などの関連企業が多くあり、この国だけでサプライチェーンが形成されています。また、近年では、内需拡大を目的とした消費財系の企業投資も進んでいます。一方、マレーシアやタイと違い、エレクトロニクス系の生産はそれほど厚みはありません。

なお、インドネシアの工業団地は、ジャカルタから東に向かって、ブガシ県、カラワン県を横断する片側4車線の「ジャカルタ・チカンペック」高速道路沿いに集中しています。

① カラワンインターナショナル工業団地

ジャカルタ中心部から東へ約55km、カラワン県に位置し、入居企業の80％以上が日系企業という工業団地です。カラワン県は西ジャワ州有数の穀倉地帯ですが、ジャカルタ地域の新国際貿易港の予定地及び新国際空港の候補地もカラワン県にあり、今後も工業地としてのさらなる発展が期待されています。

表 8-4　カラワンインターナショナル工業団地の概要

設立年	1995 年
地域	西ジャワ州　カラワン県
開発規模	1,400 ha
開発・運営主体	シナルマスグループ、伊藤忠商事
入居企業数	136 社（うち日系 114 社）
主要業種	自動車・二輪関係、生活・日用品など
主要企業	トヨタ、ヤマハ、松下電子工業、ダイハツ工業、東洋紡、三菱電機、P&G など

所在地

ジャワ島

（出所）筆者作成

　カラワンに入居する日系企業の多くは、二輪、四輪関連や消費財関連企業で、インドネシアの内需向けに製造していることが特徴的です。

　同工業団地には、トヨタ自動車が 1998 年に第一工場、2013 年に第二工場を建設していますが、2016 年 2 月に年間生産能力 21 万 6 千基の能力を持つエンジン工場も生産を始めました。

　カラワンインターナショナルのデベロッパーはインドネシア大手財閥シナルマスグループと伊藤忠商事です。シナルマスグループは東南アジア一帯で、主に油脂、製紙、不動産、農園などの事業を展開しています。

　カラワンインターナショナルは直営でサービスアパートメントを運営しており、日本食レストラン、コンビニ、風呂、プール、フィットネスなどが完備されています。2015 年には新しく商業施設もオープンしました。

② **MM2100 工業団地**

　ジャカルタ中心部から東へ 30 km の所に位置し、ブガシ地区では最もジャカルタに近い工業団地です。このため、ジャカルタ市内から通勤する日本人社員が沢山います。丸紅が開発・運営主体の 1 つで、入居企業 170 社のうち、日系企業が約 70％ を占めています。工業団地全体では、約 500 名の日本人を含む 7 万 3 千人が就労しています。

　入居企業の業種では、自動車・二輪関係が最も多く、次いで、電気・電子関係の企業となっています。現在すでに分譲は終わっていますが、開発主体の丸紅は引き続き工業団地の管理に携わっています。

　MM2100 の真ん中には、部屋が 100 室以上のサービスアパートメントが、

表 8-5　MM2100 工業団地の概要

設立年	1990 年
地域	西ジャワ州
開発規模	1,400 ha（1～4 期）
開発・運営主体	丸紅、Manunggal Group of Indonesia
入居企業数	171 社（うち日系 117 社）
主要業種	自動車・二輪車、電気・電子、プラスチック・化学など
主要企業	トヨタ車体、豊田通商、ホンダロック、デンソー、三洋電機、住友電気、パナソニックヘルスケアなど

所在地

ジャワ島

（出所）筆者作成

　また日本食レストラン、ミニマート、スイミングプールなどの施設が完備されています。
　特徴的なのは、MM2100 は、インドネシア国内ではほぼ独占的に電力供給事業を営んでいる国営電力会社 PLN ではなく、民間発電会社である Cikarang Listrindo 社が、自社の発電設備から各テナントまで配電線を敷設し、直接電力供給を行っていることです。

(3) ベトナム

　ベトナムは北部にはスマートフォンを中心とする携帯電話やプリンターなどの事務機器の生産拠点が立地しています。ベトナム北部は地理上、中国と隣接しており、陸上での輸送（中越回廊）ができるという強みがあります。
　ホーチミン周辺の南部には、消費材や食品企業なども多く立地していますが、中国やタイのように産業クラスターがあまりみられない状況です。これは、裾野産業が未発達で、自動車やアパレルにおいても、原材料や部品を海外から調達するという構造であり、これまで低い賃金を武器にした単純な組立加工が中心の産業となってしまっていることが一因です。
　現在ベトナムには 250 か所以上の工業団地が存在していますが、これはタイの 80 か所の 3 倍を上回る数です。中には、低い稼働率と経営難に苦しむ工業団地もみられ、供給過剰が指摘されています。

表 8-6 アマタ工業団地の概要

設 立 年	1994 年
地 域	ドンナイ省
開発規模	700 ha
開発・運営主体	アマタベトナム合弁企業（アマタコーポレーションとソナデジベトナムによる共同出資企業）、伊藤忠商事
入居企業数	145 社（うち日系 69 社）
主要業種	繊維・衣類、自動車・二輪車、スチール、金属、プラスチック＆梱包など
主要企業	ワコール、カドリール、ワタベウェディング、長倉製作所、坂口プラスチック、花王、資生堂など

（出所）筆者作成

所在地

ベトナム全土

① アマタ工業団地

アマタ工業団地はホーチミン市内から1時間圏内に位置し、ベトナム南北を結ぶ1号線に隣接しています。当工業団地の5km圏内には、人口100万人を有するビエンホア市があり、ワーカーのみならず管理職クラスの人材雇用も期待できるエリアです。また、市内の人口の約70％が35歳以下という環境にあります。

入居企業145社のうち日系企業が約50％を占めており、約300人の外国人と1万6千人のワーカーが就労しています。

入居企業は繊維・衣類関連企業が自動車関連企業よりも多く、ホーチミンの産業を特徴づけています。

開発者はタイのアマタコーポレーションで、ベトナム側パートナーとしてドンナイ省工業団地開発公団のソナデジ株式会社が10％を出資しています。

アマタは、タイ同様"Perfect City"の理想を実現しようと、生活環境整備を実施しており、その

（出所）筆者撮影

図 8-5 アマタ工業団地内。街路樹なども手入れが行き届き、セキュリティが厳しいのが印象的だった

一環として、工業団地敷地内に大学や職業訓練学校等の教育機関を多数保有しています。また、アマタは、当工業団地を拡大する方針で現在は周辺のインフラ整備に投資をしています。

② タンロン工業団地

ハノイ中心部から北部30分圏内に立地し、ハノイ市とノイバイ国際空港との中間地点に位置しています。

開発主体が住友商事ということもあり、入居企業97社中91社が日系企業で、約5万8千人が就労しています。

ハノイがあるベトナム北部は南部と比較すると大きく出遅れてきました。その背景には、90年代後半までハノイ近郊に工業団地が存在せず、外資系企業の進出地の確保が容易でなかったことがあげられます。しかし、日本のODA援助等により、道路や港湾などのインフラ整備が行われ、タンロン工業団地も円借款により周辺のインフラ整備がすすめられました。同工業団地は、誘致対象企業を日系企業中心とし、それに基づいて設計、販売戦略が立てられ、周辺工業団地よりもコストは高くても質の高い工業団地を目指した経緯があります。

進出日系企業は事務機器メーカーを中心に関連部品メーカーも進出しています。団地内には日本食レストランがある他、同団地の管理会社に日本人3名が常駐し、入居企業のサポートに当たっています。

タンロン工業団地は、2006年にフンイエン省において第二タンロン工業団地を竣工しました。また、2015年に第三タンロン工業団地をビンフック省で

表8-7 タンロン工業団地の概要

設立年	1997年
地域	ハノイ市ドンアイン区
開発規模	300 ha
開発・運営主体	住友商事、ドンアンメカニカル
入居企業数	97社（うち日系91社）
主要業種	日系事務機器、関連部品メーカーなど
主要企業	パナソニック、キヤノン、デンソー、住友ベークライト、TOTO、三菱重工、HOYA、ヤマハ発動機など

(出所) 筆者作成

所在地

ベトナム全土

開発することを発表し、住友商事社が操業事業費の150億円の100%を出資（そのうちベトナム住友商事20%）する予定で、2018年の操業開始を目指しています。

(4) マレーシア

マレーシアは1965年に松下電器（現パナソニック）が進出したのをきっかけに、日本から特に家電関連企業が進出しています。立地としては、マレーシア半島のペナン州に集積しています。その他には石油化学、輸送機器、繊維産業などがみられます。

① プライ工業団地

ペナン州の主な工業団地はジョージタウンから20 km、ペナン国際空港から25 kmの場所に立地し、そこにプライ工業団地はあります。マレーシアの中でも早い時期であった1971年に設立されており、日系企業61社が進出しています。同工業団地は繊維産業が主で、東レの存在が顕著です。

マレーシアへの日系企業の進出は、1965年に松下電器が進出した契機に、1980年から1990年代前半にかけて増えていきました。日系企業の進出が顕著な地域は、首都クアラルンプール、セランゴール州、ジョホール州、ペナン州などです。マレーシアは政府の積極的な外資誘致政策、整ったインフラ、また、英語でのコミュニケーションが可能等の労働力の質の良さを売りにし、日系企業進出の後押しをしてきました。

なお、1972年に自由貿易区が最初に開設されたのはペナンでした。

表8-8　プライ工業団地の概要

設立年	1971年
地　域	ペナン州
開発規模	934 ha
開発・運営主体	ペナン ディベロップメント コーポレーション
入居企業数	日系企業だけで61社
主要業種	繊維、電機・電子など
主要企業	東レ、ソニー、日立金属、明星食品、ホンダ、花王、不二サッシ、東芝など

所在地

マレーシア全土

（出所）筆者作成

8.4 AEC 発足による主力 4 か国への影響

2015 年 12 月に発足した AEC では、ASEAN 域内のヒト、モノ、カネ、サービス、投資のより一層の自由化を目指した経済統合を目的としています。関税撤廃やインフラ開発等も具体的な施策としてあげられています。

(1) タ イ

タイの生産面における最近の傾向としては、生産コストを下げるために、サプライチェーンの一環として、タイプラスワンという工程間分業体制が注目されています。その背景には、タイにおける人件費の高騰や洪水リスクなどもあり、同国での一極集中を避け、周辺国に工場を分散しようとする仕組みのことです。タイをカンボジア、ラオス、ミャンマー、ベトナムなどの周辺諸国と比較すると、タイのインフラ整備、外資系企業の集積度は圧倒的に進んでおり、今後 AEC 諸国の中心国となっていくでしょう。隣国からの交通機関は必ずタイ国内を通らざるを得ないため、タイは ASEAN 域内で、地政学的に優位性があります。物流や交通面でいずれもタイはハブになっていくものと思われます。

また、タイは、2015 年に新政策として隣国との国境付近にタイ特別経済区（SEZ）の設置を打ち出し、輸送網の整備にも取り組んでいます。SEZ では BOI が定める方針に従うことを条件に、通常 BOI が認めていない「外国人非熟練労働者」の雇用が認められ、急速に進む少子高齢化による労働力不足となっているタイで、周辺諸国の安い労働力を取り込もうとしています。AEC 発足により、日本からの投資が難しかった国にも ASEAN 域内の現地法人から少ない負担やリスクで投資できるメリットが生まれたことで、ASEAN の事業環境はより複雑となり、今後ますます高度な経営力が求められるようになっていくでしょう。

（出所）筆者作成

図 8-6　特別経済区（SEZ）に指定された国境沿いの 5 地域（第一フェーズ）

(2) インドネシア

インドネシアは世界第4位、2億5,000万人の人口を保有し、ここ10年の経済平均成長率は約6%であることから、タイと並ぶASEAN成長のけん引役として注目されてきました。また、一人当たりGDPも3,000ドルを超したことから消費国としての注目度も高く、AEC発足を機に、多くの企業がインドネシア市場の開拓を狙っています。

国内市場が大きいため、生産と販売を国内で完成させることも可能であり、実際に進出企業の多くは、国内の流通販売網を地道に整備して、インドネシアの潜在市場を開拓しようとしています。

インドネシアは1万3,000以上の島々で構成されていますが、各地域を網羅した物流インフラ網は未だありません。ジョコ・ウィドド大統領は「競争に勝つ鍵はインフラだ」と述べており、港湾開発や諸島間のインフラ整備等に資金提供を表明している中国との連携を強化しようとしています。ジャカルタからバンドンを結ぶ高速鉄道建設も日本と競り合い、最終的に中国が受注しました。また、2015年1月に発表した「国家中期開発計画（RPJMN）2015〜2019」では、インフラ分野である電力、港湾、海運、道路、住宅が重点分野となっています。インフラ不足の改善により、内販型企業だけでなく、政府が振興を目指す輸出型企業の戦略拠点としても注目を集めるようになるものと今後思われます。

(3) ベトナム

主要4か国のうち、AEC発足による被害が最も懸念されているのがベトナムです。

関税撤廃による貿易収支の悪化、それにより引き起こされる通貨の不安定化、また、周辺国から安い製品が流入し、ベトナムの製造業へ悪影響を及ぼすのではとの憶測があります。これは、ベトナムがタイにみられるような集積産業がないため、競争力を持つタイからの輸出品に自国の産業が負けてしまい、貿易赤字に転落するのではという懸念から来ています。

しかし、ベトナムはWTOに加盟し、TPP交渉にも参加するなど自由貿易に極めて積極的に取り組んでいます。また、農水産物やアパレル、スマートフォン、携帯電話、プリンターなど事務機器はASEANの他国に比べて優位性があり、関税撤廃で輸出の増加となることが期待されています。また、ハノ

イ、ホーチミンにおいては深水港、道路、鉄道網などの大型インフラ整備計画が進んでいます。

2015年12月にはハノイ市とハイフォン市を結ぶ高速道路が開通し、これまで国道5号線で2時間以上かかっていた所が、1時間以内に短縮されました。現在ハイフォン市では、大型コンテナ船の寄港が可能なラクフェン港（水深14メートル）の建設が進んでおり、隣接するディンブー工業団地でも海の埋め立てが急ピッチで進んでいます。

工業団地デベロッパーもAECによる更なる進出企業を見込んで、開発を進めています。また、ベトナムはASEAN第3位の人口をもち、若年層に厚みがあり、中間所得層の拡大などから消費市場としての将来も期待されています。人件費が高騰しているタイの代替国として、いかに産業集積を図るかが今後の課題となっています。

（出所）筆者作成

図8-7　ハノイーハイフォン間の位置関係。距離は約100kmだが、高速道路の開通により所用時間は1時間以内に短縮された

（出所）筆者撮影

図8-8　急ピッチで埋め立てが進むハイフォンディンブー工業団地
遠方はまだ沼地のように海水が残っているのが見える（2016年3月撮影）

(4) マレーシア

政情不安や新消費税の導入などの影響で好調とはいえない状況が続いているものの、シンガポールを除くASEAN諸国の中では最も高い一人当たりGDPを維持しており、製造拠点としてだけでなく、消費市場としての注目度も高まっています。日本企業のマレーシア進出も盛んに行われており、シンガポールと接しているジョホール州南部を経済特区として発展させるイスカンダル計

画には、日系大手商社の三井物産も参画しています。2006年に開発が開始され、工業団地のみならず、同開発区には高級マンションや商業施設、教育機関や医療機関を含む新都市が建設され、シンガポールからの人と財を呼び込もうとする投資総額10兆円の壮大な計画です。また、首都圏の鉄道拡張の他、クアラルンプールとシンガポール間の高速鉄道は2022年頃の開通を目指し、現在準備が進められていま

(出所）筆者作成

図8-9 イスカンダル計画が進むジョホールバル（上）と隣接するシンガポール（下）、シンガポール隣接という立地を活かしての大型開発計画

す。開通すれば、同区間の移動は現在の7時間（列車）から1.5時間に短縮されます。整ったインフラを利用し、AEC発足後も、集積が進んでいる家電・電子関連産業とハラル関係産業の一層の拡大を狙っていくでしょう。なお、ハラルとはイスラム教において大変重要な戒律であり、アラビア語で「許可されたもの」を意味しています。ハラル産業とは、これらの戒律に対応している食品系商品、医薬品、ホテルやサービス業のことを指しています。

8.5　CLM諸国への影響

(1) CLM諸国とは

CLMとは、東南アジアのインドシナ地域に位置し、メコン川流域のカンボジア・ラオス・ミャンマーの3か国を指しています。この3か国にベトナムを入れてCLMVといわれることもあり、ASEAN諸国の中でも比較的開発が遅れた後発ASEAN諸国と呼ばれています。

これらの国々の国内の政情・治安が安定してきたことや、企業側の拠点の分散化の動きが強まってきたこともあり、近年一気に注目を浴びるようになりました。低廉な労働力があるため生産拠点として有望視されている他、豊富な天然資源があること、また、今後の消費市場としても期待されています。現在は経済特区（SEZ）も作られ、外資系企業の誘致活動が熱心に行われています。人件費が高騰している中国やタイのチャイナプラスワン、タイプラスワンの代替候補地として考えられていますが、CLM諸国の人件費は低廉ではあるものの、輸送費や電気代、土地賃借代、原材料購入費は割高であり、総合的な事業

コストはそれほど削減できないともいわれています。AECの発足や東西経済回廊、南部経済回廊などの完成で、インフラ面の整備は進みつつありますが、CLM諸国の道路舗装率はいずれも10％前後とベトナムの50％を大きく下回っています。また、通関に関する法整備と運用、電気供給など事業環境は今後の課題として残っています。

(2) カンボジア

カンボジアはもともとアンコールワットに代表される観光業が主な産業でしたが、近年は製造業が中心になっています。

カンボジアは1994年に投資法が制定され、それに基づき政府機関であるカンボジア開発評議会が設置されました。カンボジアで特徴的なことは多くの分野で外資100％の参入が可能という点があげられます。また、リエルという自国通貨があるにもかかわらず、ビジネスでは米ドルでの取引が広く行われています。

インフラ面では、2005年の政令に基づき、32か所のSEZが指定され、開発が進められてきました。日系企業の進出ペースは2010年から加速しており、SEZへの進出がほとんどとなっています。

インフラの安定性や労働者確保の面から、日系企業の多くがこれまで首都プノンペンのSEZへの進出に意欲的でした。しかし、現在はタイとの国境付近にあるポイペト地区で、日系商社がサポートする工業団地の開発が進んでいます。

カンボジアの工業団地の課題は、全体的に電気供給が不安定で料金も割高になっており、ベトナムやタイからも電力を購入していることです。また、物流費については依然として高く、その原因のひとつに税関職員へのリベートがあるといわれています。

主な輸出品は米国向けの縫製品です。川上の素材（原材

（出所）筆者作成

図8-10　カンボジアの主なSEZ所在地

料など）産業の集積がないため、委託加工貿易が中心となっています。

　近年人件費が急上昇しているものの、まだまだタイやベトナムと比較して安く、AEC発足の影響もあり、人手に頼る作業が多い一部の労働集約型の自動車部品の生産をカンボジアに移す動きもみられます。ただし、労働力は豊富にあるものの、熟練工が不足しているという状況にあります。

　製造業の他、カンボジアの国内需要の拡大を視野にいれた小売業も増えてきました。

　イオンモールは2014年6月にプノンペンに1号店をオープンし、2018年夏に2号店を予定しています。サービス業においても100％外資での参入が可能なため、日系企業による飲食店の出店、サービスアパートメントやホテルの開発も進んでいます。

　2015年4月に日本がODAで無償援助したメコン川の「つばさ橋」の開通により、バンコクからプノンペンを通過し、ホーチミンまでをつなぐ南部経済回廊が完成しました。いままではメコン川をフェリーで渡る方法しかなかったわけですが、橋の開通により、物流環境が改善され、ベトナム・カンボジア・タイを結ぶ要衝として、経済成長を支えることが期待されています。このように日本はこれまでカンボジアに政府開発援助を続けてきましたが、近年では中国による経済援助が増え、2010年には中国による支援額が日本を抜いて首位になっています。

(3) ラオス

　ラオスはASEANで唯一海に接していない国のため、経済活動を行ううえでの地理的条件は良いとはいえません。また、人口も656万人と少ない国ですが、ダイヤモンド、金、銀、銅などの鉱物資源を有する資源国のため、ベトナム、タイ、中国が中心となって鉱業部門への投資を行ってきました。

　さらに、政府開発援助による水力発電所や橋梁、道路などの大型インフラ建設が進められています。政治的にはベトナムと密接な関係にありますが、言語や宗教、文化的背景がタイと似ていることもあり、経済的な結びつきはタイと深いものがあります。また、輸出入貿易もタイに大きく依存しており、ラオス国内ではバーツやドルが流通しています。

　少ない人口と恵まれない地理的条件から、ラオスが今後発展していくにはインフラの整備が欠かせません。ラオスとタイの国境間に流れるメコン川をまた

ぐ橋が4本建設されましたが、その中で最も重要なのが2006年に建設された東西経済回廊を形成する「第2メコン友好橋」です。

これにより、ベトナム、ラオス、タイ、ミャンマーの4か国を東西に結ぶ東西経済回廊が開通しました。経済回廊とAECの発足により、陸路での物資の移動が容易になっています。水力発電から得られる安定した電力をタイなどに売ることで、ラオス政府は2020年までに25か所の経済特区を設立し、5万人の雇用を創出する計画を立てています。

(出所) 筆者作成

図8-11 ラオスの主なSEZ所在地

(4) ミャンマー

ミャンマーは約50年にわたり、ビルマ式社会主義による事実上の鎖国状態と、軍事政権の民主化抑圧に対する国際社会からの制裁を受け、世界経済から隔絶されたような状態でした。IMFの発表によると、ミャンマーの2014年の経済規模は、628億ドルであり、一国の経済規模としては非常に小さいことがわかります。

2011年テイン・セイン大統領による文民政権成立後は、アジアの「ラスト・フロンティア」として注目されるようになりました。

欧米諸国がミャンマーを経済的に孤立させたこともあり、欧米と日系企業はミャンマーに進出できない時期が続きましたが、その間に、中国とタイが経済関係を深めました。特に中国は石油天然ガスの開発や大型水力発電所の開発などで経済協力を行っています。天然ガスはミャンマーの主要輸出品目ですが、ミャンマーのチャオピューから中国の昆明までガスパイプラインが引かれ、採掘されたミャンマーのガスの90％は中国に輸出されています。

長期間にわたる経済制裁でODAによる支援を受けられなかったミャンマーは、近隣諸国と比較して道路・電力などのインフラ整備が非常に遅れています。しかし、特徴的なことは、経済発展やインフラ面では遅れているものの、外国企業が進出するスーパーやコンビニなどの流通業は相対的に発展していることです。

2014年1月には経済特区法（SEZ法）が制定され、土地リース、法人税や

関税の免除などの各種投資優遇措置が実施されています。ダウェイ、ティラワ、チャオピューで経済特区の開発が進んでおり、日系企業は、日本政府が支援するティラワに多く進出しています。

外務省の「海外在留邦人統計」によると、2016年5月末現在で、ミャンマーには、約1,800名の在留邦人がおり、日本商工会議所には約300社の日系企業が加盟しています。ミャンマーに進出している日系企業は製造業が多く、特に労働集約型産業である縫製業が多くみられます。これはミャンマーの人件費が他国と比較しても安く、また、中国と比較して社会保険料の雇用者負担が低いという点もあげられます。

(出所) 筆者作成

図8-12 ミャンマーのSEZ所在地

さらに、事務所を構えて様子をみている企業や、準備は整ったものの事業はスタートしていない「開店休業」状態の企業もあるようです。

ミャンマーは人口6,000万人、天然資源が豊富で、安くて豊富な労働力がある魅力的な市場としてみられていますが、各種法令の整備と運用、インフラ整備などはまだまだ国家的な課題として残っています。

(5) まとめ

CLM諸国が他のASEAN諸国との分業体制を築き、発展を遂げるには、ヒトとモノが容易に移動できるインフラ整備が重要な要素となっています。

これまで、ASEAN諸国のインフラ整備においては、日本のODAによる支援が多くみられてきました。現在、CLM諸国を中心とする新しいインフラ整備には、日本のみならずタイや中国、韓国、ベトナムなどの国もその存在感を強めており、中には日本の投資額を上回るケースもみられます。

今後日本がCLM諸国での支援を行うにあたり、ハード面の支援だけではなく、ソフト面の支援もますます重要となってくるといえるでしょう。

【参考文献】
1) 橋本悠（2011）「タイにおける日本の産業—日本企業進出の歴史とタイの環境問題—」http://sv2.jice.org/jenesys/2011/05/31/pdf/houkoku/167hashimotoJ.pdf（2016年6月9日アクセス）
2) 山田秀之、又木毅正、高見英一郎「海外における工業団地事業が抱える課題と開発促進に向けた処方箋」『知的資産創造』2014年10月号、野村総合研究所 http://www.nri.com/~/media/PDF/jp/opinion/teiki/chitekishisan/cs201410/cs20141003.pdf（2016年6月9日アクセス）
3) 経済産業省（2014）「平成25年度インフラ・システム輸出促進調査等事業 海外工業団地調査 報告書」経済産業省 http://www.meti.go.jp/meti_lib/report/2014fy/001018.pdf（2016年6月9日アクセス）
4) 日本貿易振興機構 海外調査部（2012）「アジアのレンタル工場事情」JETRO https://www.jetro.go.jp/ext_images/jfile/report/07000837/asia_rental_factory.pdf（2016年6月9日アクセス）
5) 宮前達朗（2015年6月）「タイ投資恩典制度の改正について」『情報センサー』Vol.105 新日本有限責任監査法人 http://www.shinnihon.or.jp/shinnihon-library/publications/issue/info-sensor/pdf/info-sensor-2015-06-09.pdf（2016年6月9日アクセス）
6) 高田創（2015）「CLM、メコン圏新興国への直接投資の課題は」みずほ総合研究所 http://www.mizuho-ri.co.jp/publication/research/pdf/today/rt150717.pdf（2016年6月9日アクセス）
7) 堀江正人（2014）「ラオス経済の現状と今後の展望〜発展のビッグ・チャンスと迎える内陸国ラオス〜」三菱UFJリサーチ＆コンサルティング株式会社 http://www.murc.jp/thinktank/economy/analysis/research/report_140306.pdf（2016年6月9日アクセス）
8) 日本貿易振興機構 海外調査部（2015年6月）「第25回 アジア・オセアニア主要都市・地域の投資関連コスト比較」JETRO https://www.jetro.go.jp/ext_images/_Reports/01/20150045.pdf（2016年6月9日アクセス）

第9章 陸の ASEAN をつなぐ経済回廊

9.1 ASEAN 経済回廊の概況

　ASEAN は、インドネシア、シンガポール、マレーシア、ブルネイ、フィリピンの「海の ASEAN」と、タイ、カンボジア、ラオス、ミャンマー、ベトナムの「陸の ASEAN」の大きく2つに分類されます。この「陸の ASEAN」5か国に、中国雲南省と広西チワン族自治区を加えた地域を大メコン圏（GMS）と呼んでいます。

　アジア開発銀行（ADB）のイニシアティブにより、1992年、GMS 経済協力プログラムが開始されました。農業、エネルギー、環境、人材育成、投資、通信、観光、貿易、交通の9分野で、プロジェクトが構成されています。このうち交通分野においては、この「陸の ASEAN」、GMS の交通インフラの整備や開発、それに伴う手続きの簡素化の取り組みが進む一方で、東西経済回廊、南部経済回廊、南北経済回廊と呼ばれる3つの経済回廊を中心に、現在、物流網が構築、拡充されてきています。

(1) 経済回廊のインフラ整備

　GMS を東西南北につなぐ経済回廊の整備、開発において、ボトルネックといわれてきたのが各々の経済回廊を遮るメコン川の存在と、国際道路の未整備です。しかし、先進国による政府開発援助（ODA：Official Development Assistance）や隣接国の経済協力により橋梁建設が行われ、さらに道路インフラ整備も各所で実施されており、ボトルネックになっていた部分が解消されつつあります。また、AEC の発足、FTA・EPA の発効による国際貿易の活性化に伴い、GMS 域内、GMS と隣接する中国・インドの2大経済圏をつなぐ輸送手段として、図9-1で示すような代表的な3つの経済回廊、東西経済回廊、南部経済回廊、南北経済回廊を利用した陸路によるクロスボーダー輸送への期待は年々高まっています。

(2) 越境手続きの簡素化に向けた取り組み

　交通インフラが整備されたとしても、経済回廊は国境をまたぐルートのた

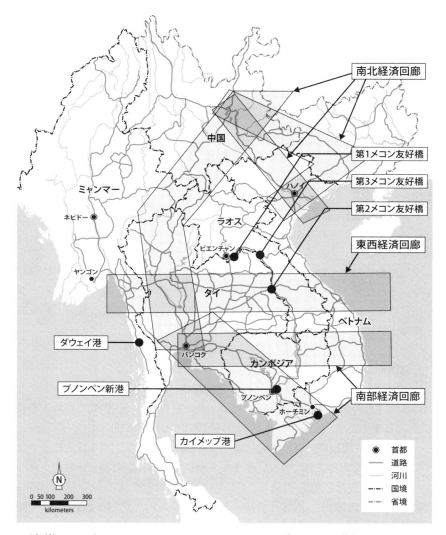

（出所）ADB, "GMS Cross-Border Transport Agreement", 2005 より筆者作成

図9-1 GMSの3つの主要経済回廊

め、通関手続きに代表されるように、さまざまな越境に関する手続きが発生します。このような手続きは国ごとに定められており、それぞれ個別に対応する

と越境手続きに時間がかかってしまいます。

さらに貨物を輸送するトラックも、その国しか走行できないのであれば、国境で次の国のトラックに貨物を積替える必要性が生じ、積替え時間がかかるとともに、積替えによる破損、紛失、盗難といった事故も発生してしまいます。そこで、円滑な越境移動を促進するために、越境交通協定（CBTA：Cross Border Transport Agreement）が、ADBによるGMS経済協力プログラムの枠組みの中に取り込まれています。CBTAは国境をまたぐ多国間の包括的な交通協定のことであり、調印した国々であらかじめ決められたルートを、相互に共通する1つの書類で車両が行き来できるというものです。

そのルートを、表9-1のように規定しています。CBTAで規定されているルート以外は、当然ながらCBTAの適用除外となります。ルート上に各国の首都や主要港湾が含まれていなかったため、その後、追加されています。

また、CBTAは、交通、税関、出入国、検疫に関する多国間の合意文章で、44条の協定書本文と17の付属文書及び3つの議定書で構成されています（表9-2）。その主要な目的は、① 越境手続の簡易化（シングルウインドウ・シングルストップ、通関検査、開庁時間、事前情報の交換と通関）、② 物品の越境の簡素化（複次ビザ、運転免許証の認証）、③ 交通ルールの共通化（域内のト

表9-1 CBTAの当初の規定ルート

名 称	ルート	国境数
南北経済回廊	昆明（CHN）〜バンコク（T）	2
	ケントゥン（MYA）〜バンコク（T）	1
	昆明（CHN）〜ハイフォン（VN）	1
東西経済回廊	モーラミャイン（MYA）〜ダナン（VN）	3
南部経済回廊	バンコク（T）〜ブンタウ（VN）	2
	バンコク（T）〜ローク（KH）	1
その他ルート	昆明（CHN）〜ラショー（MYA）	1
	ビエンチャン（LAO）〜シアヌークビル（KH）	1
	ナトゥイ（LAO）〜バンコク（T）	1
	ビエンチャン（LAO）〜ハティン（VN）	1
	チャンパサック（LAO）〜ウボンラチャタニ（T）	1

CHN：中国　T：タイ　MYA：ミャンマー　VN：ベトナム
KH：カンボジア　LAO：ラオス
（出所）ADB, "GMS Cross-Border Transport Agreement", 2005.

表 9-2 CBTA の付属文書、議定書一覧

種 類	文書名
付属文書 1	危険物の輸送
付属文書 2	国際輸送の車両の登録
付属文書 3	生鮮品の運搬
付属文書 4	越境関連手続きの簡素化
付属文書 5	人の越境移動
付属文書 6	トランジット輸送と内陸通関体制
付属文書 7	道路交通規則と標識
付属文書 8	自動車の一時的輸入
付属文書 9	越境輸送業務の為の複合輸送業者の為のライセンス基準
付属文書 10	輸送条件
付属文書 11	道路・橋梁設計と構造基準・詳細
付属文書 12	越境とトランジットサービスおよび施設
付属文書 13A	複合輸送業者の責任体制
付属文書 13B	越境輸送業務の為の複合輸送業者の為のライセンス基準
付属文書 14	コンテナ通関体制
付属文書 15	商品分類システム
付属文書 16	運転免許基準
議定書 1	回廊、ルート、出入口の指定
議定書 2	トランジット輸送に関する料金
議定書 3	輸送サービスの頻度と友好範囲及び許可と割当の発行

（出所）日本貿易振興機構ホームページ

ランジットレジメ、動・植物検査）、④ 車両乗り入れの許可、となります。

中国、ベトナム、カンボジア、ラオスはすでに全文書への批准を終えていますが、残っていたタイも 2015 年 3 月に批准を完了、最後のミャンマーも 2015 年 9 月に批准しましたが、2016 年 10 月末現在発効していません。今後さらに協議を加速させて、内容の修正、アップデートなどの議論も進められる予定で、早期の CBTA の発効、全面運用開始が期待されています。

9.2　タイを中心とした 3 つの経済回廊の現状

GMS の経済は、タイを中心にして活発化しています。特にタイや中国とその他 GMS 諸国の人件費の格差が大きいことから、チャイナプラスワン、タイプラスワンという言葉に代表されるように、労働集約型産業の担い手として俗

9.2 タイを中心とした3つの経済回廊の現状

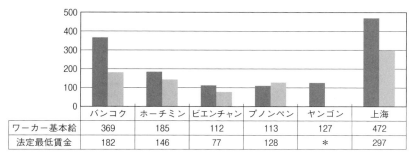

＊ミャンマーの法定最低賃金は3,600チャット（約340円）/日である。

（出所）日本貿易振興機構海外調査部、「第25回アジア・オセアニア主要都市・地域の投資関連コスト比較」、2015年。

図9-2　GMSと中国の主要都市の賃金比較（月額、ドル）

にCLMVといわれるカンボジア、ラオス、ミャンマー、ベトナムが注目されています（図9-2）。

そこで、以下ではこれら国々を連結する主要な3つの経済回廊である東西経済回廊、南部経済回廊、南北経済回廊の現状を整理します。

(1) 東西経済回廊（East-West Economic Corridor）

東西経済回廊とは、ベトナムの中央部に位置するダナン港からラオバオ（ベトナム）とデンサワン（ラオス）国境、サワナケット（ラオス）とムクダハン（タイ）国境、ピサヌローク（タイ）、メソット（タイ）、ミャワディ（ミャンマー）国境を経由して、モーラミャイン港（ミャンマー）に至る全長1,450kmのメコンエリアを東西に横断するルートです。

東西経済回廊の整備に伴い、タイプラスワンの動きから、ラオスのサワナケットにSEZ（Special Economic Zone：経済特別区）も開発され、タイをハブとした国際分業が展開されています。

① タイ／ミャンマー間の陸上輸送

東西経済回廊の一部であるヤンゴン、ミャワディ（ミャンマー）、メソット、レムチャバン港（タイ）に至る陸上輸送ルートの問題点は、ミャンマー側のドーナ山脈を抜けるコーカレイとティンガニーノ間の49.6 kmの道路が未舗装で、アップダウン、激しいうねりや急カーブも多いうえに道路幅が約3mと

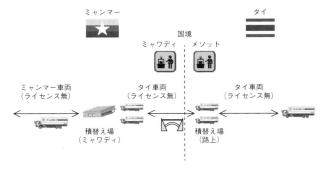

(出所）筆者作成

図9-3　タイとミャンマー間の陸上輸送の流れ

狭く、車両が1台しか走行できないため、日替わりで片側通行していることでした。しかし、2015年8月にコーカレイとティンガニーノ間に舗装されたバイパス（迂回路）が新たに開通し、従来2〜4時間かかっていた区間が0.5時間に短縮されるとともに、相互通行が可能となったことから、タイとミャンマー間の輸送時間が3〜4日に短縮されました。ただし、新バイパスとタイ国境までを流れ

(出所）筆者撮影

図9-4　ミャワディの積替え場

るシッタウン川、サルウィン川の橋梁の重量制限や老朽化はいまでもトラック走行上の障害となっています。なかでも、国境沿いのモエイ川に架かる第1友好橋は耐久重量が25トンのため、大型車両の通行ができません。そのため、タイの大型車両は、メソット（タイ）で小型車両へ積替え後に越境をしています。また、ヤンゴンから来たミャンマーの車両は、橋の手前のミャワディのトレードゾーン内でタイの小型車両へ積替えを行っています（図9-3及び図9-4）。その理由は、ミャンマーの車両はタイ国内の走行が認められていないからです。残念ながらフォークリフトやクレーンといった荷役機器は配備されてお

らず、手荷役で行われているのが実態です。なお、現在モエイ川に第2友好橋を建設中であり、2018年に完成予定となっています。

② タイ／ベトナム間の陸上輸送

サワナケット（ラオス）とムクダハン（タイ）の国境間を流れているメコン川の渡河には、長年フェリーを利用する必要がありましたが、2006年12月、この国境間にタイ・ラオス第2メコン友好橋が完成し、この橋梁の開通によってバンコクとハノイ間は、陸路で一本につながることになりました。また、ベトナム側のラオバオからダナンまでの200 kmの道路は坂道が多いのですが、2005年6月、日本のODAで完成したハイヴァントンネル（6.3 km）の開通によって、フエからダナンへの移動時間が40分短縮されています。このルートを利用したタイ発のトラックによる貨物の約半分がベトナムへ、残りはラオスへ輸出されています。

さらに2011年11月、サワナケットとムクダハン国境の上流約100 kmに位置するナコンパノム（タイ）とタケーク（ラオス）国境間に、タイ・ラオス第3メコン友好橋が開通しました。東西経済回廊はラオスの国道9号線を通りますが、これは国道12号線を走行するルートです。バンコクとハノイ間の走行距離は、国道9号線ルートよりも150 kmほど短いため、輸送時間も短縮できます。国道12号線は線形が悪く、ベトナム国境手前約15 kmは道路の路面も悪いものの、9号線からシフトされつつある状況です。特にタイから中国への輸出で利用され始めました。従来、陸路によるタイから中国への輸出は国道9

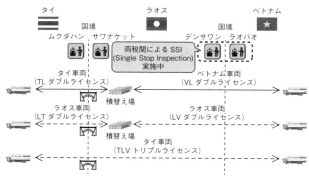

(出所) 筆者作成

図9-5 タイ、ラオス、ベトナム間の陸上輸送の流れ

号線を利用していましたが、現在、中国向けはこの12号線が主流になっています。2015年の実績では、タイ発の場合、約3割はラオス向けの貨物、約4割が中国向け、残り約3割がベトナム向けと現地税関よりヒアリングしています。

タイとベトナム間の車両の相互乗り入れに関しては、タイ及びベトナムでの走行が認められているのはラオスのトラックだけです。しかし、タイは右ハンドル、ラオス、ベトナムの両国は左ハンドルですから、ムクダハンとサワナケットの国境を越えてトラック輸送を行う場合は車両を乗り換える必要があります。CBTA上は、タイの安全基準を満たすトリプルライセンスを有するラオスの車両を用いれば、3か国を1台の車両で走行することは可能です。しかし、ハンドルの違いによる事故を恐れ、タイのコーラートまでしかラオスのトラックは入っていません。そのため、タイ車両で輸送された貨物はサワナケットで、2国間の相互乗り入れが可能な通行許可証（ダブルライセンス）を持つベトナム車両に積替えて、ラオスとベトナムを走行するのが最も現実的な方法です。なお、サワナケットのトラック積替え場は青空天井で、コンテナはクレーンで、それ以外は手荷役で積替えられています。

（出所）筆者撮影

図9-6　タイ・ラオス第2メコン友好橋

（出所）筆者撮影

図9-7　デンサワン国境（ラオス側）

なお、ラオス国内の通過に際して、ビエンチャン税関本部へのトランジットチャージの免除申請書、許可があれば、ラオス国内を保税のまま通過することは可能です。この申請には、トランジットチャージの免除の申請、インボイス、

契約書類が必要となります。さらに、トラックパスポート（国境を越えて他国を走ることのできる車両に発行される）、国際免許証、ドライバーのパスポート、トラック会社が発行する送り状（Waybill）が、出入国管理局（Immigration）で必要となります。現在、この免除申請ができるフォワーダーは登録資本金が100万ドル以上の企業に限定されていることから、この条件を満たすラオス国内の業者は自ずから限られてしまい、必然的に特定業者に集中することになります。なお、国境税関では、車両（貨物）、トランジット許可書類の検査が行われています。

③ 東西経済回廊のリードタイム

東西経済回廊活用のメリットは2つあります。それは、約2週間かかる海上輸送と比較して日数が読めること、次に輸送日数が短縮されることから、航空輸送より安いことです。ただし、問題は、海上輸送と比べて、料金が2～2.5倍と高いことです。なお、東西経済回廊を利用したバンコクからハノイまでの陸上輸送の所要日数は3日で、内訳は表9-3の通りです。

表9-3 東西経済回廊を利用したバンコクからハノイまでのリードタイム

ルート	リードタイム
バンコクからムクダハン、サワナケット入国まで	1日
ラオス国内のトランジット輸送	1日
ベトナム国内ハノイまでの輸送	1日

（出所）現地調査により筆者作成

(2) 南部経済回廊（Southern Economic Corridor）

南部経済回廊は、バンコクからアランヤプラテート（タイ）、ポイペト（カンボジア）国境、トンレサップ湖の南を走る国道5号線でプノンペンへ、そして、プノンペンからは国道1号線でバベット（カンボジア）とモクバイ（ベトナム）国境を経由してホーチミン（ベトナム）を結び、南シナ海沿岸のブンタウ港に至る全長約1,000kmのルートです。タイとベトナムの各々の国境付近（カンボジア国内）にはSEZ（特別経済区）が開発され、すでに数多くの日系企業が進出しています。

この南部経済回廊でもメコン川を渡るにはフェリーが利用されていましたが、2015年4月、日本のODAによりつばさ橋（ネアックルン橋）が完成しま

した。(図9-8) このつばさ橋の開通により南部経済回廊上のボトルネックが解消され、プノンペンと隣接国のバンコク、ホーチミンをつなぐ主要幹線ルートとして、物流環境は一段と改善されることになりました。しかし、バンコクからホーチミンまでの3か国間の一貫輸送を行っている企業はほとんどなく、バンコクとプノンペン間、ホーチミンとプノンペン間の輸送がメインとなっています。

(出所) 筆者撮影

図9-8 つばさ橋

① **タイ／カンボジア間の陸上輸送**

タイとカンボジア間の輸送では、一部の特例を除き、貨物をそれぞれのトラックに積み替える必要があります。その一部の特例としては、タイからプノンペンSEZにある電子部品企業向けの輸送やプノンペン市内のショッピングモール向けの事例があります。なお、タイとカンボジアの国境ではタイ側には積替え場がなく、カンボジア側のポイペトなどに車両積替え場が設けられています。コンテナの積替えはクレーンを使って行われています。

通常、このような積替え場所は国境近くに設けられるべきですが、国境近くはカジノホテルの建設が優先されたことにより、後背地がなく、国境から少し離れた場所 (10 km圏内) に10～15か所ほど設けられています。

カンボジアはポイペト、バベットともに、国境から20 km圏内は、タイ、ベトナム車両とも2か国間のダブルライセンスなしで走行できるようになっています。国境税関の開庁は朝7時からですが、タイのトラックが早朝から国境前で開庁時間まで待機していても国境通過は11時頃になります。これは旅行者を優先していることが原因です。そのため、タイ側の国境手前から3～4kmほどのトラック渋滞が常時発生している状況です (図9-10)。その解消策として、貨物専用の国境施設が現在計画されています。

ポイペトからプノンペンまでには途中トンレサップ湖があり、それを避けるために、北部、南部の2つのルートが存在します。北部のルートは観光遺跡で有名なアンコールワットのあるシェムリアップを通過します。ポイペトから

9.2 タイを中心とした3つの経済回廊の現状　　185

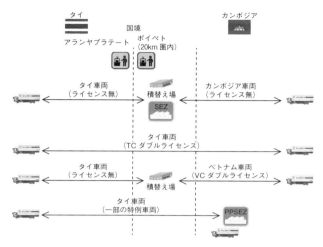

（出所）筆者作成

図9-9　タイとカンボジア間の陸上輸送の流れ

　シェムリアップまでの道路は整備されていますが、シェムリアップからプノンペンまではトラックが走行できるような路面状況にはありません。そこで、南部経済回廊は、トレンサップ湖の南側のルート、国道5号線を意味することになります。

　ポイペトからトレンサップ湖の北西にあるバッタンバンを経由し、プノンペンまでの走行距離は

（出所）筆者撮影

図9-10　アランヤプラテート国境（タイ側）

約400kmありますが、その路面状況は良好で、トラック走行に問題はありません。ただし、片側一車線の道路で街灯がほとんどなく、夜間走行のリスクが考えられます。途中の大きな町に近づくと、生活道路との併用となっているため人やバイクの数が増えますが、それ以外の道ではほとんど渋滞することはありません。現在、プノンペン近郊で片側2車線の拡幅工事が行われています。

また、このルートでは従来鉄道による輸送も行われていました。北線と呼ばれる路線です。しかし、カンボジア内戦中に、国内の線路は破壊され、そのまま放置されていました。現在、ADB やオーストラリアなどの支援により改修中となっています。バンコクからアランヤプラテートまでの鉄道は運行されていることから、この改修が完了すれば、輸送モードの選択肢がひとつ増えることになりま

(出所) 筆者撮影

図 9-11　ポイペト国境 (カンボジア側)

す。なお、カンボジアにはもうひとつの鉄道路線が存在します。それはプノンペンからシアヌークビル港までをつなぐ線路です。これは南線と呼ばれ、北線と同様、内戦により破壊されてしまいましたが、北線に先駆けて改修が完了し、2013 年 8 月からコンテナ列車が運行を開始しました。

② **カンボジア／ベトナム間の陸上輸送**

カンボジアとベトナム国境では、ポイペト同様、カンボジアのバベットに積替え場が設けられています。また、国境に緩衝地帯 (ゼロポイント) が設けられており、そこでの積替えも可能となっています (図 9-13)。コンテナはクレーンで積替えができますが、トラック貨物については、人海戦術で行われており、この方法だと貨物ダメージが発生する恐れが高いため、「生地や付属品をトラックで運ぶことはできない」といわれています。そのため、コンテナを利用することで、コンテナのまま積替えをしている企業も多くなっています (図 9-13・14)。

また、ベトナムとカンボジアのダブルライセンスを取得している

(出所) 筆者撮影

図 9-12　カンボジアとベトナムの国境手前で待機待ちをしているトラック

運送業者の場合、規則上は積替え不要ですが、実務上は、通行する車線及びハンドル位置、道路標識が変わることによって、事故が発生した時にドライバーが現地語を話せず、その対応が困難という問題が残るため、ダブルライセンスを取得していても活用できていないのが現状です。

なお、カンボジア車両はダブルライセンスを持っていれば当然ベトナム国内も走行できます。しか

（出所）筆者撮影

図9-13 カンボジアの積替え場（ゼロポイント）

し、プノンペン発、ホーチミン港を経由して第3国への輸出で利用するコンテナの場合、その運送手配はベトナム側が手配することから、ベトナム車両がカンボジアまで引き取りに行っています。

③ **カンボジア／ベトナム間の水上輸送**

カンボジアとベトナム間の輸送においては、陸上ルートしか選択肢がないわけではありません。プノンペンからホーチミンにかけてはメコン川が流れており、それを活用した水上輸送も行われています。2国間の輸送というのではな

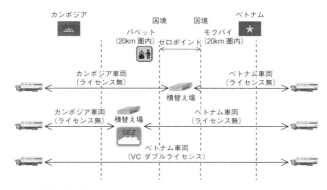

（出所）筆者作成

図9-14 カンボジアとベトナム間の陸上輸送の流れ

く、ホーチミン近郊の港で積替えを行い、第3国へ輸出するという流れとなります。プノンペン市街地にあるプノンペン港はメコン川とトンレサップ川の分岐点に位置する内陸港で、1992年から2年かけて日本の無償支援で整備された旧コンテナ・ターミナル（プノンペン港）と、プノンペンから国道1号線を約30 kmベトナム方面に下ったところにある新コンテナ・ターミナル（プノンペン新港）の2つが存在します。

　プノンペン港の水深は7 mと浅いうえに後背地もなく、取扱量も年間6〜8万TEUとすでに限界にきていたことから、2013年1月、中国の支援（約2,800万ドル：約25億円）によって、プノンペン新港が建設されました。プノンペン新港の係留施設は、低水期で9 m、高水期で15 mの水深があり、レール式モバイルクレーンが3基（うち2基はターミナルオペレーター所有）、フローティングクレーンが2基（ターミナルオペレーター所有）、RTG（タイヤ式クレーン）が4基、リーチスタッカーが3基、大型X線コンテナ検査場が配置されています。現在、コンテナバージはすべて新ターミナルに寄港しており、2015年の実績では約14.5万TEUのコンテナを扱っています。

　プノンペン港からの輸出は、北米やアジア諸国向けのコメや繊維製品が、輸入は衣料品用の生地、各種雑貨などが中心となっています。ただし、輸入の45%は空コンテナです。

　通常の輸送スケジュールですが、プノンペン市内が交通渋滞緩和のために朝8時から夜8時まで大型トラックは通行できないため、輸出コンテナは夜8時以降にターミナルに持ち込まれます。土曜日午後10時頃に新港のコンテナヤードに搬入されたコンテナはバージ船に積み込まれ、国境のCIQ（Customs, Immigration and Quarantine：税関・出入国管理・検疫）手続き開始時間の午前7時に国境水域に到着するように、日曜深夜、午前1時頃に出港します。約6時間の航行時間を経て、カンボジアとベトナム間の国境に到着、国境でのCIQなどの各種手続きに約2時間、そこから約22時間かけて北米西岸、北東アジアを結ぶハブ港湾であるカイメップ港に到着します。したがって、新港からホーチミンまでのリードタイムは、何の支障もなければ約33時間となります。2011年には週8便であったプノンペン港とカイメップ港間のバージによる河川輸送は、2014年は週16便と飛躍的に増加しており、利用ニーズは著しく増加しています。

　なお、国境でのCIQなどの各種手続きは、国境の各行政機関の勤務時間内

(カンボジアの場合、午前7時～午前11時30分と午後2時～午後5時30分)にのみなされており、原則としてその時間外には手続きが行われていません。実際には、多くのバージ船が勤務時間外に国境に到着し、業務開始時間まで、国境水域で錨をおろして待機している状況です。

表9-4　南部経済回廊のリードタイム（陸上）

ルート	リードタイム
バンコクからアランヤプラテートまで	1日
アランヤプラテートからプノンペンまで	2日
プノンペンからホーチミンまで	1日

（出所）現地調査により筆者作成。

④　南部経済回廊のリードタイム

　実際に3国間輸送を行っている企業は少なく、タイとカンボジア、カンボジアとベトナムの2国間輸送が主流となっています。バンコクからカンボジアとの国境都市であるアランヤプラテート（タイ）までは約240kmですが、国境が24時間開庁していないため、タイ出発の午後、もしくは翌朝に越境することになります。また、プノンペン市街地は朝8時から夜8時までコンテナを含む大型トラックは走行できません。そのため、プノンペンに夜間、到着するようにポイペトを出発し、その翌朝、工場などへ到着するのが一般的です。

　プノンペンとホーチミン間の距離は、バンコクからと比べて約260kmと短いものの、ホーチミンとカンボジア国境都市モクバイ（ベトナム）までの道路渋滞がひどく、60kmの距離が2時間以上かかることから、ホーチミンを早朝に出発することで渋滞を避けている状況です。

⑤　ダウェイ港開発による経済回廊の延伸

　バンコクから西方向へのダウェイ（ミャンマー）深水港までの延伸（約300km）も計画されています。これは南部経済回廊に追加されたルートであり、将来、ダウェイ深水港は、インド、中東、欧州、アフリカなどの西側市場への輸出を見据えたゲートウェイになるともいわれています。

　現在、バンコクから欧州向けに船積みした場合、本船はシンガポール港、ポートケラン港などマレー半島を迂回して、マラッカ海峡を通過する必要があります。ダウェイ深水港が完成し、バンコクからダウェイ港経由で欧州向けに船積みできた場合、マレー半島を迂回しない分6～7日の航海日数短縮につながるはずであり、将来ダウェイ港が西側市場とASEANをつなぐ結節点となれば、南部経済回廊の重要性はいままで以上に高まるはずです。

　また、ダウェイとバンコクをつなぐ交通インフラとして、未舗装部分であっ

たダウェイからティキ（ミャンマー国境）までの 156 km を、片側 1 車線の道路が整備中となっています。

(3) 南北経済回廊（North-South Economic Corridor）

南北経済回廊は 3 つのルートから構成されています。

第 1 ルートは、バンコクから北上して、チェンコン（タイ）とフェイサイ（ラオス）国境、ボーテン（ラオス）、モーハン（中国）国境を経由して、昆明（中国）に至る全長約 2,000 km の区間、第 2 ルートは昆明からハノイ（ベトナム）を経由してハイフォン港に至る全長約 850 km の区間、そして、第 3 ルートはハノイから中国・広西チワン族自治区の南寧までの約 420 km の区間ルートとなります。ここでは第 1 ルートを中心に現状を整理します。

① 昆明／バンコクの陸上輸送

従来から利用されてきた、昆明から深圳を経由してバンコクまで海上輸送するルートのリードタイムは、約 24 日間でした。ところが、タイのチェンコンとラオスのフェイサイの国境間に、2013 年 12 月、タイと中国の支援のもと、タイ・ラオス第 4 メコン友好橋が開通したおかげで、この友好橋を利用して陸上輸送した場合、昆明とバンコク間をたったの 4 日でつなぐことが可能となりました。もともと、中国産のリンゴや梨、柿、野菜などがタイへ輸送される一方、タイからは燃料や竜眼（ロンガン）などの熱帯産の果物が輸出されていました。橋梁が完成したことにより、バージ（艀）を利用することがなくなったため、そのルートを走行するトラックは、前年比で約 3 割アップしたそうです。道路、橋梁といった交通インフラの整備は、新たな物流を生み出すような波及効果も期待されるため、今後は生鮮品以外の品目（日用雑貨品、電子部品など）についても、このルートを活用しての輸送量が増加するものと考えられています。

② 中国による鉄道計画

中国の一帯一路構想の一環として、昆明からバンコク、シンガポールまでを鉄道で結ぶ計画（パンアジア鉄道計画）があります。現在、昆明より南に下った玉渓西からラオス国境のモーハンまでの中国国内、中国国境ボーテンからラオスの首都ビエンチャンまでのラオス国内の鉄道が敷設されておらず、ミッシングリンクとなっています。ラオス国内の既存の線路は、ビエンチャン近郊タナレーン地区にバンコクからつながる 2.5 km だけ敷設されており、軌間はタ

9.2　タイを中心とした3つの経済回廊の現状

イと同様の狭軌となります。

タイ北部の都市ノンカイからビエンチャンまではメコン川が流れていますが、オーストラリアの支援によりタイ・ラオス第1メコン友好橋（図9-15）がその名の通り、その他の友好橋に先駆けて、1994年に建設されました。鉄道専用橋ではなく、この友好橋の真ん中に線路が敷設されており、道路との併用となっています。鉄道が走行するときは、自動車は橋の手前で通過するまで待機することになります。

（出所）筆者撮影

図9-15　タイ・ラオス第1メコン友好橋（道路中央に線路敷設）

2015年にタイのNEDA（周辺諸国経済開発協力機構：Neighboring Countries Economic Development Cooperation Agency）により、タナレーン駅北側に鉄道コンテナ・ターミナルが建設されました。しかし、バンコクからの輸送は旅客が中心となっており、貨物専用列車は運行されておらず、その施設はまだ稼働していない状況です。

今後、中国の支援により、ラオス国内で鉄道を標準軌にて敷設する計画ですが、ラオスは山岳地帯を通過する必要があり、そのための約200kmのトンネルの建設費が膨大になっており、いかに回収するかが問題となっています。ラオス政府関係者によると、2015年末に着工式が行われ、一部区間では着工が始まっているそうで、2020年に完成の予定です。それと同時に、中国国内の玉渓西からモーハンまで、着工が始まっています。

また、タイ国内では、南北経済回廊に即した鉄道は単線、狭軌のため、中国の支援により複線化、標準軌などを計画していましたが、中国側から提案のあった資金調達方法や路線開発の利権などで、タイ政府と折り合いがつかず、現在はほぼ白紙の状況となっています。ただし、この鉄道が敷設されると、南北経済回廊でもうひとつの輸送モードを選択することが可能となり、域内の活性化につながると予想されています。

9.3 クロスボーダー輸送における課題と将来展望

(1) クロスボーダー輸送を利用したサプライチェーン

　GMSを含むASEAN地域では、AECの発足、インド・中国など近隣諸国とのFTA、EPAによる連携協定の締結を推進しています。これらの連携協定やAECによって、各国の輸入関税率の撤廃もしくは段階的な引き下げがすでに始まっています。こういった状況下において、各企業は域内の経済格差を利用した分業体制を加速させ、部材調達と製品輸送といった国際物流も今後ますます活発になっていくものと考えられます。さらに、GMS各国の経済成長に伴い、貧困層の生活レベルが中間所得者層へと向上しており、中間所得者層の購買意欲はかなり旺盛なため、生産市場としての位置付けに加えて、ASEANは大きな消費市場としても注目が高まってきています。

　図9-16は、クロスボーダー輸送を活用したGMS域内での具体的なサプラ

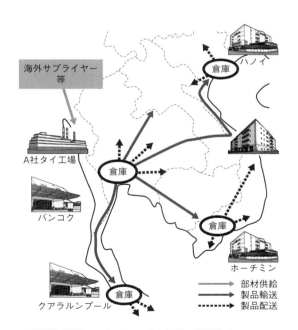

（出所）顧客マーケティングを通じて筆者作成

図9-16　クロスボーダー輸送を利用したサプライチェーンの事例

イチェーン（SCM）の事例です。リードタイムの面で効果が特に出ているのは、バンコクとハノイ間の東西経済回廊を利用したルートです。同区間を海上輸送した場合は、インドシナ半島を迂回するルート（時にはホーチミン港他で積替え）となり、輸送リードタイムは約2週間かかります。しかし、陸路輸送した場合は、バンコク（タイ）からラオス国内を保税のまま通過して、ハノイ（ベトナム）へとインドシナ半島の中心部を抜けていくため、約3日でのトラック輸送が可能となり、10日間のリードタイムの短縮が可能となります。また、チャーター便によるトラック輸送以外に、陸路クロスボーダー輸送での混載サービスも開始され、少量多頻度での輸送も可能となっています。そのおかげで、発注・出荷サイクルの短期化、発注・出荷ロットサイズの最適化、そして、納品・出荷リードタイムの短縮化を図ることができます。経済回廊が整備される前は、調達リードタイムの予測がつかず、GMSで展開する多くの企業は、一般的に在庫を多く持つ傾向がありました。しかし、東西経済回廊を利用することで海上輸送に比べて輸送費は高くなるものの、リードタイムが読めることで、発地と着地双方での在庫の最適化にもつながっています。

　そして、この在庫最適化は、棚卸資産の圧縮だけでなく、部材などの現地調達においても有利となります。インフレ抑制政策の一環として新興国は金利が高い傾向にあります。CLMVも例外ではありません。CLMVの中央銀行の金利は年率6～11%で推移しています。資金調達において高金利の負担が低減することで、結果的にキャッシュフローの改善にもつながります。

(2) 経済回廊の活性化についての課題

　GMSでは経済回廊の整備が進むことで経済活動が活発化していることは先述しましたが、まだまだ解決しなければならない課題が山積みとなっています。

① 経済回廊のメンテナンス

　メコン川を渡河するための橋梁建設は順次行われ、道路も整備されてきましたが、そのメンテナンスに問題があります。

　経済回廊として交通インフラが改善された結果、その回廊を利用した貨物輸送量が増加しています。東西経済回廊のラオス国内ルートである国道9号線には、ラオス最大の鉱山であるセポン鉱山があり、重量物を積載した車両の通行が増加し、その弊害として道路が損傷、ルート上の路面のあちこちに陥没箇所

が目立つようになっています。日本もこのルートの路面改修を行っていますが、路面の修復作業が追いつかない状況で、場所によっては走行速度をかなり落とし、陥没場所を迂回しないといけない区間も見受けられます。さらに、ラオス9号線は街灯の無い区間が大部分で、夜間走行には不適切と考えられます。

その他の経済回廊ルートにおいても、貨物輸送量の増加に伴い、道路の損傷が至る所で発生しており、定期的、継続的な路面改修工事は必要不可欠となっています。今後は誰が（どの国が）責任を持って道路インフラのメンテナンスを継続していくのかなど、ODAや隣接国の援助だけに頼るのではなく、経済回廊上の各国が当事者として、定期的なメンテナンスを行うことは、自国経済発展のための重要施策事項であると再認識すべきでしょう。

② 片荷運行の改善

陸路クロスボーダー輸送を行う中で切り離すことができないのは、「片荷運行」に関する問題です。たとえば、東西経済回廊を利用してバンコクとハノイ間をつなぐ輸送の場合、通常、バンコクからハノイ向けに輸送する貨物は多くありますが、反対にハノイからバンコク向けに輸送する貨物は少なく、貨物量のアンバランスが発生しています。

また、南部経済回廊を利用して、バンコクからプノンペン向けに部品を供給して、プノンペンで加工した半製品を再びバンコクに戻すといった、人件費格差を利用したコスト削減のための国際分業、いわゆるタイプラスワンの動きの中では、双方向に貨物が存在しているため、効率よく運行ができている事例もあります。ただし、これは2国間という前提があることに注意しなければなりません。第3国へコンテナで輸出する場合、発地まで空のコンテナを回送するという片荷という問題がどうしても発生してしまいます。

片荷運行では、必ず空車でトラック回送を行う必要があるため、結果として輸送コストが割高になります。双方向で貨物を集荷し、効率よく運行を継続していくためにも、航空会社、船会社でみられるように、陸上運送事業者同士が連携してトラックの共同運行（Co-Load）を視野に入れながら、輸送サービスの充実を図っていくことが重要になってくると思われます。

③ 手続きの簡素化に向けた取り組み

国境での輸出手続き、輸入手続きの際に実施される検査を一本化するシングルストップ、輸出入通関手続き、検疫窓口を1つにするシングルウィンドウな

9.3 クロスボーダー輸送における課題と将来展望

どもここ数年、課題としてあげられていましたが、ようやく実現に向け動き始めています。まずは 2015 年 7 月から、東西経済回廊上にあるデンサワン（ラオス）とラオバオ（ベトナム）国境で、共通検査場（CCA：Common Control Area）の運用が開始されました。ラオスからベトナムに向かう貨物は、出国手続きをベトナム側税関で行い、逆にベトナムからラオスに向かう貨物の出国手続きは、ラオス側税関で行っています。通関手続きだけではなく、出入国管理や動・植物検疫、薬品や化学薬品等の危険物検査といったシングルストップの運用も開始されています。

このサービスはまだ始まったばかりで、通関と検査時間は大幅に短縮されたわけではありません。国境での通関の 24 時間サービスが実施されていないこと、ラオスの街灯が整備されない以上、深夜走行が困難なため、所要時間を比較しても、以前と余り変わらないようです。

また、タイとラオスの国境での簡素化の取り組みですが、従来、タイの国家公務員法では、外国で業務に従事することができるのは大使館職員などだけでした。しかし、2015 年の法改正により、税関職員や動・植物検疫官、入国管理官についても海外勤務が認められるようになりました。CCA の施設も完成し、2016 年 1 月から運用が開始される予定でしたが、2016 年 5 月末現在、諸事情によりまだ開始されていません。なお、CCA 運用は、他の経済回廊の国境でも早期導入が望まれています。

④ 相互車両通行の限界

2 国間ライセンスを用いたトラック、バスの隣接国への相互乗り入れについては、すでに一部実現していますが、CBTA は包括的な取り組みであるものの、規則と運用面での理解が異なり、実際に国境を越える車両の相互通行に関しては、2 国間で対応しているのが現状です。

その具体例が、3 か国間ライセンス（タイ、ラオス、ベトナムの 3 か国間通行ライセンス）です。東西経済回廊ではこのライセンスを用いて、同一車両による 3 か国間輸送も可能となっています。しかし、それを保有していても、通行区域の制限が存在するため、3 か国間ライセンスを持つタイとベトナムのトラックは、ラオスを経由してベトナムとタイへの乗り入れができません（表 9-5）。そのため、現実的には、2 か国間間ライセンス（タイとラオス、またはラオスとベトナム）を利用しての運行になっています。CBTA 上の規則と運用面での理解が異なり、3 か国間ライセンスは余り役に立っていないともいえま

国	相互車両運行
タイ→ラオス	・相互通行に関する覚書を締結し、ダブルライセンスを持つ車両のみラオスに入れる。 ・日系物流企業は、ダブルライセンスの車両を利用して、ラオスまで貨物を引き取る。
ラオス→タイ	・相互通行に関する覚書を締結し、ダブルライセンスを持つ車両は原則的にタイに入れるが、タイの自動車安全基準を満たすことを必要条件に加える。 ・ただし、この基準に達している車両が少なく、実際にラオス側の車両がバンコクまで行くのはほぼ不可能で、ラオスに隣接するタイのノンカイ程度までである。 ・タイ（右ハンドル）は基本的にラオス（左ハンドル）のトラックの通行を認めない。
ベトナム⇔ラオス	・相互通行に関する覚書を締結し、ダブルライセンスを持つ車両が走行可能。 ・ベトナム（左ハンドル）は基本的に右ハンドルのトラックの通行を認めない。
カンボジア⇔タイ	・相互通行に関する覚書を締結し、ダブルライセンスを持つ車両が走行可能。 ・カンボジアのトラックがタイとの国境都市ポイペト（カンボジア側）で貨物を積替えることが一般的、また、国境からカンボジア国内20km圏内まで、ダブルライセンスなしでタイのトラックが走行可能。
カンボジア⇔ベトナム	・相互通行に関する覚書を締結し、ダブルライセンスを持つ車両が走行可能。 ・カンボジアのトラックがホーチミンの隣接港まで走行可能だが、ベトナムのトラックがカンボジアの輸入を担っている現状。 ・ベトナムの国境地点からカンボジアの20km圏内までは、ダブルライセンス無しでベトナムのトラックが走行可能。
ミャンマー⇔タイ	・ミャンマーのトラックがタイでの通行を認められていないため、国境（ミャンマー国内）にて積替えが必要となる。

（出所）現地調査により筆者作成

表9-5　相互車両通行の状況

す。

⑤ プノンペン市街地の走行規制

　カンボジアの主要国道は、プノンペンを中心とした放射線状に配置されています。そのためプノンペン市内の交通渋滞が深刻化しており、先述したようにプノンペン市は流入規制として、大型トラックを朝8時から夜8時までの間、市街地の走行を禁止しています。社会環境からすると、その取り組みに対し異存はありません。しかし、バンコクやホーチミンからプノンペンを通過し、近郊のSEZや工場へ輸送するトラックも、プノンペン市街地を通過する必要があります。たとえば、多くの日系企業が進出しているプノンペンSEZは、プノンペンの西方約20km、シアヌークビル港につながる国道4号線沿いに位置しており、バンコクからのルート（国道5号線）やホーチミン（国道1号線）

へのアクセスも、この市街地を経由する必要があります。そのため、走行規制の間はプノンペン市近郊に待機せざるを得ない状況となっています。すなわち、夜8時以降にプノンペンに入れるよう時間調整をしており、それがリードタイムの増加、それに伴うドライバー拘束時間の延長、その結果、輸送コストが高くなる要因につながっています。これを解消する手段として、環状道路が整備中です。これが完成すれば、走行規制エリアを回避することが可能となり、リードタイムの短縮化、輸送コストの低減につながります。

(3) 将来展望について

　ASEAN は地政学的に中国とインドの2大経済圏に挟まれた中間地域に位置しています。中国とは、ASEAN 中国 FTA（ACFTA：ASEAN and China Free Trade Agreement）、インドとは ASEAN インド FTA（AIFTA：ASEAN and India Free Trade Agreement）があります。また、2015年末から AEC（ASEAN 経済共同体）が発足しており、シンガポール、マレーシア、タイ、フィリピン、インドネシア、ブルネイの6か国は品目数ベースで98％以上の域内関税を撤廃済み、遅れて加盟したカンボジア、ラオス、ミャンマー、ベトナムの4か国も 2018 年までに全品目で域内関税を撤廃しようとしています。この域内の関税撤廃が ASEAN 域内における貿易拡大の追い風につながるものと確信しています。GMS 域内では、まだまだインフラの未整備部分は残されてはいますが、隣接国との経済格差を利用して一部の労働集約型産業を移転させ、タイを中心としたオペレーションの多角化、高品質なサプライチェーンの構築を実現するための土壌がすでにできあがっていると考えています。その実現を担うためにも、今後、経済回廊を活用したさらなる陸路クロスボーダー輸送の発展が、GMS 域内のロジスティクスを大きく成長させる鍵となっていくはずです。

タイ・バンコク市内

【参考文献】
1) 石田正美・工藤年博 編 （2007）「―実現する3つの経済回廊―」『大メコン圏経済協力』アジア経済研究所

2) 池部亮・蒲田亮平・竹内直生・水谷俊博 (2015)「ー特集 覚醒！メコン つながる・作る・売るー」『ジェトロセンサー』
3) 石田正美 (2015)『メコン地域における物流事情：インフラ整備の経済効果』
4) 三菱東京 UFJ 銀行　国際業務部　BTMU Global Business Insight Asia & Oceania

第 10 章　GMS 主要国の輸出入通関手続

10.1　通関とは何か

　通関とは、一般的には関税法等の法令で定められた貨物の輸出入に関する税関手続を履行し、輸出入貨物が税関を通過することをいいます。「広義の通関手続」としては、輸出にあっては輸出申告（その申告に先立って貨物を保税地域に搬入する場合には当該搬入）から輸出許可を経て外国貿易船・貿易機への積込みまで、輸入にあっては外国から到着した貨物の外国貿易船からの船卸し（外国貿易機からの取卸し）から輸入の許可を経て国内に引き取るまでの一連の手続をいいます。また、これらの申告に先立って必要とする他法令（関税法その他関税に関する法令以外の法令）の定めるところによる許可、承認あるいは条件の具備などについての手続も含まれます。

　他方、「狭義の通関手続」としては、貨物の輸出または輸入の申告、すなわち貨物を輸出し、または輸入することの意思表示（法律的行為）から、行政庁の処分であるその許可に至るまでの税関手続をいいます。日本の場合、関税法第 67 条において、貨物を輸出し、または輸入しようとする者は、税関長に申告し、必要な審査、検査を経てその許可を得なければならないと定められています。

　この申告は、関税法に定められている一定の方式に従って、貨物を輸出または輸入しようとする者が税関長に対して行う要式行為であって、これにより、輸出または輸入しようとする貨物が特定され、また、輸入貨物に関しては関税の課税物件が確定し、当該輸入しようとする者（輸入申告者）に対し、関税の納付義務が生じることになります。

　また、輸出、輸入ともに許可制がとられており、基本的に何人も税関長の許可なくして、貨物の輸出または輸入はできないことになっています。関税法は、併せて、貨物の輸出または輸入に関し、他法令による許可、承認または条件の具備を要する貨物については、当該許可・承認を得ていること、さらに条件の具備が確認できなければ、税関長はその申告に係る貨物の輸出または輸入を許可しないこととされています。さらに、関税が課される貨物については、原則として、当該関税が納付された後でなければ許可しないこととされています。

通関手続において、こうした許可制がとられているのは、貨物の輸出または輸入に関して、自国の産業の保護、国民経済の発展、国民の安全・安心の確保等、さらに国際協調と協力の観点から、また、関税、内国消費税などの適正な賦課・徴収を確保する必要があるからです。このように、貨物の輸出入に関する必要最小限の法令の規制及び関税などの賦課徴収を通関手続において許可制をとることによって、確実かつ効率的に確保することとしており、ここに通関手続の意義と機能があるといえます。

世界各国で、通関手続に許可制がとられているのはこうした理由によります。後はいかにこうした手続を適正かつ迅速に処理する仕組みを構築するか、つまり、具体的にどのような手続を制度化するかということですが、それぞれの国の実情、環境、これまでの関税、税関手続の歴史にも関係して、国により若干の違いがみられるところです。

一方、近年、こうした税関手続が国ごとに異なることが円滑な国際物流の阻害要因のひとつともなり得ることから、たとえばWCO（世界税関機構）の改正京都規約、WTO（世界貿易機関）の貿易円滑化協定等、国際的に議論し協定が締結され、各国においては、適正さを確保しつつ迅速な通関手続を目指して日々努力がなされているわけです。

10.2 主要国の通関手続

(1) 通関手続の概要

本節では、こうした観点から、ASEANの中でもGMS諸国（主として、カンボジア、ラオス、ミャンマー、タイ、ベトナム）の狭義の通関手続を中心にして、関税制度、輸出入制限品目、輸出入通関手続、事後調査、その他通関に関連する諸制度について概説することとします。

各国の具体的な通関手続について紹介する前に、これまで述べてきたとおり、通関手続に関係する要素は各国共通しており、まず、その要素について簡単に説明しておきます。

なお、通関手続は時々改定されます。本章の内容は、基本的に2016年5月末現在で知り得たところによっている旨、あらかじめご了承ください。

① **輸出または輸入の申告（Declaration）**

輸出または輸入の申告は、貨物を輸出または輸入しようとする者が当該貨物を輸出または輸入したいという税関長に対して行う意思表示です。ASEAN各

② 関税の確定方式と事後調査

　関税の確定方式には、「賦課課税方式」と「申告納税方式」があります。

　「賦課課税方式」とは、納付すべき関税の額が専ら税関長の処分により確定するものです。これに対して、「申告納税方式」とは、納税義務者自らの申告（納税申告）によって納付すべき税額が確定する方式です。余談ですが、申告納税方式は自ら行う申告ですから、確定した税額について不服申立てを行うことはできませんが、申告税額に対する税関長の更正処分については行うことができます。

　一般の商業貨物については、現在、日本をはじめ多くの国では申告納税方式が採用されています。ASEAN諸国においても多くの国は申告納税方式ですが、後述のとおり、一部では賦課課税方式をとっている国もあります。

　さらに、事後調査についてですが、最近は日本に限らずASEAN諸国でも広く確立され実施されてきています。日本では、申告された内容が正しかったかどうか事後に税関当局が調査をするという目的で、いわば申告納税方式を補完するという趣旨で行われています。事後調査は税関職員の質問調査権に基づくもので、必ずしも申告納税のみに関連するものということではありませんが、申告納税方式の採用とともに、一層の事後調査制度の充実が図られてきたというのは間違いないといえましょう。

③ 関税率について

　関税率は貨物に関税を課す場合の税率で、関税率表に定められています。関税率表は品目表とそれぞれの品目ごとに定められた関税率から成り立っています。この品目表部分はHS条約（International Convention on the Harmonized Commodity Description and Coding System）に基づく6桁のコードと、それに対応する品名（description）で構成されています。6桁のコードのうち最初の4桁を項（heading）といい、すべての物品はこの4桁のいずれかの項に分類しなければなりません。その4桁の項の下に、さらに2桁の細分（号）があり、最終的には、この合計6桁の号のいずれかに分類することとなります。これがHS条約の附属書であるHS品目表上の分類です。各国はこの細分の下にさらに自国の関税率表のための細分を設定しています。

　ASEANでは、この6桁のHS品目表の下に2桁の細分を設けてASEAN共

通の品目表（8桁）としています。さらにオプションとして、各国独自にその下に2桁または3桁の細分を設け実施しています。

　関税は、一般に輸入貨物に対して課されますが、カンボジア、ラオス、ミャンマー、タイ、ベトナムなどでは、品目によっては輸出貨物に対しても関税が課されることがあります。

　関税率については、国定税率、WTO 協定税率の他、ASEAN では ASEAN 物品貿易協定（ATIGA）によって、ASEAN 域内の相互の関税撤廃あるいは軽減を行っています。ちなみに、ATIGA の前身は、1992 年に ASEAN 原加盟 6 か国でスタートした ASEAN 自由貿易協定（AFTA）である共通効果特恵関税（CEPT）協定（1993 年発効）です。さらに CLMV（カンボジア、ラオス、ミャンマー、ベトナム）も ASEAN に加盟し、またこの CEPT 協定に代わって、2010 年 5 月 17 日に ATIGA が発効しました。これにより、自由化の対象品目や対象事項が拡大されました。ただし、CEPT の適用対象となるためには当該物品が ASEAN 加盟国（10 か国）いずれかの原産品（原材料、部品などを輸入して製造した物品の場合は自国関与率 40％以上）であることが条件でしたが、2008 年 8 月 1 日から一部品目 HS 番号 4 桁レベルの変更でも ASEAN 原産品とみなされ、域内特恵関税の適用が受けられるようになり、ATIGA でもこの基準が継承されています。

　また、ASEAN 全体として、他国との間で FTA（日・ASEAN、ASEAN・豪州及びニュージーランド、ASEAN・中国、ASEAN・韓国、ASEAN・インドの 5 つの FTA）を締結し、これら FTA 締約国間においては、その締約国の原産品に対する輸入関税については、相互に譲許した税率を適用することになっています。ただし、ASEAN メンバー国及び締約国が、こうした FTA の発効に関する国内の法的措置を終えていることが条件となります。（現在、日・ASEAN 協定においては、インドネシアは発効手続きを終えていません。）

　さらに、ASEAN 各国においても独自に他の国・地域との間でこうした FTA を締結している国があります。たとえば、日本は、シンガポール、マレーシア、タイ、ベトナム、インドネシアと協定を締結しています。また、現在交渉中のものとして、東アジア地域包括的経済連携（RCEP）があります。これは、日本、中国、韓国、インド、オーストラリア、ニュージーランドの 6 か国が ASEAN と締結している上記の 5 つの FTA を束ねる広域的な包括的経済連携構想で、2011 年 11 月に ASEAN により提唱されたもので、2012 年 11 月の

ASEAN関連首脳会合（プノンペン）で正式に交渉の場が立ち上げられ、2013年5月から本格的交渉が開始されています。当初の予定では、2015年末までに大筋合意し、残る技術的課題は2016年のできる限り早期に解決することを目途に交渉を加速することで合意されています。RCEPが実現すれば、人口約34億人（世界の約半分）、GDP約20兆ドル（世界全体の約3割）、貿易総額10兆ドル（世界全体の約3割）を占める広域経済圏が出現することになります。

④ 課税価格の決定方法

関税を課する場合の課税標準は価格または数量です。多くの場合は従価税で、その課税価格の決定方法が問題となります。日本やASEAN各国を含め多くのWTO加盟国の課税決定方法は、原則としてGATT7条の「関税評価の実施に関する協定」（一般に「WTO関税評価協定」として知られている）に基づき、これに従った国内法令により実施されています。

関税額は、課税される貨物の関税率表上の所属が決定（関税分類）され、その適用される関税率を課税標準（従価税の場合は価格）に掛けて納付すべき関税の額が決まります。

⑤ その他

上記の他、税関では申告された書類の審査、貨物の現物検査などを行い、問題がなければ、輸出または輸入の許可がなされ、これにより貨物の船積み（輸出）または国内への引き取り（輸入）が可能となります。また、GMS域内での陸上輸送の場合は国境通過が許されることになります。さらに、タイのように輸出または輸入許可（納税）後に税関による現物確認等のための書類との照合・検査が行われる国もあります。

なお、時には輸出入申告に先立ち、輸出入の許可・ライセンスの取得が求められる貨物もあります。

(2) 関税の賦課徴収の仕組み

GMSに関係深いカンボジア、ラオス、ミャンマー、タイ及びベトナム（以下この章において、これらを「各国」と称します）の関税の賦課徴収関係の概略は表10-1のとおりです。

① 関税の確定方法及び課税標準について

関税の確定方法は、ミャンマーを除く各国とも申告納税方式です。

関税の課税標準である課税価格は、WTO関税評価協定を採用し、取引価格

表 10-1　各国の関税の確定方式その他関連制度等（2016 年 3 月末現在）

	カンボジア	ラオス	ミャンマー	タイ	ベトナム
関税の確定方式	申告納税	申告納税	賦課課税(注2)	申告納税	申告納税
関税率表	8桁	8桁	10桁	10桁	8桁(注3)
課税価格(注1)	CIFベース	CIFベース	CIFベース	CIFベース	CIFベース
事後調査	導入済み	導入済み	未導入	導入済み	導入済み
事前教示制度	導入済み	導入済み	未導入	導入済み	導入済み

＊注1：輸入貨物の関税の課税価格。輸出関税についてはいずれも FOB ベース。
＊注2：ミャンマーは、申告納税方式に変更すべく関係法令を改正、運用通達も準備済みで、遅くとも 2016 年 11 月に予定している MACCS 運用までに実施予定。事前教示についても、同時期に導入される予定。事後調査は運用開始後の予定。
＊注3：輸出関税率表においては一部 10 桁がある。
（出所）ジェトロホームページ、日系 N 物流事業者に対するヒアリング、現地関税当局派遣専門家照会結果などから筆者作成

（Transaction Value）を基準とすることになっています。輸入関税の課税価格は、各国とも CIF ベース（輸入港（地）までの実際に要した運賃及び保険料込み価格）です。いずれの国も WTO 関税評価協定を実施しており、当該規定に準拠したものとなっています。

ミャンマーは CIF に陸揚げ費用として CIF の 0.5％相当額を加算したものとなっているとの報告もありますが、ミャンマー関税総局派遣植野修平専門家による現地からの報告によりますと、本来は運送及び運送に関連して要した実際の費用が加算されるものであり、現在はこのような CIF の 0.5％相当額を加算する等の取り扱いはされていないとのことです。

なお、ミャンマー、カンボジア、ラオス、タイ及びベトナムの輸出関税はいずれも FOB ベースとなっています。

② **事前教示について**

事前教示は、関税分類、関税評価、原産地などについて、輸入者などからの要請に応じ、申告前に税関が教示するものです。現在導入準備中のミャンマーを除く各国がすでに実施しています。特にタイは、2015 年から文書による事前教示内容については 2 年間の有効期限で、当局に対し法的拘束力を持つとされています。

(3) 関税その他の税制の仕組み

すべての輸入貨物は一義的に関税の課税対象です。また、一部の輸出貨物については輸出税が課せれるものもあります。その他、付加価値税、個別消費税、特別税などが課せられる国もあります。

① カンボジア

カンボジアの関税率の種類は、従価税または従量税です。また、ガソリン、軽油など一部の品目を対象に従量税と従価税との選択税がとられているものもあります。

輸入貨物に対する関税は、主として従価税（無税、7％、15％、35％の4種類）で、平均税率は12％になっています。その内容は以下の通りです。

（ⅰ）医療用品（HS30類）、肥料（HS31類）などは10％、（ⅱ）食用の果実及びナッツ等（HS08類）、動・植物性の油脂等（HS15類）、紙・板紙等（HS48類）は7％、（ⅲ）衣類及び衣類付属品（HS61及び62類、一部除く）等は15％、（ⅳ）肉等（HS02類、一部除く）、肉・魚等の調製品（HS16類、一部除く）、野菜・果実等の調製品（HS20類、一部除く）、自動車（HS8703項、一部除く）は35％となっています。

カンボジアの輸出関税は現在、次の617品目が対象となっています。

（ⅰ）魚、甲殻類、軟体等（HS03類）等は10％、（ⅱ）硫黄、土石類等（HS25類、一部除く）は10％または20％、（ⅲ）鉱石等（HS26類）は10％、（ⅳ）ゴム等（HS40類、一部除く）は10％、（ⅴ）木材及びその製品等（HS44類、一部除く）は5％、10％または15％。（なお、木材チップの輸出税については2014年6月以降免税）

さらに、カンボジアにおけるその他の租税、手数料として、（ⅰ）商品流通税（VAT）として（CIF価格＋関税額）×10％、（ⅱ）特別税（Special Tax）として4.35％〜45％（特定品目に対して課税）、（ⅲ）通関手数料として1申告に対し15,000カンボジア・リエル（KHR）がかかります。

なお、カンボジアでは、投資適格プロジェクト（QIP）企業が輸入する生産設備、建設資材、原材料（輸出加工型のみ）は輸入関税が免税となる制度があります。

② ラオス

ラオスの関税率は従価税率で、基本税率、WTO協定税率、FTA特恵税率（ASEAN、日本、中国、韓国、豪州・ニュージーランド及びインド）などが定

このうち基本税率とWTO協定税率は、6段階制（5％、10％、15％、20％、30％、40％）となっています。
　関税率表は、AHTN（ASEAN Harmonized Tariff Nomenclature）2012年版に準拠する8桁のHSコードを2013年から用いています。また、輸入時には関税以外に付加価値税及び品目によっては物品税などが賦課されます。
　この付加価値税率は一律10％とされています。ただし、原材料、化学品、固定資産として登録され、企業の生産活動に直接利用される機械・設備・資材のうち、ラオス国内で生産できない、あるいは国産品の品質が基準に満たないために輸入するものなど、特定の条件を満たす輸入品については税率0％とされています。また、特定の輸入品には25〜150％の物品税が課税されます。これらの税は、通関時に個別物品税申告書を提出、納付します。
　なお、その他種々の関税減免税措置がありますが、ここでは省略します。

③　ミャンマー
　関税は輸入貨物に課せられます。現在、課税方式は賦課課税方式ですが、2016年11月に運用開始予定の日本の電子通関システム（NACCS）をベースにした新たな通関システム MACCS（Myanmar Automated Cargo Clearance System）の本格稼働前に申告納税方式に移行する予定です。
　関税以外の諸税としては、商業税（付加価値税（VAT）に相当）が、輸入品については税関において関税と同時に徴収されます。税率はすべて5％となっています。2016年4月からは、1,800cc以上の自動車、酒類、たばこなど16品目に対し、また輸出はチーク材、ヒスイなど4品目に対してそれぞれ特別物品税（Specific Goods Tax。これまでの商業税の呼称から変更）が課されることになりました。なお、税率は品目によって異なります。
　さらに、原則すべての輸出入貨物に対し、前払法人税（2％）が課されます。これは、所管官庁が税関ではなく国税局で、輸出の場合は輸出申告書類の提出前に、輸入の場合は関税納付時に合わせて納付することとなっています。これは法人税の一部前払いですので、年度末に調整、必要があれば還付されることになっています。なお、ミャンマー投資委員会（MIC）の認可を得た輸入者が輸入する貨物、委託加工用に輸入する原材料、ODAに係る無償貨物、個人輸入の自動車などは対象外で、前払法人税の納付も免除されます。

④ **タイ**

　関税は、大部分の品目は従価税ですが、一部の品目は従量税となっています。関税以外の諸税として、付加価値税（VAT）（原則としてすべての財貨・サービスに対して7%）、個別物品税（タバコ、石油製品、清涼飲料、車など特定の物品の製造者または輸入者に対し課税。ただし、税率は品目によって異なる）があります。

　その他、輸出を振興するための優遇措置として、たとえば、関税法第19条第2項による輸出のための部品・素材輸入関税の払戻し（還付）、保税倉庫スキームに基づき保管された物品に対する関税の減免、フリーゾーン（FZ）へ持ち込まれた物品に対する免税、IEAT（タイ工業団地公社）フリーゾーンへ持ち込まれた物品に対する免税、投資委員会（BOI）スキームに基づく輸出用製品製造のための原材料、資材輸入関税に対する免税などの優遇税制措置があります。

⑤ **ベトナム**

　ベトナムでは、すべての輸入貨物及び一部の輸出貨物（HSで123の項が対象。うちNo.1（08.01項）、No.60（40.01項）、No.61（40.02項）、No.62（40.05項）は税率0）に対して関税が課せられます。また、輸入関税には、標準関税率、優遇関税率、特別優遇関税率及びその他の関税率の4種類があります。ただし、これらの税率の呼称はそれぞれ基本税率、MFN（最恵国待遇）税率、FTA譲許税率及びその他の減免税等暫定税率と考えられますが、ここでは出典のJETROの用語に従いました。輸入関税の課税価格はCIFベース、輸出関税はFOBベースです。

　標準関税率は、他の関税率が適用されない輸入物品について適用されるもので、最恵国税率（MFN）より50%高く設定されています。優遇関税率は、ベトナムとの間で最恵国待遇を締結している通商国からの輸入物品に適用され、国内法により、物品ごとに規定されています。特別優遇税率は、EPA・FTAなどによる譲許税率です。

　その他の税率は、国内の関税法令による特別措置で、たとえば、（ⅰ）電子部品及び付属品（HS70.11、85.04、85.18、85.22、85.29、85.32、85.33、85.40に該当する物品）に対する軽減税率、（ⅱ）その他の部分品及び付属品、（ⅲ）自動車及びバイク（HS87.04、87.11）に対する個別の税率等があります。

　関税以外の諸税としては、付加価値税（VAT）、特別消費税（ET）、環境保

護税（EPT）があり、国内生産品と輸入品の双方が課税対象になります。

　付加価値税は、物品輸入の場合、通関時の輸入品の価格に輸入関税及び特別消費税を加算した額を課税標準として、税率は5％、10％または非課税となっています。また、特別消費税（ET）は、タバコや酒類、座席が24席以下の乗用車、飛行機、ヨットなどに課され、課税標準は通関時の輸入品の価格に輸入関税を加えた価額です。ただし、寄付や再輸出を目的とする輸入物品、貨物や旅客の輸送目的の飛行機やヨットなどは免税されます。その他輸出加工企業（EPE）に対する輸出入関税は免除となっています。さらに、輸出関税は、輸出加工企業、輸出加工区、保税倉庫から輸出された物品など、輸入関税、輸出加工企業での使用、あるいは輸出向け製品の生産のために輸入された物品などが免税の対象となっています。この他各種の優遇輸出入関税措置などがあります。

(4) 輸出入規制対象貨物

　一般貨物で、輸出入規制の対象となる品目としては次のようなものがあげられます。

① カンボジア

　輸入が禁止されている貨物として、中古品（コンピュータ、電池、履物、バッグ等）、右ハンドルの自動車、宗教・政治的またはわいせつ図書等の法令に抵触する印刷物、知的財産侵害物品などがありますし、その他輸入が規制されている貨物として、薬品、医療関係品（保健省）、生きている家畜（農林水産省）、武器・弾薬（内務省）、文化芸術関連物品（文化芸術省）、金・銀・宝石類（カンボジア国家銀行など）があります。

　また、輸出が禁止されている貨物としては材木が、輸出が規制されている貨物としては、家具、木製手工芸品などの木材加工製品（農林水産省）、武器及び軍用車両・機器（防衛省）、薬品・医療関係品（保健省）、文化財（文化省）などがあります。（以上括弧書きはライセンス発給機関）

② ラオス

　自動・非自動輸出入ライセンスが必要な品目、その他輸出入ライセンスが必要な対象品目（医薬品、化粧品、食品、農業資材、農畜水産品など）があります。

　また、その他の規制対象品目としては、（ⅰ）事業活動に使用するセメント・

鉄鋼の輸入、(ⅱ) ダイヤモンドの輸出入、(ⅲ) 木製品の輸出、(ⅳ) 事業活動に使用する車両の輸入、(ⅴ) 事業活動に使用する石油製品、ガスの輸入があります。

さらに、通関に関連してそれぞれの手続が求められる場合があります。たとえば、(ⅰ) 医薬品、化粧品、伝統医薬品は、輸入ライセンス取得の前に保健省食品薬品局で製品の登録が、(ⅱ) 食品は、保健省食品薬品局での輸入ライセンスの取得が、また、高リスク食品は、同局での製品登録が必要です。その他(ⅲ) 農業資材（農薬）、農産物（植物、種、果物、野菜）についてはいずれも製品の登録が、また初回輸入では輸入許可証の発給を受ける必要があります。さらに、(ⅳ) 水産物（生鮮、冷凍）の輸入は農林省畜水産局から輸入許可証の取得、家畜の輸入はワクチン接種証明書などを提出して技術証明書の発給を受け、その後、輸入ライセンスを取得することになります。

③ ミャンマー

HS コードで 983 品目（2014 年 8 月時点）の輸出についてはライセンスは不要です。また、輸入については、ライセンス取得が必要な 4,405 品目を発表し、2013 年 8 月 1 日から施行しています。したがって、これら以外の輸入貨物は原則としてライセンスは不要です。

ライセンスが必要な品目の場合は、輸出入の都度、ライセンスを取得したうえで輸出入通関する必要があるので、これらについては事前に確認しておくことが重要です。

さらに、輸出については、貿易業として企業設立のうえ、輸出入業者登録を行う必要があります。ただし、外国企業は現在貿易業としての設立が認められていないため、輸出入はミャンマーの地場企業に依頼する必要があります。

④ タイ

猥褻物、ポルノ、タイ国旗、麻薬等不正薬物、偽造貨幣・有価証券、知的財産侵害物品などは輸出入が禁止されています。

その他、輸出入管理対象物品として、他法令の許可・承認（ライセンス）が必要とされる物品としては、医薬品、食品、健康補助食品、骨董の美術品、武器爆発物、化粧品などがあります。

⑤ ベトナム

ベトナムの自動輸入ライセンス取得対象品目としては、HS 番号で 72 類の鉄鋼のうち、72.07、72.09、72.10、72.11、72.12、72.13、72.14、72.15、72.19、

72.20、72.24、72.27、72.28、72.29、73.06に該当するものとなっています。

なお、一時輸出入あるいは通過貿易での輸入、製造及び加工を目的とした輸入貨物については、自動輸入ライセンス取得対象外となっています。その他、たとえば中古機械・設備の輸入を規定する科学技術省の通達（Circular 23／2015／TT-BKHCN号。2016年7月1日に発効）や、その他オフィシャルレター（Official Letter 2527／TB-BKHCN）が発出されることなどにより、特定品目の輸入の禁止措置がとられることがありますので注意を要します。具体的には、たとえば指定された鉄鋼製造、合金や石炭精製等の中国で使用禁止となっている機械・設備のベトナムへの輸入を一時的に禁止する、といった内容です。ただし、ベトナム国内で用いられず通過のための一時輸入は除外されます。

また、その他の制限やコントロール関連事項として、（ⅰ）外資系企業の一時輸入活動に関する制限、（ⅱ）食品の検査手続、（ⅲ）アルコール・携帯電話の輸入に関する通関官署の指定、（ⅳ）化粧品の管理規則、（ⅴ）輸入品16項目を対象とする輸入スタンプの貼付免除、（ⅵ）輸入アルコールのスタンプ管理などがあります。

(5) 各国の通関手続き
① カンボジアの通関事情
【輸入通関手続】
　たとえばシアヌークビル港及びプノンペン新港での輸入通関手続は以下のとおりです。
　1）必要書類
　　　輸入者（通関業者）は各港税関支署に申告する前に、プノンペンの関税消費税総局（税関本庁）で申告価格（インボイス価格）の認証を申請（プノンペン新港への申告については税関本庁へのインボイスの認証申請は必要ありませんが、原産地証明の認証は必要）します。また、貨物が食品や化学品等の場合、プノンペンのカムコントロール（CAMCONTROL：Cambodia Import Export Inspection and Fraud Repression Department；輸出入許可）の本庁で同様に輸入許可書を申請（輸入関税の総額が300ドル以下の場合は不要）し、オリジナルの許可書を各港の支局へ持参します。通関では、認証済インボイス、パッキングリスト、B／L、VAT登録証、

税務登録証、他省庁発給の輸入許可証（対象貨物の場合）などが必要です。さらに、カムコントロールでは売買契約書が求められます。

2）ASYCUDA 入力

輸入者（通関業者）は、関係する港の税関官署で ASYCUDA に輸入貨物情報を入力し、SAD（The Single Administrative Document for import and export）を作成します。ASYCUDA とは UNCTAD が開発した電子通関システム（Automated System for Customs Data）で、現在カンボジアの全国 22 か所で運用されています。また、現在インターネットで ASYCUDA に直接入力できる機能（DTI：Direct Traders Input）を付加し対象業者の認証が進められています。

3）書類の提出

輸入者（通関業者）は、SAD と上記添付書類を税関支署へ提出する一方、関係書類（インボイス、パッキングリスト、B／L 等）と本省から発行されたオリジナル許可書をカムコントロールの各港支局へ提出します。

4）ASYCUDA による処理及び検査

ASYCUDA のリスク判定により、SAD は青、緑、黄、赤のいずれかに分類されます。緑及び青の場合は、原則書類審査と開披検査は省略（ただし、通関後の書類審査あるいは事後調査の対象となる）、黄は書類審査、赤は開披検査（書類審査含む）の対象となります。開披検査は可能な限り、税関とカムコントロールの共同検査となるよう配慮されています。なお、書類審査で過誤や疑問などがある時は、検査官によって質問が行われる場合があります。また、リスク判定の結果如何にかかわらず、原則すべての輸入コンテナ貨物は大型 X 線装置によるスキャンニング検査の対象となっています。検査後、審査区分が赤色となった申告貨物については税関及びカムコントロールによる開披検査が行われ、異常がなければ、関税・手数料の納付、貨物に問題があれば、一時的に留置されます。

5）関税・手数料の納付

SAD の書類審査終了後、納付すべき関税及び付加価値税（貨物によっては特別税が課税される）の額が確定され、輸入者（通関業者）は銀行で関税等を納付し、銀行発行の領収書を各港税関官署に提示して、貨物引取り用の書類を受領します。

6）貨物の引渡し

　　上記3）のSADに関係税関支署長の署名（輸入・引取許可）を得て、貨物を引取ることになります。

　　なお、港湾倉庫には45日まで保管することが可能（空港の場合は30日）ですが、45日を超えた場合、CIF価額の0.1％が1日ごとに課せられます。また、3か月以上引取りがない場合は、関税法55条に基づき貨物は廃棄・売却等の処分の対象となります。

【輸出通関手続】

　基本的には輸入貨物の通関と同様です。すべての輸出貨物は税関官署または税関長の指定する場所において、その旨報告しなければなりません。また、経済・財務大臣は、当該輸出貨物に係る報告に基づき、移動、保管、運送について、Prakasによって、時間、方法、必要書類、状況及び例外を定めることとされています（関税法第16条）。

　以下はシアヌークビル港及びプノンペン新港の場合です。

1）必要書類

　　税関での必要書類は、通関申告書（ASYCUDAで作成）、インボイス、パッキングリスト、VAT登録証、税務登録証、輸出許可ライセンス（必要な場合）、原産地証明書（必要な場合）です。カムコントロールでは、売買契約書も必要となります。なお、輸出ライセンスが必要な品目は、未加工ゴム、木製品、野菜や果物などの農産物、魚などの水産物、生きた動物、薬品、芸術・文化関係品、未加工宝石などです。

2）ASYCUDA入力

　　輸入手続きと同様です。

3）必要書類の提出

　　輸出者（通関業者）は、SADと関係書類（インボイス、パッキングリスト、VAT登録証、税務登録証、輸出許可ライセンス（必要な場合）、原産地証明書（必要な場合）等）を各港税関支署へ提出、同様に輸出者（通関業者）は、関係書類（インボイス、パッキングリスト等）と本省から発行されたオリジナルの許可書をカムコントロールの各港支局に提出します。

4）ASYCUDAによる処理及び検査

　　ASYCUDAによるリスク判定とその処理については輸入の場合と同じ

5）輸出税・手数料の納付

　　SADの書類審査が終了すると、輸出税対象貨物の場合は納付すべき輸出税が決定され、輸出者（通関業者）は銀行窓口にて輸出税を納付し、銀行発行の領収書を各港税関支署に提示し、貨物リリース書類を受領します。税関 申告手数料（Customs Processing Fee：CPF）、カムコントロールの貨物検査料金は、輸入の場合と同様です。

6）船積み調整

　　1）と2）と同時並行で、輸出者（通関業者）は船積みについて、各港湾公社と調整を行います。

7）船積み

　　輸出者（通関業者）は各港湾公社のStevedoring Department（貨物の積卸し担当部署）と調整し、同Departmentがコンテナヤードなどから船積みを行います。

【特別通関手続について】

　プノンペンからの縫製品などの輸出の場合、経済特別区や生産工場において、税関及びカムコントロールの審査・検査を受けることが可能で、検査を受けた貨物のコンテナはシールされ、輸出者（通関業者）はプノンペンで税関及びカムコントロールがサインした関係書類の原本をシアヌークビル港税関支署またはプノンペン新港税関支署に提出します。コンテナは開封されることなく、シール確認のみがなされます。また、各港税関支署でも同様に関係書類とコンテナシールの確認がなされます。

　ベトナム国境沿いの場合、ベトナム国境近くのマンハッタン経済特区、タイセン経済特区でも、工場内で審査・検査が実施され、コンテナシールされると、国境、ベトナムホーチミン港で再度開披されることはありません（2008年9月11日付経済財政省政令No.734 経済特区に対する特別通関手続の適用）。

　原産地証明書は、経済特区内にワンストップサービス事務所がある場合は、当該ワンストップサービス事務所の商業省オフィスで必要書類の提出と手数料の支払いで取得できます。なお、経済特区外の場合は、商業省本省での手続が必要となります。発給は、2014年3月から、商業省貿易支援サービス総局輸出入部が一元的に対応することになっています。また、2016年2月26日付で電子申請による原産地証明書の発行に関する商工相合意が発布され、オンライ

ンによる原産地証明書の取得も可能となっています。

② ラオスの通関事情

申告は ASEAN 統一書式の税関申告書（ACDD フォーム）によります。21か所の国境税関（ワッタイ国際空港、第1友好橋（首都ビエンチャン）、第2友好橋（サワナケット県）、第3友好橋（カムアン県タケーク）、第4友好橋（ボケオ県）、デンサワン（サワナケット県）、ボーテン（ルアンナムター県）、ワンタオ（チャンパサック県）、ナムフアン（サイヤブリ県）、ナムソイ（フアパン県）、ナムパオ（ボリカムサイ県）など）で電子通関システム（ASYCUDA）の利用が可能となっています。

なお、2014年4月から、関税などの納付に Smart Card による電子納付が可能となり、国境での関税や諸税の納付が簡易になっています。

貨物が国境到着後24時間以内に運送書類を税関に提出します。運送書類到着後15日以内に（ⅰ）ACDD フォーム、（ⅱ）インボイスもしくは販売契約書、（ⅲ）B／L 等船積書類、（ⅳ）パッキングリスト、（ⅴ）原産地証明書、（ⅵ）輸入許可証を税関に提出します。貨物の到着前7日以内の事前の税関申告も可能ですが、この場合、関税は貨物到着時に納付することになっています。

通関審査終了後、国境近くの銀行または税関内窓口で関税などを納付し、領収書を税関に提出した後、貨物を引き取ります。一部の貨物は引き取り前に税関職員による検査があり、その検査後に貨物を引き取ります。また、ASEAN 域内での貿易手続きを統一ネットワーク化することで貿易迅速化を実現する ASEAN Single Window（ASW）構想のパイロット事業として実施されています。2015年10月時点で、5か国（インドネシア、マレーシア、タイ、シンガポール、ベトナム）が参加、現在、ASEAN 全10か国での速やかな本格稼働を目指しています。これは、各国内の貿易手続きを1回の申告で処理するための窓口統一システムである National Single Window（NSW）が土台となっているもので、ラオスでは、2013年に財務省主導でラオス NSW 委員会が発足、2016年中の稼働を計画しているとのことです。

③ ミャンマーの通関事情

【輸出入事前手続】

輸出入を行う個人及び企業は、貿易業（製造を伴わない農水産品等のいわゆる物品貿易取引を対象としたもの）として会社設立のうえ、輸出入業者登録を行い、原則として輸出入の都度、輸出入ライセンスを取得して通関手続を行う

ことになります。外国企業は、貿易業としての設立が認められていません。ただし、ミャンマー企業との合弁及び肥料、種、殺虫剤、医療機器の4品目に限り、外国企業でも貿易業登録が可能です。また、委託加工・製造業者の場合は、外国企業であっても、原材料、加工品等の輸出入は可能となっています。企業設立後は輸出入業者登録し、ミャンマー連邦商工会議所連盟（UMFCCI）への加入が必要です。

　なお、縫製業など委託加工形態で輸出入を行う場合、CMP企業として事前にミャンマー投資委員会（MIC）に申請、その承認を得て企業登記手続を行うことで、原材料を免税で輸入することができます。ただし、CMP企業の場合も輸出入業者登録、UMFCCIミャンマー商工会議所連盟に加盟する必要があります。（CMP（Cutting, Making, and Packing）とは、委託加工ビジネスのことをいいますが、ミャンマーでは既存企業が後から新たな業務として、CMP事業を追加登記できませんから、設立当初から登記する必要があります。）

【輸出通関手続】

　輸出通関手続は、輸出申告書とともに、（ⅰ）輸出ライセンス（免除品目の場合は不要）、（ⅱ）信用状（L／C）または支払通知（T／T送金）、（ⅲ）インボイス、（ⅳ）パッキングリスト、（ⅴ）輸出入契約書、（ⅵ）本船予約票（Booking Note）、その他必要な書類を添付して行います。必要書類としては、先に述べた輸出入者登録証、原産地証明書（必要な場合）、前払法人税の領収証などがあります。

　（ⅱ）の支払い受領については、必ず輸出代金相当の取消不能信用状（L／C）を入手するか、または前払い送金を受けておく必要があります。利用できる銀行はミャンマー投資商業銀行（MICB）、ミャンマー外国貿易銀行（MFTB）、外為取扱民間銀行のいずれかで、実際の送金時は事前に各行とよく打ち合わせしておく必要があります。

　EPA、FTAなどを利用して輸入国側の特別特恵関税を適用するための原産地証明書に関しては、輸出通関書類及び船積み後B／L等を揃え、商業省貿易局で特定原産地証明書を取得します。なお、UMFCCIで取得できる原産地証明書は特恵関税適用以外の場合に使用する原産地証明書ですから注意する必要があります。

【輸入通関手続】

　輸入申告において必要な書類は、上記輸出申告の場合とほぼ同じです。輸入

ライセンスが必要な貨物はこれを取得し、ミャンマーの取引銀行（L／C発行銀行のMICB、MFTBまたは外為取扱民間銀行のいずれか）で決済し、船積書類を入手したうえで、輸入申告を行います。

　また、輸入の場合、特に輸入申告価格の妥当性の審査・確認が行われます。この場合、商務省に価格データベースがない品目はインターネットなどで調べられますが、それができない場合は、取引価格が正しい旨の証拠書類及び誓約書を提出することで代替する場合もあります。

④ **タ　イ**

【輸出入手続全般】

　タイの輸出または輸入申告は、申告書に必要書類を添付して行いますが、申告自体は、電子通関システム（E-Customs system）によって行うこととされています。

　通関手続及びその他通関規制手続を電子的に行おうとする者（企業または個人）は、（ⅰ）登録・特典部、（ⅱ）手続標準・価格部、（ⅲ）税関総括管理部もしくは税関支署にカスタム・パス・オペレーターとしての企業登録または個人登録をする必要があります。法人の場合は、商務省事業開発局発行の法人登記に関する宣誓書（Affidavit）（6か月以内に発行されたもの）、外国企業の場合は公証人により公証された法人設立認可証（6か月以内に発行されたもの）及びその認定コピーなどの書類を添付して申請することとなっています。

　また、個人名義でE-Customs手続を希望する者は、（ⅰ）IDカードまたはパスポートの認定コピー、（ⅱ）口座番号、口座名義人の銀行の住所が記載された銀行取引明細書（銀行が承認した認定コピー）もしくは通帳の認定コピー、税金の還付または税務納付に銀行口座が必要な場合には直近6か月分の銀行口座明細書等を添付して申請します。

　一旦、通関手続またはその他通関規制を電子的に使用することが承認されますと、当該人は輸入、輸出その他税恩典、税務申告などのすべての従来の通関手続を電子的に、かつ、何らのカードを用いることなしに手続を完結することができます。

【輸入通関手続】

　1）輸入申告

　　　輸入者自らがコンピュータで、もしくは当局のサービス窓口においてインボイスに関するすべての情報を入力（同情報は自動的に輸入通関のため

のインボイス情報として登録）し、輸入申告書を E-Customs に送信します。

2）税関審査

税関は申告情報入手後、E-Customs で申告情報をチェックし、必要に応じ修正を加えます。また、輸入申告情報のチェック後、必要に応じて税関が設定する条件とともに、次のグリーンラインとレッドラインのいずれかに分類され、輸入申告書 No. が発給されます。

・グリーンライン：関税支払の段階に直接進み、その後税関から貨物を引き取ることができます（日本の区分1に相当）。

・レッドライン：関税の支払い、貨物受領の前に関税評価に関して税関職員にコンタクトする必要があります。審査及び／または検査を経て、問題がなければ貨物を引き取ることができます（日本の区分2に相当）。

3）貨物の引取り

貨物引取りの際、輸入者は、（ⅰ）輸入申告書、（ⅱ）インボイス、（ⅲ）パッキングリスト、（ⅳ）船荷証券（B／L）もしくは航空貨物運送状（Air Waybill）、（ⅴ）輸入申告全額が50万バーツを超える場合は外国為替取引申告書、（ⅵ）通関細目リスト、（ⅶ）貨物受渡し書、（ⅷ）保険料請求書、（ⅸ）輸入管理品目または輸入許可品目の場合、関連省庁の発行する輸入承認書、（x）原産地証明書（当該する場合）、（xi）輸入品（貨物）の税関説明用資料（カタログなど）を提出します。

【輸出通関手続】

基本的な流れは上記輸入と同じです。

1）輸出申告

輸出者自らがコンピュータもしくは当局のサービス窓口でインボイス情報をすべて入力し、E-Customs に送信します。

2）税関審査

税関は申告情報入手後、E-Customs による申告内容の審査、必要に応じて修正を行います。

税関は申告情報確認後、必要に応じて税関が設定する条件とともに、次の2つのグループに分類し、輸出申告書 No. が発給されます。

・グリーンライン：輸出税の支払い（輸出税対象貨物の場合）に直接進み、税関から貨物がリリースされ船積みが可能となります。

・レッドライン：輸出税の支払い（輸出税対象貨物の場合）及び輸出許可の前に輸出税の評価（必要な場合）に関して税関職員にコンタクトする必要があります。審査・検査を経て問題なければ、グリーンと同じく船積みが可能となります。

なお、貨物を出荷する際、輸出者は、（ⅰ）輸出申告書、（ⅱ）インボイス2通、（ⅲ）外国為替取引申告書（FOB価格が50万バーツを超える場合）、（ⅳ）輸出管理品目または輸出許可品目の場合、関連省庁の発行する輸出承認書、（ⅴ）輸出品（貨物）の税関説明用資料（カタログなど）を提出します。

【その他】

1）国内一括窓口サービス（National Single Window）

　　輸入、輸出及び運送等の許可を得ようとする者またはその他の証明書もしくは書類を必要とする者が関連する申請書を電子的方法により一括してひとつの窓口に申請すると、各関係所管当局からその許可または承認情報が電子的に税関に通知される仕組みとなっています。これはASEAN一括窓口設立及び運用のための協定に基づき、タイが国内一括窓口サービス政策を実施しているためです。

　　なお、同サービスを利用するためには上記カスタム・パス・オペレーターの登録がしてあることが前提となります。

2）税関手続の優先実施制度（AEO）

　　タイ税関当局は、2013年から、コンプライアンスが高い輸出者、輸入者及び通関業者に対するAEO制度を導入しています。これは、（ⅰ）財務的に安定していること、（ⅱ）3年以上の輸出入経験を有していること、（ⅲ）e-Customsを用いて自社申告を行う、またはライセンスされた通関業者を通じて申告を行うこと、（ⅳ）関税法第27条に規定する密輸の前歴がないこと、及び（ⅴ）セキュリティに関する社内管理規定を有すること等の条件を満たし、所要の担保を提供した法人に対して、税関当局がAEO認証を与えるものです。これらには、輸入・輸出通関の際の貨物検査の軽減、貨物検査が必要な場合の優先検査の他、トランジット、積替え、戻し税、事後調査などの際の優遇措置が受けられます。

⑤ ベトナム

【輸出通関手続】

　　通関手続には、輸出申告書（原本2部）、売買契約書（コピー1部）、インボ

イス（コピー1部）、物品リスト（物品が多種に分かれているか、別個に梱包されている場合は原本1部）、その他関連法で求められている証憑類（原本1部）の提出が必要です。

【輸入通関手続】

通関手続には、輸入申告書（原本2部）、売買契約書（コピー1部）、インボイス（コピー1部）、B/Lまたは同等の書類（コピー1部）、物品リスト（物品が多種に分かれているか、別個に梱包されている場合はコピー1部）、その他関連法により求められている文書（原本及びコピー1部）の提出が求められます。

【電子通関システム（VNACCS）】

ベトナム財務省税関総局は、2014年4月日本の輸出入港湾関連情報処理システム（NACCS）をベースにしたVNACCSと称する電子通関システムの運用をハノイ、ハイフォンで開始し、同年6月末には、ホーチミンを含む全国で運用されています（図10-1）。

VNACCSの業務コード数は、次の149です。

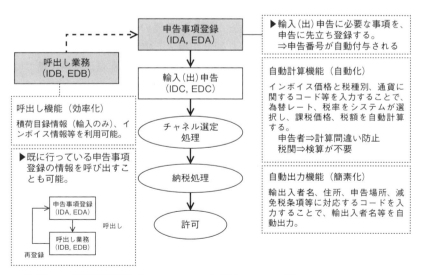

（出所）東京税関磯部達矢「VNACCS」より引用 2013年4月

図10-1　VNACCSによる輸入通関のフロー

1）輸出入通関関連　　　　　46
2）入出港関係　　　　　　　29
3）マニフェスト関連　　　　32
4）保税運送　　　　　　　　12
5）共通業務関連　　　　　　13
6）関連省庁手続関連（通関関係）　17

　ちなみに、日本のNACCSは824（Air-NACCS414、Sea-NACCS410）ですから、日本の一部の機能が提供されていることになります。

　また、VNACCSが稼働する前まで使用されてきたe-CustomsとVNACCSの機能の違いは、e-Customsは輸出・輸入申告、輸出加工工場の清算のみだったのに対して、VNACCSでは、輸入申告、輸出申告、小額免税輸入（出）申告、修正申告、免税リスト登録と管理（ベトナム固有）、一時輸出入の申告と管理（ベトナム固有）、マニフェスト（船舶、航空機、鉄道）、入港・出港届、保税運送、他省庁の申請と多岐にわたっています。ただし、輸出加工工場の清算はE-Customsで処理しています。

【税関手続きの優先実施制度】

　ベトナム税関では、法令遵守等が優れている者としてあらかじめ承認を得た者については、税関手続の簡易、迅速な処理の適用を受けられるAEO（Austholized Economic Operater）制度を導入し実施しています。このAEO制度が適用される企業は通関時及び通関後の書類・貨物審査、企業現場での詳細な審査、企業の税関制度コンプライアンス意識の審査などにおいて優遇措置を受けることができます。ただし、税関総局から文書による承認を受ける必要があります。

　なお、初回適用期間は3年ですが、その後当局の再評価を受ける際、条件を満たせば優遇措置が延長されることになっています。

10.3　AECとTPP

　この章のまとめとして、ASEANの通関手続の現状と今後について、AECとTPP（環太平洋パートナーシップ協定）との関係から探ってみることとします。

　まずAECですが、EEC（欧州経済共同体）及びその後身である現在のEU（欧州連合）と言葉は似ていますが、内容はかなり異なっています。中でも、

10.3 AEC と TPP

通貨統合は別として、通関手続に関連して現時点での決定的な違いは、域外共通関税を持つか持たないかという点と、統一された通関手続、言い換えれば関税手続法の存在の有無です。将来的にはわかりませんが、これらはいずれも現時点での喫緊の目標とはなっていないようです。

(1) 通関手続について

通関手続に関しては、ASEAN で申告項目が統一されている以外の拘束力を持った規則はありませんが、WCO の改正京都規約、また WTO の貿易円滑化協定の導入・実施に向けて動いていくことで、共通した仕組みの構築への弾みとなることも考えられます。ASEAN シングル・ウィンドウのコンセプトで統一のとれた、あるいは少なくとも通関諸手続に必要な情報が電子的に行われるようになっていくことは疑いの余地はありません。ASEAN メンバー国で、ASYCYDA をベースに進めている国もあれば、ベトナムやミャンマーのように日本の NACCS をモデルにしている国もあります。最終的には、別々の処理システムであっても通関手続に必要な情報の項目が共通化されれば、これを異なったシステムで電子的に処理することはさほど難しいことではないと思われます。したがって、通関手続に関しては、必要な情報がどこからでも、必要な時に必要とするところに送受信できるようになれば、ASEAN 域内に限らず、将来的にはグローバル規模での通関手続に関する情報交換が可能となり、シングル・ウィンドウ化は技術的に解決できるのではないかと思われます。

(2) 域外共通関税について

ASEAN 統一を図る AEC においては、前述しましたが少なくとも現段階では、EU のような関税同盟の設立や域外共通関税率を設けることは目標においていないようです。

その理由はさまざまでしょうが、アセアン全体の立法組織、行政組織の問題は別にしても、まずは各国の経済発展度合いの違いから、各国の関税政策が全く同じというところまで熟していないということだと思います。もうひとつの大きな理由は、EU の成立段階と現在の世界、特に貿易を取り巻く環境が大きく異なっていることがあげられます。つまり、EU 成立の過程では、GATT 対 EC あるいは WTO 対 EU、すなわち WTO 協定税率と EU の共通関税の関係でしたが、現在、相当数の二国間の EPA・FTA がすでに成立している中で、

域外共通関税率を構築することは、これらそれぞれの相手国あるいは相手地域との間の既存の特恵税率との関係をどのように調整するかということも含めて大変な労力を要するものと思われます。

また、仮に域外共通関税率が設定されたとした場合、ASEAN メンバー国が独自に締結している相手国の産品（この場合原産品に限られますが）は、域外共通関税率に係らず、その締約国に無税または低い税率で輸入されることとなり、結果その国から、ASEAN メンバー国に自由に流通することになると考えられます。つまり二国間協定の ASEAN サイドの締約国をゲートウェイとして、域外共通関税より低い関税で ASEAN 域内に輸入されることになります。これはあくまで締約相手国の原産品に限られてのことではありますが、その影響は無視できないと考えられます。したがって、メンバー国が複数の相手国、地域と個別に EPA・FTA を締結している現在においては、今後 EU のような関税・経済同盟は成立しにくいのではないかと考えます。

(3) TPP と AEC について

ATIGA（ASEAN FTA）は FTA ですので、これが進展して ASEAN 域内のメンバー相互間で関税を完全撤廃した場合であっても、対象は ASEAN 域内の原産品に対してのみです。したがって、このままでは関税同盟ということにはなりません。むしろ FTA である ATIGA は、特に貿易・関税政策という点においては、TPP との共通点もあります。

このようなことから、AEC は、ASEAN というこれまでの強固な関係の中で、FTA と貿易円滑化という観点からは、TPP を参考にした枠組が考えられます。

たとえば、TPP 第 3 章の原産地規則は、域内累積のスキームに関するものですが、これはすでに ATIGA にも存在します。ただし、TPP は、原産地証明の自主申告制を盛り込んでいます。この観点からすれば、原産地基準は関税分類変更基準と付加価値基準を大きな柱としており、こうした実務に精通した者が原産地の判断上必要になってくることも指摘されます。また、取引が複雑になり、累積をきちっと追う必要もでてきますし、第 3 者証明制度だけでは適格な判断を確保することは難しいケースが増えてくることも考えられます。こうしたことから、TPP にみられる自己申告制度の導入は、今後ますます複雑化するグローバル・サプライチェーンとメガ FTA における原産地の認定作業

を考えると当然の帰結といえましょう。

　また、TPP 第 5 章「関税当局及び貿易円滑化」では、メンバー国間の税関当局の相互協力が謳われています。さらに、拘束力ある事前教示については、関税分類、関税評価及び原産地規則が明確に規定されています。これらを適正に処理するためにも、メンバー国税関当局の相互協力に関するスキームがかなり細かく規定されているのも TPP の特徴であると評価できます。

　世界で通報ベースで 400 を超える FTA が今後どのようになるのか、原産地の判断に異なる FTA 間の累積を認めることも議論されてくるのかもしれません。あるいは、原産地規則の統一に向けた努力がなされるのかもしれません。

　いずれにしても、AEC が共通域外関税を設定するという方向は現状からはみえてこず、EPA・FTA を発展させている方向が現実的であるという気が致します。そうであれば、AEC は貿易自由化のさらなる進展という観点からは ATIGA に TPP のこうした要素を盛り込んで行くというのが当面の現実的な方向であると思われます。

プノンペン港の荷役風景

【参考文献等】
1) 国際フレイトフォワーダーズ協会（2014 年 3 月）「―カンボジアと南部経済回廊―」『アセアン物流事情調査』その 6、pp85〜109
2) 国際フレイトフォワーダーズ協会（2008 年 4 月）「ベトナムの国内・クロスボーダー輸送」『アセアン物流事情調査』その 2、pp.56〜66
3) 国際フレイトフォワーダーズ協会（2009 年 3 月）「インドネシアラオスを巡るクロスボーダー輸送」『アセアン物流事情調査』その 3、pp.92〜93
4) 国際フレイトフォワーダーズ協会（2014 年 3 月）「ミャンマー」『アセアン物流事情調査』その 5、pp.94〜114
5) 日本貿易振興機構海外調査部（2005 年 3 月）「ASEAN 各国における関税・通関制度の実態と問題点」
6) ジェトロウェブサイト
　https://www.jetro.go.jp/world/asia/th/trade_05.html
　https://www.jetro.go.jp/world/asia/vn/trade_05.html
　https://www.jetro.go.jp/world/asia/mm/trade_05.html
　https://www.jetro.go.jp/world/asia/la/trade_03.html
　https://www.jetro.go.jp/world/asia/kh/trade_05.html

https://www.jetro.go.jp/ext_images/jfile/country/vn/trade_03/pdfs/vn3K010_import_tax.pdf
https://www.jetro.go.jp/ext_images/jfile/country/vn/trade_03/pdfs/vn3C010_tariff_list.pdf
https://www.jetro.go.jp/world/asia/th/trade_02.html#block2/
https://www.jetro.go.jp/ext_images/thailand/e_activity/pdf/hdiwnoti3.pdf

7) その他

http://www.thailandntr.com/ntr-6.php
http://www.thailandntr.com/Topic6/EN/13_Import_EN.pdf
http://www.thailandntr.com/Topic6/EN/12_Import_EN.pdf
http://www.customs.gov.kh/outline-of-law-on-customs/tariff-classification-origin-and-customs-value/
http://www.customs.gov.kh/customs-declaration
http://www.laotradeportal.gov.la/index.php?r=site/index
http://www.laotradeportal.gov.la/index.php?r=site/display&id=711
http://www.laotradeportal.gov.la/kcfinder/upload/files/Import%20Application%20Form.pdf
Thailand National Trade repository（http://www.thailandntr.com/ntr-6.php）を参照。
http://www.thailandntr.com/Topic6/EN/13_Import_EN.pdf
http://www.customs.gov.kh/outline-of-law-on-customs/tariff-classification-origin-and-customs-value/
http://www.customs.gov.kh/outline-of-law-on-customs/import-and-export/
http://www.customs.go.th/wps/wcm/connect/CustEn/Home/HomeWelCome
http://www.thainsw.net/INSW/index.jsp
http://www.aeothai.com/announce_file/announce_file45.pdf

8) ヒアリング等

カンボジア、ラオス、ミャンマー及びベトナム各税関当局へのJAICA派遣専門家（いずれも財務省・税関当局職員）ならびに在バンコクWCOアジア大洋州キャパシティビルディング地域事務所派遣職員に対するメールによる照会調査、日系N物流事業者に対する聴き取り

巻末資料

繊維産業における
チャイナプラスワン候補国と中国の
概要、生産背景比較

(表1-1〜表2-2)

※本表は筆者(第5章)が勤務先にて実際のビジネスで使用した資料に加筆をして作成したもので、数字は概算です。

繊維産業におけるチャイナプラスワン候補国と中国の概要、生産背景比較（表1-1）

	東アジア	ASEAN			
	中 国	タ イ	インドネシア	ベトナム	カンボジア
首 都	北 京	バンコク	ジャカルタ	ハノイ	プノンペン
面 積	959万6,960 km²	51万4,000 km²	約189万 km²	33万1,690 km²	18万1,035 km²
人 口	13億3,474万人	6,338万人	2億3,800万人（ジャワ島1億2,800万人）	9,170万人	約1,500万人
繊維・縫製品輸出額の占める割合	アパレル輸出額 796億㌦（2008年）			60億㌦ 輸出総額の13.6%、国内総生産（GDP）の10.5%	輸出額全体（39億㌦）の78%
縫製工場数	年間売上高600万元以上：38,700社			6,000社	プノンペンに外資系200社進出。殆ど米国向け
従業者数	958万人	推定50万人	推定300万人	推定250万人	73万3,300人（2014年6月末）
ワーカー賃金（US$）2009年	大連 215.3㌦ 北京 379.1㌦（諸費用込）			85.6～104.0㌦	80～100㌦
2011年					2013年4月最低賃金75㌦に決定
2014年 1/1	大連 418㌦ 北京 562㌦ 内陸部 450㌦	559㌦	バンドン 140～160㌦（諸手当含）ルピア安チアンジュール、中部ジャワは100～110㌦	初任給 112㌦＋諸手当～ ホーチミン 220～250㌦（諸手当含） 中北部ベトナム最低賃金 98.5～105㌦、実質支払額 170～200㌦	最低賃金 100㌦、支払賃金 112㌦
2015年 1/1調査	上海 592～692㌦、沿岸部 432～662㌦ 内陸部 400～550㌦、東北 368～411㌦		バンドン 最低賃金 170㌦（実質支払額 228.24㌦） タンジュマラヤ 最低賃金 113㌦ チアンジュール 最低賃金 137㌦	第1地域 最低賃金 155㌦ 第3地域 最低賃金 128㌦（実質支払額 190～319㌦） 第4地域 最低賃金 115㌦（実質支払額 180～215～228㌦）	最低賃金 128㌦（実質支払額 180㌦～）
2016年予想				8/3来年の最低賃金評議会の討議決定 国家賃金12.4%引き上げ 第1地域 40万ドン=350㌦ 159㌦ 第2地域 35万ドン=310㌦ 141㌦ 第3地域 30万ドン=270㌦ 123㌦ 第4地域 25万ドン=240㌦ 109㌦	10月初句 最低賃金 140㌦に決定
優遇税制・日本の素材・関税・付属	日本から持ち出した生地代、附属代は無税。その他繊維製品価格分は課税	暫定8条 EPA AJCEP（日本アセアン包括経済連携協定）以下の条件で無税 ・布帛／織布＆染色：ASEAN 域内＋縫製：タイ ・ニット／編み＆染色：ASEAN 域内＋縫製：タイ	暫定8条 EPA AJCEP（日本アセアン包括経済連携協定）以下の条件で無税 ・布帛／織布＆染色：ASEAN 域内＋縫製：インドネシア ・ニット／編み＆染色：ASEAN 域内＋縫製：インドネシア	暫定8条 EPA AJCEP（日本アセアン包括経済連携協定）以下の条件で無税 ・布帛／織布＆染色：ASEAN 域内＋縫製：ベトナム ・ニット／編み＆染色：ASEAN 域内＋縫製：ベトナム	暫定8条 EPA LDC 特恵関税 AJCEP（日本アセアン包括経済連携協定）

	中国	タイ（バンコク）	インドネシア（ジャカルタ）	ベトナム（ホーチミン／ハイフォン）	カンボジア（プノンペン／シアヌークビル）
技術	・便利、早い、適度にまる投げ可能。 ・オールアイテム対応。	・企画力を持つ工場も存在。ASEAN諸国のなかでは、縫製技術も成熟。 ・オールアイテムに対応。	・ニットアイテムや薄手商品を得意とする。 ・冬物衣料など、不得意の製品もある。	・工場は指示待ち、指示どおりの縫製を行うケースが多い。 ・周囲の準備、フォローが不可欠。 ・オールアイテムに対応。	・工場は指示待ち、指示どおりの縫製を行うケースが多い。 ・周囲の準備、フォローが不可欠。 ・カジュアル商品が多い。
ロット	・小さから大きまで、幅広くこなせるが、中低価格品は大ロットが中心。	・1000枚/1型〜3000枚/1型	・大ロットがほとんど。 ・3,000枚/1型〜10,000枚/1型	・1,000枚/1型〜3,000枚/1型	・ロットは大きい。 ・3,000枚/1型〜10,000枚/1型
原材料	・原糸、原糸、生地、附属類、すべて現地調達可能。	・原料、原糸、生地、附属類、すべて現地調達可能。	・合繊、ニット、綿など幅広く対応。 ・日本の素材メーカーも多く進出しており、他ASEAN諸国への輸出もあり。	・原料、原糸、生地、附属類は、ほとんど輸入。一部のみ可能。	・原料の大部分は、中国、韓国、台湾などから調達となる
リードタイム	・日本の生地・附属現地送る＝35〜70日 ・生地・附属の現地調達＝3-5日 ・製品船積み3-5日 タイミは日本	SHIP&SHIP (63) SHIP&AIR (56) バンコク ・生地・附属の現地調達＝90日〜120日 ・製品船積み8-10日 タイミは日本	SHIP&SHIP (72) SHIP&AIR (58) ジャカルタ ・生地・附属の現地調達＝90日〜120日 ・製品船積み12日 インドネシアミは日本	SHIP&SHIP (64) SHIP&AIR (55) ホーチミン SHIP&SHIP (64) SHIP&AIR (55) ハイフォン ・製品船積み6-10日 ベトナムミは日本	・日本の生地・附属現地送る SHIP&SHIP (61) SHIP&AIR (55) プノンペン SHIP&SHIP (64) SHIP&AIR (55) シアヌークビル ・製品船積み10-17日 カンボジアミはベトナムミは日本もしくはシアヌークビルから
生産管理体制	・日本語可能なスタッフ多数。 ・最低限の準備で工場側も対応。 ・日本向け生産の増加。 ・日本検品会社も多数。	・日系企業も多く、日本語対応性は良好。 ・検品体制の構築が課題。 ・型紙、仕様書様々、生産資材一式準備必要。	・日本語可能スタッフも多い。 ・対日ビジネスの経験豊富。	・日本語可能スタッフ少ない。 ・型紙、仕様書様々、生産資材一式準備必要。	・日本語可能スタッフ少ない。 ・型紙、仕様書様々、生産資材一式準備必要。 ・日本向け初めての工場が多い。
価格競争力	・労働賃金の上昇が生産コストの上昇につながっており、他ASEAN諸国との比較において競争性は薄れつつある。	・他ASEAN諸国との比較において、生産コストが割高い状態となってきたが、地理的条件が上昇することとしてメリットも生じる可能性もある。	・安価な労働力が繊維産業を支えてきたが、賃金上昇率も高く、徐々に競争力を落としつつある。	・インドネシアと同様に労働者賃金の上昇が顕著だが、優位性の短時間で生産の体制が出来ていることと、総合的にまだ競争力は高い。	・安価な労働力との価格競争力は高いが、ロット対応力が弱く、価格競争力だけでは判断が難しい。
問題点	・人手不足状況は今後も解消せず。 ・給料は年15%ずつ上昇していく。 ・地下銀行・バブル崩壊の懸念もあり。 ・円安・人民元高による工場採算の悪化が進む。	・中堅ジャマリに進出メリットあり。 ・過労働時間40時間の適用増し。 ・特恵関税の適用増し。 ・素材調達先として今後まれればEPA適用。	・縫製拠点としては優先。 ・ASEAN素材の調達拠点としても今後課題。	・比較的短サイクル生産のメリットあり。 ・高付加価値商品に活路あり、進出。 ・残業時間は30時間に固定されている。 ・南側諸商との対立の長期間化により中越との交流に障害。	・中国、韓国製強く、日本の進出困難。 ・労働争議は2014年前比25%減少、鎮圧。 ・最低賃金28%アップを嫌う、撤退、進出見合わせも出ている。 ・プノンペン地区の労働者争奪戦激化。逆に首都プノンペンへの人口流入（ミネベア6,000人）。
為替 1＄=103.711 (2016.11.2)	1＄=6.7457元 1元=15.3482円	1＄=35.0400バーツ 1バーツ=2.95952円	1＄=13,069.21インドネシアルピア 1 IDR=0.0079448円	1＄=22321.00ベトナムドン 1 VND=0.00464568円	1＄=4,030.00リエル 1 KHRP=0.0257436円

※本表は筆者（第5章）が勤務先にて実際のビジネスで使用した資料に加筆をして作成したもので、数字は概算です。

繊維産業におけるチャイナプラスワン候補国と中国の概要、生産背景比較（表1-2）

	ASEAN			南西アジア		
	ミャンマー	ラオス	バングラデシュ	インド	スリランカ
首都	ネピドー	ビエンチャン	ダッカ	デリー	スリジャヤワルダナプラコッテ
面積	67万6,577 km²	24万 km²	14万4,240 km²	328万7,263 km²	6万5,607 km²
人口	5,149万人（2014国際調査2割減）	612万人	1億6,130万人	10億3,700万人	約2,063万人
繊維・縫製産業の占める割合	輸出額（36億㌦）の10%		輸出額（100億㌦）78% 製造業雇用の45%	268億㌦（2010年テキスタイル総額）	39億9,100万㌦（2012年） ※同国最大の輸出
縫製工場数				紡績 3,273社 織布 518,171社	推定約100社日本向け十数社
従業者数	推定20万人	推定10万人	約400万人	繊維産業の直接雇用者 3,500万人	推定50万人
ワーカー賃金（US$） 2009年	22.8%		47%	155.4〜208.4%	100〜140%（残業無し）
2011年	50〜70%	50〜70%	50〜70%		
2014年 1/1	85〜115% 最低賃金未制定	最低賃金88% 平均支払額120〜150%	最低賃金83% 平均支払額137%	125〜185%（残業無し）	
2015年 1/1	実質支払金未定 6月29日最低賃金日額3,600mmk 日額3,600×30日+残業手当= 170,800mmk=137% ※おそらく実支払額は200%超え230%に達する	2015年2月以降 最低賃金 110.6%（90万キープ） （実質支払額 138〜158〜180%）			
2016年予想			130〜140%	150〜200%（残業無し）	125〜185%（残業無し）
優遇税制・関税・日本の素材・付属	EPA LDC特恵関税 AJCEP（日本アセアン包括経済連携協定）	EPA LDC特恵関税 AJCEP（日本アセアン包括経済連携協定）	暫定8条 LDC特恵関税	暫定8条 EPA 輸出の際に増付増率の検討が進行している。政府がFOB価格の14%程度を但し保税加工区等には適用されない。	暫定8条

	ミャンマー	ラオス	バングラデシュ	インド	スリランカ
技術	・工場は指示待ち、基本的に指示どおりの縫製を行うのみ。 ・現状はユニフォームや紳士ボトムなど備蓄が少なく製品対応が中心。	・工場は指示待ち、基本的に指示どおりの縫製を行うのみ。	・工場は指示待ち、基本的に指示どおりの縫製を行うのみ。	・工場は指示待ち、基本的に指示どおりの縫製を行うのみ。 ・北インドは男性ワーカー、南インドは女性が中心。	・手先はインドよりやや水準。 ・有名なランジェリーブランド、ブラトップマシンソケットの生産拠点として知られる。他にGap、Nike、Tommy Hilfiger、H&Mなども輸出販売。
ロット	・ロットは大きい、欧米向け体制。 ・3,000枚/1型～10,000枚/1型		・ロットは大きい、欧米向け体制。 ・3,000枚/1型～10,000枚/1型 ・H&Mなどは、100万ロットを超えるものあり。	・ロットは大きい、欧米向け体制。 ・3,000枚/1型～10,000枚/1型 ただし、300～400ロット対応工場もあり。	・ロットは大きい、欧米向け体制。 ・3,000枚/1型～10,000枚/1型
原材料	・原材料の大部分は、タイ、韓国、台湾などからの調達となる。	・原紙、原糸、生地、附属類はほとんど輸入。	・綿関係は調達可能。	・原綿、原糸、生地、附属類、すべて現地調達可能。	・インドからの輸入が多い。 ・縫製加工基地である。 ・附属品も大手が未進出、検討中と考える。
リードタイム	・日本の生地・附属現地造る ⇒ ヤンゴン SHIP&SHIP (82) SHIP&AIR (70) ・製品船積み 16～20日 ミャンマー⇒シンガポール⇒日本	・日本の生地・附属現地造る ⇒ バンコク SHIP&SHIP (70) SHIP&AIR (63) ・製品船積み 15～18日 ラオス⇒タイ⇒日本	・日本の生地・附属現地造る ⇒ チッタゴン SHIP&SHIP (81) SHIP&AIR (66) ・製品船積み 16～20日 バングラデシュ⇒シンガポール⇒日本	・製品船積み 16～20日 インド⇒シンガポール⇒日本	・日本の生地・附属現地造る ⇒ コロンボ SHIP&SHIP (85) SHIP&AIR (67) ・製品船積み 16～20日 スリランカ⇒シンガポール⇒日本
生産管理体制	・日本語可能スタッフ少ない。 ・型紙、仕様書様々、生産資材一式準備必要。 ・日本向け初めての工場が多い。 ・限られた日本検品会社。	・日本語可能スタッフ少ない。 ・型紙、仕様書様々、生産資材一式準備必要。 ・日本向け初めての工場が多い。 ・限られた日本検品会社。	・日本語可能スタッフが乏しい。 ・型紙、仕様書様々、生産資材一式準備必要。 ・日本向け初めての工場が多い。 ・限られた日本検品会社。	・日本人技術者の常駐が望ましい。 ・日本語は一切期待しないと考えてよい。 ・ワーカーとのコミュニケーション悪い。 ・カースト制がある。	
価格競争力	・ASEAN諸国の中でももっとも安価といわれる労働賃金であるが、劣悪なインフラ状態を加味するとベトナムと同等レベルのコストになるといわれる。	・安価な労働力による価格競争力は高いが、ロット対応が狭いため価格競争力だけでは価格競争が難しい。	・安価な労働力による価格競争力は高いが、ロット対応が狭いため価格競争力だけでは価格競争が難しい。	・委託加工だけではメリットは無いが、インド素材を使った製品調達なら可能性はある。	・高いと思われていた賃金インドキャリア並みであるが、リードタイムがかかか、判断が難しい。
問題点	・外国投資法未整備されず。 ・ミャンマーへのパートナー選びは極めて困難。 ・停電多く、自家充電コスト負担大。 ・土地、建物の高額賃金で資金負担大。 ・地方に活躍多くの情勢。 ・最低賃金高額に改定、工場問題、撤退の動きも。	・人口少なく、生産体制構築まで時間要す。 ・東西回廊整備によりベトナムの港利用。	・合弁会社の設立困難。 ・金利高く、投資リターンの徹底難しい。 ・民族独立企業を徹底的に応援。 ・ライヤーマン工場襲撃事件放火、強気による制限性。 ・2年間で23%の縫製工場が閉鎖、ハルタルが激化しつつある。	・製品調達のみ、可能性があるかも。 ・リードタイムの長さ。 ・堅牢度の悪さ、手織りによる織傷他。	・既にインドと同じ。 ・原料を持たないため、加工拠点にしかならない。 ・例外はカットソーでインドや中国から原糸購入。 ・欧米からの輸入が多いため、品質基準が甘い。
為替 (1ドル=122.8423 11月30日)	1ドル=1288.00チャット 1MMK=0.0805218円	1ドル=8,150.00キープ 1LAK=0.0127343円	1ドル=78.5500タカ 1BDT=1.32170円	1ドル=66.8340インドルピー 1INR=1.55325円	1ドル=148.100スリランカルピー 1LKR=0.700429円

※本表は筆者(第5章)が勤務先にて実際のビジネスで使用した資料に加筆をして作成したものです。数字は概算です。

巻末資料

繊維産業におけるチャイナプラスワン候補国と中国の概要、生産背景比較（表2-1）

		東アジア		ASEAN		
		中 国	タ イ	インドネシア	ベトナム	カンボジア
各国ランキング	人口密度	140.43 (人／km²)	124.66 (人／km²)	127.53 (人／km²) ※ジャワ島981人	276.26 (人／km²)	83.44 (人／km²)
	一人当たりGDP (US$)	5,413.13$	5,394.36$	3,508.1$	1,374.67$	851.53$
	実質経済成長率	9.24%	0.07%	6.16%	5.89%	6.09%
	失業率	4.00%	0.68%	6.56%	4.51%	0.1%(2010年)
	インフレ率	5.42%	3.81%	5.36%	18.68%	5.48%
消費物価指数（世界経済のネタ帳より）		113.55	107.43	112.78	249.07	162.19
宗 教（外務省HPより）		仏教・イスラム教・キリスト教など	仏教 94%、イスラム教 5%	イスラム教88.1%、キリスト教 9.3%（プロテスタント 6.1%、カトリック 3.2%）、ヒンズー教 1.8%、仏教 0.6%、儒教 0.1%、その他 0.1%（2010年、宗教省統計）	仏教、カトリック、カオダイ教他	仏教（一部少数民族はイスラム教）
自然災害		特筆すべきは北京を中心とした内陸の大都市における大気汚染の深刻さである。ニューヨークと並んで世界でも1-2位を争う水準にまで来ている。繊維製品は国内消費を中心とする生産地であり、紡績も少なからず、集積をしていて、原料背景による大きなダメージを受ける必要がある。	雨が南季に集中することに加え、森林面積や河川の保水能力が少なく、さらに都市部での乱開発による地盤沈下が深刻で、運河などの排水がより機能せず、しばしば河川が氾濫。被害は国内のほとんどの地域に及んでいる。バンコク近辺を中心とした広い範囲で洪水が発生し、日系企業にも大きな損害が発生した。	地形的な条件により、地震、津波、火山、洪水、地滑り、干ばつ、森林災害などの自然災害が多く発生。排水などの主要な都市化がすすめられないため、ジャカルタ、スラバヤなどではしばしば洪水が発生している。ジャカルタでは2002年、2013年に大規模な洪水被害が発生した。	5月から12月頃にかけて熱帯性低気圧の影響を大きく受けており、森林は全域で毎年のように発生。国内の排水などの排水系統の整備が行われているが、河川・谷沿いの地盤と都市化の進展が追いつかない状況、特にハノイは下水、排水インフラ整備が不十分なため、短時間のスコールでも冠水する。	メコン川下流域でひろい範囲で洪水が見られる。2011年の洪水では、約250人が死亡。国土の50分の1に当たる4,000km²が水没、2013年9月には168人が死亡、約3,000平方km浸水したほか、総延長3,500kmの道路が浸水、プノンペン市内では断続的な降雨が発生すると各地で冠水トラブルが発生する。
地 震		国土の広さもゆえ、把握できていないものも含めて何らかの地震は定期的に発生している。	国内では大きなものは発生したことがないが、ミャンマー、ラオス、中国の国境付近における大地震によって影響を受けた例がある。	M4以上の地震が年400回以上発生しており、スマトラ島沖では2000年以降M7以上の地震が10回観測されており、2004年には観測史上最大のM9.3の地震が発生し、甚大な被害をもたらした。	北部でM6以上の地震、中部には津波の危険性が報告されている。	地震発生の可能性は低い。過去に地震による災害は少ないとされる。

医療	進んできたことはいえ、未だ衛生水準と医療水準は極めて低いレベル。国内格差が大きく医療機関の中心であるものの、実際の設備水準は決して進んでいない。看護量も修練度は低く、ドクター1人あたりにつく人数も日本の数分の一って、サポートしきれない。格差があってもかなり相応の部屋や医師が優先しているようで、治療費がどうしても大きいようだ。推定的には日本のトップレベル以上に高額である。※2011年7月1日より新たに「中華人民共和国社会保険法」が施行。中国はこつの社会保険制度（養老保険、生育保険、工傷保険、失業保険、医療保険）を設けることが明文化され、全中国国民に適用する社会保険制度として強制化が図られている。	バンコク市内には24時間体制の病院やクリニックが数多くあり、日本語のできるところも相当数ある。中でも「バムルンラード病院」「サミティベート病院」は医療水準も高く、日本人の利用率も高いため、長期滞在する場合は、高いとも、B型肝炎、破傷風などの予防接種を日本で受けたほうがよい。	外国人が利用する私立の病院には近代的な設備が整ったクリニックや総合病院もあり、中級レベル以上の医療がある程度で受けられる。重病になければタイやシンガポールなどの医療先進国に行くのが無難と思われる。骨折などの緊急手術は現地でも対応可能。心臓や脳、動脈系の手術は、診療が必要な場合は近隣諸国の医療先進国あるいは日本にて診療・治療あるいは選択肢として日本行が望ましい。	ハイテクマシーンも近代的な医療設備を備えるとには対応可能だが、重篤な場合外国人はタイやシンガポールで治療を受けることができる。国内では現地に到達する専門医療が少ない。精密検査、手術後の衛生環境が悪い。術後の衛生管理が悪い、有効な試薬や薬、診断や材料等含まれていない偽物が多いといった状況の中、急速にHIV感染症が増加。原因のひとつは売春婦との性的行為によるものとされる。
治安・安全	格段に改善されつつあると思われるが、都市部の所得が向上しようとする中ですケースが少なくない。使用人絡みの犯罪も報告されている。企業にとっては、倉庫保管中の盗難、従業員等の現金管理中の盗難、持ち逃げなどが報告されている。	強盗、泥棒、暴行、スリ、ひったくり等、日本人が被害に遭うケースが少なくない。外国人がガソリンスタンドや夜間のタクシーで強盗や強盗未遂の被害、空き巣、ホテルでの盗難。空港、ホテル、レストラン等で盗難を引き続き多発傾向、ひったくり、2005年と2009年に大規模テロが発生した。	東南アジアの中では治安は良いほうとされているが、外国人がひったくりや追い剥ぎに遭うケースは確実に悪化している。凶悪犯罪の発生件数は決して少なくない。	近年の経済発展に伴う急激なインフレや地方貧困層の都市部流入等により治療が必要な確実に増加。特にバイクの2人乗りにオートバイの男による引ったくり、ドッグ、ドラッグ、ひったくりでき、車の後部からのひったくりが多発。運転手に盗難に連れて行かれ、仲間に金品を奪われる被害例の報告がある。
強制保険	自動車交通事故強制責任保険工傷（労災）保険※2011年7月1日より施行された「中華人民共和国社会保険法」。	自動車損害賠償責任保険労災補償基金社会保険の5%を労使双方がまた段階がその2.75%を拠出し運営されている。	自動車損害賠償責任保険（P.T. JAMSOSTEK）	自動車損害賠償責任保険指定危険への強制加入保険。火災及び爆発危険に関する基準から指定された業種の事業主に付保する義務が発生。労災保険は国民が加入義務付けられているわけではない。ただし、ベトナム労働法では災害保険に対する雇用者の補償費を義務付けているため、通常雇用主は労災保険に加入する。	2002年の大臣令により、①一部の自動車保険（自動車損害賠償）②旅客自動車損害賠償責任保険③建設工事保険が強制保険として規定された。
任意保険	火災保険／火災利益保険／機械保険／貨物保険／工事保険／自動車保険／賠償責任保険（生産物・施設）／労災保険／海外旅行保険	火災保険／火災利益保険／貨物保険／自動車保険／賠償責任保険	火災保険／火災利益保険／貨物保険／自動車保険／賠償責任保険	火災保険／火災利益保険／貨物保険／自動車保険／賠償責任保険／海外旅行保険	火災保険／火災利益保険／貨物保険／自動車保険／賠償責任保険

※本表は著者（第5章）が勤務先にて実際のビジネスで使用した資料に加筆をして作成したもので、数字は概算です。

繊維産業におけるチャイナプラスワン候補国と中国の概要、生産背景比較（表2-2）

		ASEAN			南西アジア	
		ミャンマー	ラオス	バングラデシュ	インド	スリランカ
各国ランキング	人口密度	76.0（人／km²）	27.32（人／km²）	1,157.69（人／km²）	367.15（人／km²）	313.09（人／km²）
	一人当たりGDP（US＄）	831.91＄	1,203.56＄	678.03＄	1,388.78＄	2,876.97＄
	実質経済成長率	5.46%	8.26%	6.06%	7.24%	8.20%
	失業率	4.02%	1.1%※ただし十分な母体総労働力	5.0%（2010年）	9.2%（2012年）	4.90%
	インフレ率	4.24%	8.69%	10.70%	8.63%	6.72%
消費者物価指数（世界経済のネタ帳より）		1937.56	240.13	196.01	255.26	180.69
宗教（外務省HPより）		仏教（90%）、キリスト教、回教等	仏教	イスラム教徒89.7%、ヒンズー教徒9.2%、キリスト教徒0.7%、仏教徒0.3%（2001年国勢調査）	ヒンズー教徒79.8%、イスラム教徒14.2%、キリスト教徒2.3%、シク教徒1.7%、仏教徒0.7%、ジャイナ教徒0.4%（2011年国勢調査）	仏教徒（70.0%）、ヒンドゥー教徒（12.6%）、イスラム教徒（8.5%）、ローマン・カトリック教徒（11.3%）（一部地域を除く値）
自然災害		5月～10月の雨季に終日雨が降り続くことがあり、豪雨にも見舞われ、イラワジ川などの支流は大雨により氾濫したことがあり、立地条件を考慮する必要がある。2008年5月、過去最大級のサイクロンがイラワタ地域及びヤンゴン地域を直撃し、死者行方不明者14万人を超える壊滅的な損害を被った。	最も懸念される自然災害は河川の増水による洪水が日常的に見受けられ、ヴィエンチャン市内は護岸工事が行われ、危険度は以前より低くないが、過去何度か大きな災害に見舞われている。南部地方の平野部においては例年洪水被害が発生、雨季には十分な警戒が必要。雨季の始まりの5月と終わりの10月に、激しい雷雨が発生する。	複数の大きな河川が流れており、国内での障害に加えて上流国の降雨で度々洪水が発生する。また、ベンガル湾は台風の通り道で、4～5月と10～11月に発生しにサイクロンが国内に上陸する。ベンガル湾の最奥部に位置し、Ⅴ字の地形になっている。海抜の低い平野が広がっているうえ、大規模高潮が発生しやすい。	北インドでは大気汚染が年々酷さを増しており、全インドに波及しつつある。温暖化による影響を受け、前線、2015年12月にはチェンナイで大洪水が発生し、雨量も多くしさを増している。地震は北部に既に限定されている。スマトラ沖地震では南インドも多数の犠牲者を出した。沿岸沿いでの津波の危険がある。	島国故、地震・津波による日本同様自然災害が想定され、注意が必要である。スマトラ沖地震ではインドより激しい被害地域にあたっている。多数の死亡、被害者を出している。
地震		北西部・北東部に多くの断層が存在しており、大規模な地震もしばしば発生している。過去10年にはM5以上の地震が10回程度記録されており、北部に行くほど危険性が高い。	地震発生の可能性は低い。過去に地震による被害はないとされている。	西部に比較して東部の危険性が高いとされている。	同上。	ほとんどないと聞く。

医療	薬品は簡単に手に入るが品質に不安があるため、可能な限り日本から持参すること。ヤンゴンには外国人が利用できる医療機関が数件あるが、入院が必要な場合、隣国のタイなどの病院を利用することができればバンコクやシンガポールでの治療を受けることをすすめている。	年間を通じ、マラリアやデング熱などの感染症が報告されており、病院は施設、衛生状況、看護休制なども満足できるものではなく、細菌性赤痢、腸チフス、急性肝炎、細菌性赤痢、腸チフス、急性肝炎、細菌性虫垂炎、皮膚病、眼病が頻発している。また、数年デング熱が流行しており、診療は首都によっては専門医が非常に少なく、多くの日本人は日本、バンコク、シンガポールで治療を受けている。	高品多湿でカビ、細菌が繁殖しやすい。さらに上下水道の整備が不十分で衛生環境は劣悪な状況で、コレラ、細菌性赤痢、腸チフス、急性肝炎、細菌性虫垂炎、皮膚病、眼病が頻発している。また、数年デング熱が流行しており、診療は首都によっては専門医が非常に少なく、多くの日本人は日本、バンコク、シンガポールで治療を受けている。	地域によっては日系の病院がなく始めている。大都市周りで地方都市には皆無。デング熱やコレラ等の感染症は未だに多い。大きな治療は日本へ帰国かシンガポールで受けることが一般的である	そう高い水準ではないと推察する。
治安・安全	軍事政権が長く続いたことから、治安状況は安定しているが、殺人事件、強盗事件の発生率は日本より高い。2011年、中部のバガン近郊で事身旅行中の邦人女性が襲撃された。近年はスリの被害も増加している。	2000年5月、日本人旅行者が犠牲になった殺人事件が発生、邦人が被害者となる強盗事件は毎年1-3件発生。2003年以降、各地においてバス等を狙った爆撃事件やバスターミナル爆発での爆発事件が頻発。2007年には国道で走行中のトラックが銃撃を受け運転手が死傷した。	ダッカの主要都市で市場等の人混みを歩いている方にスリ、ひったくりに遭うケースが多発している。また、一流ホテルや外国人居住区内のレストランにおいても、スリ、置き引きの被害が増えている。	北と南で比較的安全な地域である一般的印象。また、性犯罪が連日のように発生している。	比較的安全な地域である。日本のODA援助が浸透していて、豊かな土壌であり、治安も悪くない土地であると考える。
強制保険	自動車賠償責任保険 労災保険（Workmen's Compensation と雇用者賠償責任保険）保険料は給料の2%で全額会社負担、支払保険金額の産出は国連が行い、支払いは国営のMyanma Insurance (MI) が実行する。	自動車賠償責任保険 労災保険は法律により雇用主は従業員の業務災害等につき補償義務があるが、保険は強制になっていない。	自動車賠償責任保険	2輪車含めの賠償責任保険への加入がマスト、警察や市内での新聞報道あり。資本参加もしくはのこと、同社はすでにトップであり、同種の事業を開始しており、加入を実施。加入推進が徹底されている。	2015年三井住友海上が現地の大手と組んで保険業を始めたとのこと報道あり。資本参加もしくはのこと、同社はすでにトップであり、同種の事業を開始しており、保険の充実が想定される。
任意保険	火災保険/火災利益保険/貨物保険/自動車保険/海外旅行保険/MI社の事前承認が必要になるが、国際的に引受が行われている保険証券の発行も可能。	保険免許上、海外保険は認められていないが、海外からの投資案件についてはそういう例がある。	火災保険 火災利益保険 貨物保険 自動車保険 海外旅行保険 機械保険、ショートによる機械の故障保険等による補償的な損害を含み、また操作ミスによるものを含む自然の老化によるものは除かれる。	同左	同左

※本表は著者（第5章）が勤務先にて実際のビジネスで使用した資料に加筆をして作成したもので、数字は概算です。

索　　引

【欧文】（和文混合も含む）

ACFTA ················· 21, 197
ADB ················ 37, 175, 186
AEC ···················· 1, 21
AEC の発足 ················ 175
AFTA ···················· 202
AIFTA ··················· 197
AJCEP ···················· 21
ASYCUDA ················· 211
ATIGA ················· 6, 202
BOI ·················· 20, 152
BOP ····················· 49
BOP 市場 ·················· 58
CAMCONTROL ············· 210
CBTA ················· 37, 177
CEPT ··················· 202
CIQ ···················· 188
CLMV ················· 21, 29
CMP ···················· 101
CST ····················· 85
CVS ················ 111, 138
DMIC ···················· 82
EC ····················· 148
Economic Needs Test ········· 117
E-Customs ················ 216
EEV ····················· 67
ENT ················ 117, 143
EPA ··············· 23, 47, 175
EPZ ····················· 44
FTA ················· 47, 175
GDP ····················· 3
GL ····················· 23
GSCM ················· 23, 29
GST ····················· 85
HS コード ················· 33
HS 条約 ·················· 201
IEAT ··················· 152
JAKIM ·················· 132
JIT ·················· 27, 29
JPEPA ··················· 78

Just in time ················ 27
LCGC ···················· 66
LPI ····················· 37
MACCS ················ 33, 206
"Make in India" 政策 ········· 82
Modern Trade ··········· 117, 146
MPV ·················· 64, 66
MT ················· 111, 146
MUI ···················· 132
NEDA ··················· 191
ODA ··················· 175
Perfect City ··············· 151
P レーン ·················· 72
QCD ···················· 107
RCEP ················· 9, 202
SAARC ··················· 86
SCM ···················· 27
SCM 展開段階 ·············· 27
SEZ ···················· 179
SM ···················· 111
SPA 企業 ·················· 96
SUV ···················· 66
TPP ··················· 167
Traditional Trade ············ 117
TT ···················· 116
VMI ···················· 29
VNACCS ··············· 33, 219
WCO ··················· 200
WTO ················ 167, 200
WTO 関税評価協定 ··········· 204

【ア行】

アジア開発銀行 ·············· 175
アジア経済危機 ··············· 46
アジア通貨危機 ············· 21, 70
ASEAN インド FTA ·········· 197
ASEAN 経済共同体 ············ 21
ASEAN 自由貿易協定 ·········· 202
ASEAN 中国 FTA ············ 197
ASEAN 物品貿易協定 ········ 6, 202

イーコマース･････････････････････････ 148
委託加工貿易･････････････････････････ 91
迂回輸出策･･･････････････････････････ 43
エコカー政策･････････････････････････ 71
エコノミック・ニーズ・テスト ･････････ 143
越境交通協定････････････････････････ 177
エナジー・エフィシェント・ビークル ････ 67
オムニチャネル･･･････････････････････ 42

【カ行】
外食産業････････････････････････････ 118
加工食品････････････････････････････ 129
カジュアル衣料･･･････････････････････ 90
片荷運行････････････････････････････ 194
カテゴリー･･･････････････････････････ 90
共通効果特恵関税････････････････････ 202
グローカリゼーション･････････････････ 41
グローバル・サプライチェーン ･････････ 23
グローバル・ロジスティクス ･･･････････ 23
クロスボーダー輸送･････････････ 77, 175
経済特別区･････････････････････････ 179
経済連携協定････････････････････････ 23
現地調達化･･･････････････････････････ 21
現地調達率･･･････････････････････････ 70
工業団地事業･･･････････････････････ 150
コールドチェーン･････････････････････ 27
コンソリデーション･･･････････････････ 31
コンビニエンスストア ･･･････ 111, 138, 147

【サ行】
サプライチェーン･･････････････････････ 7
サプライチェーンマネジメント ･･････････ 27
3か国間ライセンス･･････････････････ 195
産業投資奨励法･･･････････････････････ 70
産業の空洞化･････････････････････････ 20
事後調査････････････････････････････ 201
自動車産業育成政策･･････････････････ 78
自動車ミッションプラン･･････････････ 82
ジニ係数･････････････････････････････ 16
従価税･････････････････････････････ 205
周辺諸国経済開発協力機構････････････ 191
従量税･････････････････････････････ 205
商社管理方式･････････････････････････ 96

ショッピングセンター･････････････････ 146
シングルウィンドウ化････････････････ 63
シングルストップ ･･････････････････ 195
シンクロ納入（順序搬入）方式 ･････････ 72
人口ボーナス･････････････････････････ 60
申告課税方式･････････････････････････ 33
申告納税方式････････････････････････ 201
新コンテナ・ターミナル ･････････････ 188
新東京戦略2015･･･････････････････ 8, 39
水上輸送･･･････････････････････････ 187
スーパーマーケット ･･･････････ 111, 146
スポーツ・ユーティリティ・ビークル ････ 66
世界税関機構･･･････････････････････ 200
世界貿易機関･･･････････････････････ 200

【タ行】
タイ工業団地公社･･･････････････････ 152
タイ投資委員会････････････････････ 152
タイの大洪水･････････････････････････ 56
タイプラスワン ･･････････ 14, 56, 178, 194
タイ・ラオス第1メコン友好橋 ･･････ 191
タイ・ラオス第2メコン友好橋 ･･････ 181
タイ・ラオス第3メコン友好橋 ･･････ 181
タイ・ラオス第4メコン友好橋 ････････ 39
ダウェイ深水港･････････････････････ 189
多頻度少量納入･･･････････････････････ 27
ダブルライセンス･･･････････････････ 184
チャイナプラスワン ･･･････････ 21, 150, 178
中国ASEAN自由貿易協定 ･･････････ 21
調節倉庫利用方式････････････････････ 72
つばさ橋････････････････････････････ 39
ディスカウントストア ･･･････････････ 145
東西経済回廊･･････････････････ 37, 175
特別特恵関税･････････････････････････ 93
トラディショナル・トレード ････････ 116

【ナ行】
南部経済回廊･････････････････ 37, 175
南北経済回廊･･･････････････････････ 175
ニット製品･･･････････････････････････ 90
日本ASEAN包括経済連携協定 ････････ 21
日本・フィリピン経済連携協定 ･･････････ 78
ネアックルン橋･･････････････････････ 39

索　引

ネピドー宣言……………………………… 7

【ハ行】
ハイヴァントンネル……………………… 181
ハイパーマーケット……………………… 147
バイヤー管理方式………………………… 96
バイヤーズ・コンソリデーション…… 29, 77
ハラム……………………………………… 131
ハラル……………………………………… 131
バリューチェーン………………………… 96
東アジア地域包括的経済連携………… 202
ピック・アップ車………………………… 64
ファッション衣料………………………… 90
賦課課税方式………………………… 33, 201
物品税……………………………………… 206
物流………………………………………… 26
物流インフラ整備段階…………………… 26
物流コストの削減………………………… 29
布帛製品…………………………………… 90
ブミプトラ………………………………… 144
プラザ合意…………………………… 1, 20, 43
プリンシパルハブ………………………… 156
ブループリント…………………………… 78
プログレス・レーン……………………… 72
プロデュア………………………………… 67

プロトン…………………………………… 67
貿易摩擦問題……………………………… 43
ポストチャイナ…………………………… 21

【マ行】
マルチパーパス・ビークル……………… 64
南アジア地域協力連絡…………………… 86
ミルクラン…………………………… 29, 72
メガ都市…………………………………… 1
メガリージョン…………………………… 1
モータリゼーション……………………… 146
モダントレード…………………………… 111

【ヤ行】
輸出加工区………………………………… 44
輸出自主規制……………………………… 43

【ラ行】
ラスト・フロンティア…………………… 101
リージョナルハブ………………………… 71
レンタル工場……………………………… 151
労働集約型産業……………………… 20, 178
ローコスト・グリーンカー……………… 66
ロジスティクス……………………… 27, 61

執筆者一覧

【執筆者略歴】(掲載順、敬称略)

第1章　大泉　啓一郎（おおいずみ　けいいちろう）
　1963年大阪府生まれ。京都大学大学院農学研究科修了。京都大学博士（地域研究）。株式会社日本総合研究所調査部上席主任研究員。著書は『老いてゆくアジア』『消費するアジア』（いずれも中公新書）他。

第2章　石原　伸志（いしはら　しんじ）
　1949年群馬県生まれ。1974年早稲田大学卒業、三井倉庫株式会社入社。1988年〜1993年三井倉庫（タイランド）に出向。三井倉庫国際部長を経て、2006年東海大学海洋学部教授に就任。2015年より東海大学海洋学部特任教授。多摩大学大学院客員教授、一橋大学、神奈川大学他の非常勤講師を歴任。著書は「増補改訂　貿易物流実務マニュアル」（成山堂書店）、「新貿易取引」（共著・経済法令研究会）、「コンテナ輸送の理論と実際」（共著・成山堂書店）他。

第3章　増森　毅（ますもり　つよし）
　1960年神奈川県生まれ。横浜国立大学大学院国際社会科学府経営学専攻博士課程前期修了。日本電気株式会社を経て、松下電器産業株式会社（現パナソニック）入社。現在パナソニック株式会社関西渉外室部長。

第4章　下村　正樹（しもむら　まさき）
　1967年愛知県生まれ。名古屋大学法学部卒、Emory University/Goizueta Business School 卒（M.B.A.）、一橋大学国際企業戦略科博士課程中退（経営法修士）。三井物産株式会社入社、自動車第二部リテール事業室長、アジア・大洋州三井物産マニラ支店プロジェクト・機械部長を経て、現在 Transystem Logistics International Private Limited 取締役社長。元群馬大学客員教授。著書は「交渉の作法」（共著・弘文堂）他。

第5章　春名　利紀（はるな　としのり）
　1961年大阪府生まれ。1985年神戸大学経営学部経営学科卒。同年住友商事株式会社入社大阪繊維部配属、1989〜90年イタリア駐在（ミラノ、ペルージア）、2002〜7年インド駐在（マドラス、ニューデリー）、同繊維部長。事業投資会社の取締役本部長

を経て、現在海外投資アドバイザーとしてジェトロ・チェンナイ事務所に出向中。

第6章　魚住　和宏（うおずみ　かずひろ）
　1957年北海道生まれ。1981年筑波大学第二学群比較文化学類卒、同年味の素株式会社入社。米国駐在、インドネシア駐在を経て、グループ調達センターグローバル戦略グループ長、物流企画部専任部長等を経て、現在味の素物流株式会社理事。神奈川大学非常勤講師、流通経済大学客員講師。※第7章第2節一部加筆。

第7章　太田　年和（おおた　としかず）
　1956年大阪府生まれ。関西大学商学部卒、同年ジャスコ株式会社（現イオン株式会社）入社。2006年イオン株式会社SCM低温物流部長、2007年イオングローバルSCM株式会社取締役企画部長を経て、2014年より同社取締役経営管理本部長。

第8章　北田　真也（きただ　しんや）
　1968年徳島県生まれ。タイ国立マヒドン大学院経営管理学科修了。日系不動産会社、カシコン銀行（タイ）勤務を経て、現在株式会社シーアールイー海外事業推進室長。

第9章　伊津野　範博（いづの　のりひろ）
　1971年熊本県生まれ。神奈川大学大学院経済学研究科博士後期課程単位取得満期退学。現在株式会社日通総合研究所。

第9章　池田　秀（いけだ　すぐる）
　1965年奈良県生まれ。関西外国語大学外国語学部卒。同年日本通運株式会社入社、2009〜2014年南アジア・オセアニア日本通運のマーケティング・営業部次長としてシンガポール、タイ、カンボジアでの駐在を経て、現在大阪支店関西営業開発部次長。

第10章　宮崎　千秋（みやざき　ちあき）
　1948年福岡県生まれ。北九州市立北九州大学外国語学部卒。大蔵省（現財務省）入省。同省関税局輸入課課長補佐、WCO派遣専門家（品目分類）、財務省税関研修所主任教官、同省関税局特殊関税調査官、国際協力専門官、横浜税関業務部長、同監視部長等を経て、2008年財務省退官。現在公益財団法人日本関税協会調査・研究グループ担当部長。東海大学・神奈川大学非常勤講師。著書は「関税（品目）分類詳解（Ⅰ）」（日本関税協会）他。

ASEANの流通と貿易
―AEC発足後のGMS産業地図と企業戦略― 定価はカバーに表示してあります。

平成28年12月18日　初版発行

編著者　石原伸志・魚住和宏・大泉啓一郎
発行者　小川　典子
印　刷　倉敷印刷株式会社
製　本　株式会社難波製本

発行所　株式会社成山堂書店
〒160-0012　東京都新宿区南元町4番51　成山堂ビル
TEL：03(3357)5861　　FAX：03(3357)5867
URL　http://www.seizando.co.jp
落丁・乱丁等はお取り替えいたしますので，小社営業チーム宛にお送りください。

©2016　Shinji Ishihara, Kazuhiro Uozumi, Keiichiro Oizumi
Printed in Japan　　　　　　　　　　ISBN978-4-425-93131-6

物流・貿易の本なら成山堂書店。

増補改訂
貿易物流実務マニュアル

石原伸志 著
B5判 488頁
定価 本体 8,800円（税別）

貿易・国際物流に関する具体的な業務の流れや参考事例および国際輸出入通関・輸送規制などを紹介。物流業者他関連業界の実務者必携の図書。国際物流に携わる方はもちろん、貿易決済業務を行う金融機関の外国業務部の方にもお薦め。

国際物流の理論と実務【五訂版】

鈴木 暁 編著
A5判 220頁
定価 本体 2,600円（税別）

国際物流（海運貨物と航空貨物）に関するキャリアとフォワーダー業務の知識を集約。物流業者や荷主企業に役立つ書。五訂版では国際物流に関わるデータを最新のものに更新。国際物流の拠点となる港湾の物流事情について重点的に説明。

**ココで差がつく！
貿易・輸送・通関実務**

春山利廣 著
A5判 328頁
定価 本体 3,000円（税別）

貿易・輸送・通関実務の最前線に立つ人、管理職レベルの人たちにとっても大局的に知識を整理するうえで示唆に富む一冊。ワンランク上の実務スペシャリストを目指すとき必要となる知識もコラムで紹介。現場で役立つスキルが身につく。

コンテナ物流の理論と実際
－日本のコンテナ輸送の史的展開－

石原伸志・合田浩之 共著
A5判 320頁
定価 本体 3,400円（税別）

コンテナ物流の歴史と現状を膨大な資料と実務家に対する綿密な取材で的確に分析。理論と実務を兼ね備えたコンテナがこの一冊でわかる。物流研究者はもちろん、海運業者、物流業者・物流企業入門者、埠頭業者など実務者に役立つ書。

新・中国税関実務マニュアル【改訂増補版】

岩見辰彦 著
A5判 312頁
定価 本体 3,500円（税別）

中国における税関実務を豊富な書式サンプルを用いて具体的に解説。これから中国進出を考えている企業担当者の実務に役立つ必読書。改訂増補版では全面的に最新の内容にアップデート。